U0060243

靈魂覺醒與生命體驗 *2*

共同創建
新地球

龍大／著

推薦序

　　龍大第一本大作《靈魂覺醒與生命體驗》成書於2019年9月，距離他上次邀請我寫推薦序又過了一年多，令我感到驚喜的是，《靈魂覺醒與生命體驗2》即將付梓印刷，我有幸能夠搶先拜讀龍大充滿智慧的觀點，心情特感愉悅。

　　龍大在這段期間依舊勤於筆耕，擅長收集相關資訊，用簡潔有力的文字加以梳理脈絡。難能可貴的是，他能夠持續結合自身生命體驗來交叉印證，透過本書隨處可見的觀念交流，就像一位循循善誘的引路人，向讀者發起心靈對話，分享學習靈性成長道路上的酸甜苦辣。

　　書中提到的「調整自己的潛意識，往喜悅、輕鬆、自在的方向發展，將會是最能擺脫黑暗的方向」，及「有足夠的彈性，並體驗自己主導的世界，建立自己夢想中的世界，這是每個人都具有的基本權利。」在在點醒我們靈性道路不需要花俏的專門知識，而是要每個人擁有時刻覺察內在的能力，省思並活出更宏大的自我善版本。在此我誠心向讀者們推薦本書，相信它能陪伴你一同深思，一同歡笑，一同成長。

龍大友人

目錄

第三部
真相拼圖

第四部
美好的新地球

附錄

如何使用本書

～你知道嗎？地球是宇宙／大宇宙中少數極具挑戰的環境
～世界未來的發展方向，就掌握在你手中
～慎入！本書可能將徹底改變你的世界觀；然而，當你的世界觀改變，你的人生也將獲得奇跡般的改變

關於本書

本書將談論一系列神奇的故事，當成科幻小說來看也未嘗不可（雖然不是以小說的寫法呈現）。

我因為2016年12月的一個夢境，而完全改變了對世界的看法。改變了世界觀之後，我的人生也戲劇般的改變了。而在我的人生改變之後，接踵而來的居然是整個世界的巨大改變，也就是2020年正在我們面前展開的劇情。

這一切都不是因為我像電影裡的主角一樣有什麼神力，我只是隨著世界轉變的趨勢，剛好搭到飛船、方舟。（如果說這代表有什麼神力，那你同樣也具備）

我們經過從小到大的教育，被告知了關於這個世界的一套故事，並且到今天可能仍相信它是「唯一」真相。

例如學生應該坐在教室、長大後應該去工作賺錢、生病應該看醫生等等，這些都是大家早已習慣的思維方式，相信幾乎沒有人懷疑過它們的正確性。

但是，在本書中，我要說的是另一套完全不同的故事。只有在有其他可能性時，人們才會去質疑自己原本的認知。

許多人可能都知道，現有的系統是存在缺陷的：例如金融系統會有通貨膨脹、金融危機等問題；而醫療方面，有的人一直看病卻不會好，有的人不用去看病也會自己好，甚至有人被醫生宣

判無法醫治之後，下定決心快樂的渡過餘生，結果病反而好了；在科學方面，進化論是一項很有名的理論，但你可能不知道的是，近年陸續有人提出反面的證據，使得進化論變的只是一項理論（而不能代表真相）。

因此，如果有兩套理論，請問你會相信哪一套？

1. 很多情況都無法解釋，有例外（有隱瞞）
2. 所有情況都能解釋，沒有例外（公開透明）

關於2020年

2020年，是很特殊的一年。

如果我在2017、2018、2019年談論這些事，大概很難有人會相信，因為無法得到驗證（如果你相信，那恭喜你！）。但是2020年的特殊能量，有許多真相將被揭示，你也將能看到它們，並享受這一切所帶來的興奮與美好。

在2020年初，大家都在討論冠狀病毒，所有的新聞媒體也都在「用力」讓大家看到病毒的厲害。而網路上也開始瘋傳劉伯溫的「救劫碑文」預言（在上一本書中已有提過），那麼劉伯溫為什麼早就知道了呢？有幾種可能：

1. 劉伯溫是能看穿未來的先知（但時間也是能量，未來也是可變的）
2. 許多「人為」的災難，是預先計畫好的（因為有計畫書，所以能預測，這句不是指計畫書是劉伯溫寫的）
3. 從更廣大的視角來看，這些事件是「不得不」、「必然」要發生的（《駭客任務1》尼歐去見先知的時候，先知說了一句，「花瓶的事沒關係」，於是尼歐轉頭去看，不巧剛好碰到花瓶，花瓶就掉到地上破了。尼歐非常驚訝，為什麼先知能算到他會打破花瓶）

4. 你所能想到的其他可能性

以上可能性並不是互斥的，也就是說，也可能「以上皆是」。

那麼，你也許也會好奇，如果有人早就知道2020年會發生什麼，那麼他們還知道什麼？還有什麼更大的事將發生嗎？

地球局勢的真相

地球是少數極具挑戰的環境，除了它的能量等級處在第三維度（三維／3D）以外，它還是光明與黑暗鬥爭的焦點所在。（這就是人們對於光明、黑暗的電影或劇情會感興趣的原因）

許多人已經很習慣黑暗的存在，例如「天下沒有白吃的午餐」、「凡事有好就有壞」。

那麼，當前正在發生、將發生的故事，可能會令你相當震驚。

為什麼呢？想像一下「光明」與「黑暗」兩股力量碰撞在一起，會造成什麼效果？這是否將把整個世界帶入一個未知的轉變之中呢？

那麼如果「光明」獲得勝利，世界又將如何呢？我想，這就是「地球劇情－－完結篇」的精彩之處了。

被隱瞞的真相

我很喜歡談論《駭客任務》的劇情，因為這部電影揭示了驚人的真相，也就是我們所在的世界（地球）是被一個叫做「母體」、「矩陣」(The Matrix)的東西包圍的，而「母體」是無形、肉眼看不見的，但卻無時無刻在控制著你，在你面前製造幻象。

　　雖然我們看不到，但卻可以從一些蛛絲馬跡、一些線索中發現到「控制」的存在。在本書中，我們將會談論這些線索，通過拆解，我們將會發現：

1. 「母體」的邊界：從學校沒教的事、新聞沒報導的事開始，居然能拼出全新的故事！！？
2. 很多看似巧合的疑點，背後卻隱藏著巨大的邪惡意圖
3. 被隱藏的真相，全部加起來可以看到一個天堂般的世界

　　就像許多戲劇的劇情一樣，假的東西不可能一直存在，到某個時間／臨界點，真相必然會顯現，而真相的顯現將使假冒的世界／系統無法再有立足之地。許多關於控制、關於黑暗的真相，你可能也很快會看到。因此，本書只是做為一個劇透，讓你可以先看到，那麼就有機會減少實際看到的時候的巨大情緒衝擊，使這個轉變的過程更加輕鬆、更加順利。

世界如何能更加美好

我認為「光明」代表好人，請你想像一下，如果好人掌管整個世界，是否會讓所有真相水落石出呢？

好人是否會和地球上的所有居民共享資源、共享訊息呢？

當大多數人都很貧窮，而好人卻發現有人比國家還富有，你覺得好人會怎麼做呢？

好人是否會善待人民、善待地球、善待動物？

我想，有許多我們能期待、想像的事物！

你所能想像到的，地球能夠有多美好？

本書使用方式

首先，和《靈魂覺醒與生命體驗》相同，歡迎跳著讀，你可以根據單元標題決定要不要讀。（這樣做的意義是：有意識的選擇／主導流經你的訊息，而不用全盤接收）

再次說明，真的要慎入！因為本書的內容與一般常理是非常不同的。但這也代表2020年的特殊性，本文也只是即將發生的事的一個預覽（請不要完全相信，歡迎自行去求證），或是對正在發生的事的另類解讀。

歡迎玩玩看〈1-2. 你準備好接受真相了嗎：真相驚嚇指數小測驗〉，以了解本書對你的可看性。

如果驚嚇指數很小，很可能你對即將發生的轉變已經有很好的認知了，也可直接取用「資料庫計畫」的內容。

「資料庫計畫」是伴隨著本書一併分享的資訊收藏集，包含了我從2016年12月以來所接觸到各領域的真相相關訊息，請參考〈附錄2. 資料庫計畫簡介〉的說明。

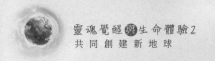

什麼是「新地球」

「新地球」指的是經過一系列能量上的轉變後的地球，它將會從三維 (3D)的能量頻率提升到四維 (4D)，再提升到五維 (5D)。雖然提升（揚升）是持續不斷的過程，但是我們的短期目標是要提升到五維 (5D)。

當2012年前後，大家瘋狂討論世界末日時（結果末日預言沒有實現），殊不知瑪雅人早就留下了著名的「瑪雅預言」，透過「長紀年曆法」呈現出來，說明2012年12月21日是一個舊紀元的結束，新紀元的開始（而不是末日）。

這代表我們正處在「舊地球」與「新地球」轉變的過渡時期，宇宙將帶來轉變的能量，讓地球有一個重組的機會，以適應新的宇宙週期。

然而，世界會如何轉變，取決於我們地球上居民的「集體意識」、眾人的心願。

你認識到我們將有一個大轉變嗎？你想要透過許願，迎接新的、更美好的地球嗎？

歡迎共同創建「新地球」。

致謝

在我們的生活中有太多「必須」，它們會耗掉我們的時間、好心情、以及生命力，因此常常使我們無法專注在自己的夢想。

很感謝生命中的一切讓我看到更大的畫面，讓我有勇氣做出不一樣的人生選擇！

感謝白象文化幫助我這樣一個平民達成出書的夢想，感謝親人、朋友的陪伴和支持（包括龍大友人、Facebook粉絲頁管理員、贊助我的親人及朋友、繪製插圖的朋友），也感謝部落格、

Facebook、《靈魂覺醒與生命體驗》的讀者們（及其他默默支持著我們的人、以及天堂團隊等等），我相信我們在地球上不只是商業、親人、朋友、作者與讀者等關係上的往來，更像是一個完美和諧的團隊，共同在為創建「新地球」做著自己的那份工作（即使本人自己不知道在做），感謝你們！

第一部
覺醒的起點

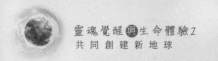
1. 歡迎來到M13星球

故事的開始，是2016年12月（大約6日左右）的一個夢境，改變了我往後的人生。

在那之前，我只是一個普通的上班族，和大家一樣做著普通的工作。

那天睡著之後，我發現我被帶上某艘飛船、或是某個星球去參觀。很神奇的是，我當下很清楚的感覺到，這一切是真實的。並且，在夢裡，我曾經很努力想要把這段經歷記下來。

但是，等我睡醒之後，我卻完全想不起任何細節，包括我去了哪裡、誰引導我、我面前有哪些人、看到了哪些地方、風景等，我全部想不起來。

除了他們留給我的一句話：「歡迎來到M13星球。」

這件事帶給我的衝擊很大，是因為：

1. 我曾經那麼確定這個體驗是真實的，但是卻就這樣消失的無影無蹤，再也想不起來，這種經驗我從沒遇過。
2. 什麼都記不起來，卻偏偏記得「歡迎來到M13星球」這句話!?難不成這句話隱含什麼密碼嗎？

關於M13的記憶

首先說明，我大學是念資訊科學的（也就是電腦相關科系），學校並沒有教任何天文學的相關知識。因此，我對於天文學的知識只有高中的地球科學的程度。

雖然當時對天文學也有興趣，課本上也提到人類曾經有用電磁波發送訊號到外太空，希望尋找外星生命（外星人／高級生命）並和他們聯絡。

但也僅止於此，甚至連以M開頭的代碼來代表星球的這種寫

法都不知道，因此，我很快排除了「日有所思，夜有所夢」的可能性。

　　然而，當時我並沒有太專注在搞懂「M13」的意義上，因為當時的Google也找不太到和「M13」有關的資訊。

　　但很神奇的是，大約過了半年，在2017年開始有資訊被放出來（我用Google可以找到）：

網路文章：每日一天文圖（成大物理分站）- 2017年5月12日

網路文章：M13 - 維基百科

　　由於記憶的遺忘，當時我也曾懷疑過，夢中人是說：「歡迎來到M12星球」，但是對比之下還是覺得「M13」的記憶比較強烈，因此至今為止我都認定當時夢到的是M13星球。

　　到了2017年，關於「M13」的認識也只有知道它代表「武仙座球狀星團」而已。

　　但是這個經驗至少代表一件事：確實有高級生命與我聯繫，並傳達了我所不知道的代碼給我。

　　而我沒想到的是，它成為了開啟我新旅途的第一頁，並深深影響著我往後的生活。

接通神祕的訊息

　　我想有不少人都聽說過「通靈」，也了解它所代表的意義，但可能不相信或覺得太過神奇。

　　但我的體驗比較不像「通靈」，我雖然有獲得一些靈感，自從那次夢境之後，後續偶爾也會夢到比較特別的東西，但是我通常不知道提供靈感的人是誰（分不清楚是我想到的，還是高靈提供的），並且也沒有像「通靈」那種「意識被接管一段時間」的經驗。（因此增加了我對自己的自信心）

　　所以，我認為我的經驗，你也可能可以體驗到，它並不需要

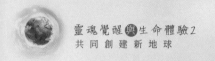
太多超能力／特異功能。

值得一提的是，自從那次夢境之後（那是2016年12月，時值川普當選美國總統的那段時間），我開始在網路上接觸到大量關於地球真相的相關訊息。如果說這一切只是巧合的話，那麼，這些真相訊息告訴我的事，遠遠超過我有生以來學到的所有東西的總和，這又如何解釋呢？

並且，那些訊息在當時我周圍的人幾乎沒人知曉。（除了「龍大友人」，他早就在與我分享「克里昂」(Kryon)的通靈訊息）

那麼，我收到了什麼樣的訊息呢？

訊息包羅萬象，包含美國（以及全球）金融體系的根本性負債問題、一個對全人類有著巨大幫助的法案（NESARA，議會早已通過但卻被密封起來的法案）、911事件的真相和目的、尼古拉·特斯拉 (Nikola Tesla)的發明以及許多其他對人類有著極大好處的高科技被列為國家機密、古代文明的存在（亞特蘭提斯、列穆里亞）、地心文明的存在、真正的靈性教導…等。

甚至是外星人和宇宙文明相關知識、世界（全宇宙）正在進行的大轉變等，內容相當豐富且深奧。

這些訊息，隨著時間經過，正漸漸被揭露、被驗證。

（以上描述的這些資訊，以及更多相關資訊，預計都會在「資料庫計畫」中提供。）

對於像我這樣很少看新聞，對整個世界幾乎沒有任何了解的我來說，以上的資訊可以說是遠遠超出我有生以來的所學了吧！（也因此我慢慢對世界上的一些國家有了認識，也會接觸到一些世界新聞、各領域的內幕消息等）

但是，這些資訊有許多都是早已存在網路上的，不知道為什麼沒有廣泛流傳，我猜測可能有幾個原因：

1. 大家對這些訊息沒有興趣。

2. 這些訊息透過「同步性」等方式，只傳遞給某些人知道。

3. 網路系統（如Google、YouTube、社群網站像Facebook等）的資訊控制手段。

對第2點稍微說明，像我的例子就是可能高級生命在帶我去參觀他們星球的時候，開啟了我的某些系統設定（如DNA），使我開始能夠對某些資訊有興趣，會感到好奇並點進去看，看不懂還會去查相關資料等。

而第3點以我的例子來說，我平常查詢資訊都是用Google的Chrome瀏覽器，連到Google搜尋引擎，在裡面輸入關鍵字來查詢資料，所以如果Google有作弊的話（例如刻意隱藏「M13」的相關資訊，讓它不顯示在搜尋結果中），那我將永遠看不到。

正確理解外星人

看了我以上所描述的「夢境般」的經歷，我想你可能可以理解我為什麼很容易相信「外星人是存在的」吧。（都見到面了，還提供關鍵線索，讓我發現一個全新的世界，不可能不存在的吧？）

也就是說，要證明「大象」存在，最好的方式就是實際看到「大象」。

但我在這邊還想提供另一個不同的看法，也就是對「永生」的認識。

在《靈魂覺醒與生命體驗》我們談過「瀕死體驗」可以讓你發現「死後的世界」，並知道一個人除了身體以外還有心和靈。

那麼，「死亡」的定義其實就需要被重寫了，因為照理來說，「死亡」之後應該就什麼都沒有了。如果死了之後還有，那其實死亡根本就不可怕！

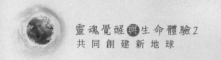

假設你其實是「永生」的，會發生什麼事呢？

如果你在地球上的生活，只是你的「這一世」，你有「前世」，也有「來世」（就像進入遊戲一樣），那麼你會只待過地球嗎？

一直以來，我們的認知都是「我們是地球人」，如果有來自其他星球的人，那他們是「外星人」。

如果你也曾經……在其他星球生活過（例如前世是金星人），那你還能說你是地球人，而金星人則是外星人嗎？

如果我是「永生」的，我肯定會想去其他星球玩，也許你也是這樣。

從我上述對2016年12月「夢境」的描述，你也許也可以感受到，對我來說，我很相信「記憶抹除」的技術是真實存在的！

如果這是真的，我們想不起我們的「前世」，可能不一定就是沒有。

這也許只是一個「記憶抹除」的技術，但它其實無法完全把內在深層的記憶清除掉，在我們的內心深處可能其實都還是感覺的到，只是記憶畫面無法到達表層的意識而已，目的是不去影響到我們的「正常」生活。（所以可能還是會留有一些線索）

關於自己的來歷，想要更加了解的話，可以參考這本書：《我們都是外星人，你來自哪個星球？》

說不定其實我們都是外星人！

而在我接觸到的訊息中，值得一提的是，我們口中的外星人，他們稱呼我們：

1. 地表人類（只有我們住在星球表面）

2. 銀河家人（以宇宙觀來看待我們）

所以，我覺得我們不用害怕外星人，他們可能沒有像電影中那麼恐怖，而且說不定還能在其中找到自己的靈魂家人呢！

如果你正在看這篇文章，並且也有興趣和外星人接觸，那麼

說不定下一個就是你！

為何我會有這樣的經歷？

聽了我的故事，也許你會認為，我可能是因為有什麼特殊性、或者特殊的身分，所以才會有這些經歷。

下面會講幾個故事做為例子，讓你感受一下這些事的發生是像什麼樣子的：

1. 時間膠囊

這個例子我想大家可能很容易理解，有些人小時候會和朋友一起把一些珍貴的東西密封起來（埋起來），並約定例如20年後大家再一起把它們打開。裡面裝的東西可能是給未來的自己的，或者是給未來的朋友。

你出生到地球上之前，是否會為自己準備一些禮物，讓自己在某個時刻拆開、領取？你是否會幫助你自己回想起你所需要的記憶，提供自己所需要的資訊或其他幫助呢？

2. 《老神再在──奇蹟對話錄》

神：「我的出現是因為你邀我此刻前來。」

作者：「我邀祢？」

神：「是的！在某個你不記得的時間，我們共同做了這個約定，而我依約前來。」

3. 諸葛亮留給劉伯溫的禮物

劉伯溫曾為明太祖打下天下，並成為明朝的宰相，和三國時代的諸葛亮一樣，是神機妙算的智謀型人物。

有一天劉伯溫聽說諸葛亮早已算出何人何時會去祭拜，很不以為然，於是去闖孔明祠。

網路文章：劉伯溫不服諸葛亮，去挖諸葛亮的墳，挖開之後嚇得直接下跪

「進入廟裡，突然見一石碑上寫道『只有伯溫到』五個楷書大字。劉伯溫滿面羞慚，尷尬難言，心有不滿，一怒之下挖了諸葛亮的墳，只見墓室空空，一件石碑刻道『先姜尚（姜子牙），後孫臏，五百年前諸葛亮，五百年後劉伯溫』。劉伯溫自知是諸葛亮轉世，急忙行禮，雙膝跪地，磕首一千。自此以後劉伯溫歸隱山林，不讓後人為己立廟，拜謁諸葛祠，便是紀念自己。」

被我吸引來的事物，揭露了我（靈魂層面）的真實身分

在這邊描述的是我的個人經驗，但其實這也適用於你，說不定未來的某一天，你也會開始整合你的經歷與記憶碎片，並開始找回自己的力量與真實身分。

我喜歡的動畫（漫畫）：《小叮噹》（哆啦A夢）、《神犬小銀》（銀牙--流星銀）、《幽遊白書》、《神劍闖江湖》（流浪人劍心）、《名偵探柯南》、……

- 《小叮噹》：揭露未來科技、古代文明、外星文明。
- 《神犬小銀》：這部可能比較少人知道，主要展示了愛、和平、團結的強大力量。
- 《幽遊白書》：展示心靈能量潛能、不同次元世界等。
- 《神劍闖江湖》：揭露黑暗勢力（如黑騎士團）的存在、控制氣脈（天氣）進行超自然攻擊的黑科技等。
- 《名偵探柯南》：揭露黑暗勢力（黑衣組織）的存在、其他隱密的組織（如CIA、FBI、公安等）、年齡回退的黑科技 (APTX4869)等。

我喜歡的遊戲：恐龍（模型玩具）、《凱撒大帝》(Ambition of Caesar)、《亞雷斯》(Gaiares - Alexis)、《魔域爭輝》(Elemental Master)、《新楓之谷》、……

- 恐龍：模型玩具，可能與古代文明的時空背景有關。

- 《凱撒大帝》：電視遊樂器SEGA (Mega Drive)主機的一款卡帶遊戲，可能與古羅馬帝國的時空背景有關。
- 《亞雷斯》：電視遊樂器SEGA (Mega Drive)主機的一款卡帶遊戲，卡帶的名字Gaiares的Gaia是蓋婭，地球（大地之母）的名字，res是rescue（救援）的簡寫，合起來就是「地球救援」，是關於地球救援行動的宇宙戰爭故事。
- 《魔域爭輝》：電視遊樂器SEGA (Mega Drive)主機的一款卡帶遊戲，是關於天使與惡魔決戰的故事，魔王是主角的好兄弟，因為想統治世界的野心把靈魂賣給惡魔，結果被惡魔附身了。
- 《新楓之谷》：

龍魔導士：玩家原本是農家的小孩，晚上夢到進入神祕森林，看到龍的蛋，使用手去摸一下，於是「靈魂契約」就成立了，出現了一隻寶貝龍和玩家一起冒險。

韓版劇情：主線劇情以黑魔法師統治楓之谷世界開始，接著出現許多不同職業的角色（玩家），各自有著不同故事的角色，參加楓之谷聯盟共同對抗黑魔法師，最後在2019年守住了楓之谷世界，目前楓之谷世界與其他次元的世界正在合併為一個世界（合一，Oneness）。

我喜歡的電影：駭客任務、星際大戰、羊男的迷宮、奪寶奇兵……

- 《駭客任務》：揭露矩陣（母體、幻象世界）、如何獲得超越矩陣的力量、信念與智慧、光明如何打敗黑暗等。
- 《星際大戰》：絕地武士、原力、尤達大師、了解黑暗的詭計、光明如何打敗黑暗等。
- 《羊男的迷宮》：尋找打開通往天堂之路的鑰匙。
- 《奪寶奇兵》：古代文明、水晶骷髏的神祕力量、外星人。

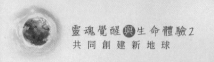
　　我喜歡的連續劇（影集）：金庸系列、……

- 《（新）天龍八部》：喬峰、虛竹、段譽三兄弟真誠的友情、虛竹一視同仁的奉獻（解除生死符）、掃地神僧的智慧與默默的奉獻。
- 《（新）射鵰英雄傳》：郭靖、黃蓉共同的冒險、與洪七公的相處、與一燈大師的結緣、解開九陰真經的奧祕。
- 《（新）笑傲江湖》：令狐沖與華山風清揚、武當沖虛、少林方證的結緣、不拘泥於表面上的正邪派系、獨孤九劍的奧祕。
- 《（新）鹿鼎記》：韋小寶的行俠仗義及好運氣。

　　大致上可以看出，我好像對於「龍」有特別的感情，喜歡非常先進的科技、神祕的未知世界、緊密契合的夥伴關係、揭露黑暗真相、以及光明與黑暗的戰鬥等。

　　如果你也這樣總結自己，或許也會找到／發現自己（靈魂層面）的特殊身分？

我如何知道自己是否是144000？

　　144000是一個神奇的數字，其中一個含義是：代表一個將地球由苦難轉變成天堂的團隊成員人數。

　　除此之外，這個數字還帶有許多的祕密，例如：

- 144000是星光教團的核心人數。
- 聖納・庫瑪拉 (Sanat Kumara)曾經（從金星）帶來了144000個靈魂來幫助地球。
- 長紀年曆是瑪雅人的曆法，他們的曆法體系由3種曆法構成，即神曆、太陽曆和長紀年曆。長紀年曆144000天為一循環。

確認自己的靈魂身分這件事，由於無法問別人、由別人來告

知，而只能靠自己的意願去尋找。因此，這是一件只能憑感覺來進行的事。

但我們從小被教導什麼事都要問老師，以求得一個「正確答案」。

這樣的思維方式，會阻礙我們找回自己的力量。

《駭客任務1》莫菲斯不只一次告訴尼歐，說尼歐是救世主 (The One)，但尼歐卻仍然無法相信自己；全知的先知告訴尼歐，他不是救世主，但尼歐卻因為在緊要關頭相信了自己的力量，而覺醒成救世主 (The One)。

所以，這並不是知道或不知道的問題。

它就像是一條道路，當你實際去走的時候，你才會體驗到它的感受。

以我來說，我也無法知道自己是否是144000。

我只知道，我看到聖納‧庫瑪拉 (Sanat Kumara) 與144000的故事會有莫名的感動（很想哭的感覺）：

網路文章：古老的傳說－聖納‧庫瑪拉與144,000

我會把這些記憶碎片保存好，直到我找到答案為止。

我的後續生命體驗旅程

由於這個體驗過程仍在持續中，以下僅簡述三例，與你分享：

例1：我的分身──小波登場

我目前認定我來到地球的目的，是在這個轉變的特殊時期成為一個光的中心，也就是在自身建立並維持一個穩定的能量頻率，以應對（或帶入）宇宙中的轉變能量來到地球上。（這些很可能都只是我的想像，但它們很有趣，不是嗎？）

因此我在2017年6月向柯博拉 (Cobra)直接訂購了一顆「如意

我的如意寶珠（天狼星石）：覺得一直叫石頭好像怪怪的，想說取個名字好了。過一會兒，突然聽到一個聲音說「小波」，這就是小波的由來。

寶珠」（天狼星石、天狼星隕石，英文是Cintamani Stone），我相信它能夠幫助我達成目標。

　　我的如意寶珠（天狼星石）：覺得一直叫石頭好像怪怪的，想說取個名字好了。過一會兒，突然聽到一個聲音說「小波」，

這就是小波的由來。

　　巧合的是，之後我才發現到「小波」真正的含義：在《幽遊白書》中，「小波」是主角幽助的分身。（一開始我並未意識到，幽遊白書裡面那一隻也叫「小波」）

例2：夢境——高塔 (The Tower)

　　在2018年6月，我再次遇到神奇的「夢境」：

　　夢中的時間是某日的下午時分，大約3:00，當時在等待大約4:30分的活動，因此到處閒逛。中途看到如下的景象：

　　抬頭看像天空，附近的大樓像是被攻擊過，仍有一些剩餘的火焰，同時天上開始下雨，將火焰沖刷掉。

　　接下來有個奇妙的地方是，有一座浮在空中的塔。有許多人卡在中間，其中有些已經失去生命，慢慢的往下掉。醒著的人則是拉著旁邊的人，以避免他們掉下去：

　　看到這景象的我，與先前做過的惡夢不同，並沒有感到害怕或恐懼。到這邊夢就結束了，我也醒過來了。

　　和前面的例子一樣，當時我對這訊息一點背景知識也沒有。經過朋友的指點，發現與塔羅牌編號16的「高塔」(The Tower)意義相符：

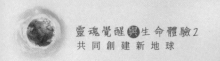
　　大致有幾個特徵讓我覺得有符合：火焰、浮在空中的塔、人掉下來、牌面含意代表「毀滅」等，可以做為一個印證。

　　這樣的夢境代表什麼意思呢？

　　我對塔羅牌是完全不懂的，我猜這張牌很可能是塔羅牌當中最糟的一張（因為代表毀滅），但是如果這個毀滅代表的是維持三維 (3D)世界的力量即將消失，是否是指我所期待的地球「大轉變」即將到來？

　　然而，雖然2018年、2019年都有驚人的大事發生，但很可惜還沒有明顯到出現在大眾的眼前。或許在今年我們可以看到。（也可能是2024年，著名的預言書《推背圖》有提到的時間點）

　　例3：對「M13」的更進一步理解

　　我到2019年才發現原來《關鍵時刻》有談到「M13」的知識：

網路影片：兩批外星人──M13星雲回應地球訊號；麥田圈祕密解碼（2010年）

　　前面提到我在高中的地球科學課本上看到人類曾經有用電磁波發送訊號到外太空，而那是「阿雷西博訊息」(Arecibo Message)。

　　課本上沒提到的是，外星人不久後有回答那個訊息！

　　我們發送的訊息包含了許多關於地球人的資訊：如我們的數學、化學、生物特徵、我們的科技等；那麼外星人傳回的訊息則是包含他們的相關資訊。（影片中有詳細說明）

　　我們是在1974年用電磁波發送訊息，而外星人則是在2001年用「麥田圈」來回答。（也就是在一個晚上，很短的時間內，在廣大的麥田上面施展外星人的「印刷技術」，需要從高空把整張圖拍下來才能看到完整訊息）

　　那麼這件事和「M13」有什麼關係？

　　原來我們發送訊息的時候，竟然就是對準「M13」星系發送

的！

　　於是我對「M13」的認識，從原本只知道是「武仙座球狀星團」又增加了一點，原來我最有印象的「發送電磁波給外星人」，居然就是發送給「M13」！！！

　　那麼，「M13」到底有什麼祕密？

　　根據《關鍵時刻》的解說，大致出現一些線索：

1. 「M13」是恆星的故鄉，有著10萬顆以上的恆星。（對比太陽系只有一顆恆星，那邊有高級生命的話，一點也不奇怪）

2. 早在1947年，美國就有「羅斯威爾事件」(Roswell UFO incident)，有幽浮 (UFO)掉落到地球上，相關的物品、證據都被列為國家機密。

3. 1947到1974間隔27年，而1974到2001也是間隔27年。（巧合!?）

　　體驗的旅程仍在繼續，而它的樂趣就在於發現一個廣大無邊的世界（宇宙），在此也邀請你一同來體驗。

　　最後，我想用蘇格拉底的一句名言做為結尾：「當我們明白我們對人生、自己、和這世界理解多麼少的時候，真正智慧便會來到。」(True wisdom comes to each of us when we realize how little we understand about life, ourselves, and the world around us.)

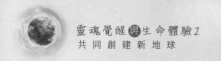

2. 你準備好接受真相了嗎： 真相驚嚇指數小測驗

　　本書的目的並不是要告訴你真相到底是什麼，而是鼓勵並邀請你一起來尋找真相。當然，我準備好要分享我所看到的那些部分。

　　但是，對於身處在三維(3D)世界的我們，要理解更高維度世界的知識、訊息並不容易，需要有強烈的意願和動機，來接受那些我們的「頭腦」認為是不可能的事情。

　　這對於沒有這種經驗的人來說，過程也許不能算是輕鬆、愉快的。

　　另外，關於黑暗面的真相，如果一下子全部攤開來，將會是令人覺得噁心、難受、無法接受、甚至有導致精神錯亂的可能性。

　　每個人的狀況不同，會出現的現象也不同，獲得真相的過程也各異（這也是每個人的生命有趣之處）。

　　因此，這整個揚升的過程，完全是你個人專屬的一場遊戲，它會是什麼樣的過程，由你自己主導、自己來安排。

　　為了不嚇到你，特別安排本篇先來個小測驗讓你玩玩。

　　在以下測驗題中，將會以選擇題的方式進行。「真相驚嚇指數」的意義是：當你接收到真相時，可能產生的驚嚇程度，也相當於「真相」和你所相信的「事實」的反差程度。

　　這些測驗題可能並沒有所謂的「正確答案」（原因在下一篇會稍做說明），分數的值可能也沒有太大意義，不需要拿去跟別人比較（即使先知道真相也不會高興太久，因為再過一段時間，真相可能就變成人盡皆知的常識了）。

　　如果你的驚嚇指數很小，很可能你已經掌握（或已具備足夠強大的能量，可以開始掌握）關於地球以及宇宙的真相了，歡迎

隨意取用「資料庫計畫」中的文章，或是其中的訊息來源，以從中獲得大量的珍貴訊息。

如果你的驚嚇指數不小，可能表示這個三維 (3D)世界的一切一切對你來說仍很真實，那麼如果在不久的將來，這個三維 (3D)世界的遊戲規則被更高的規則所取代，對你來說可能衝擊會大一些（或者大很多），但是請你相信新的世界是更加美好的，更為輕鬆、自在、與自然合而為一。

「真相驚嚇指數」小測驗

A. 幻象世界（母體、矩陣）生活

1. 錢很難賺，房子很難買
 (1) 完全同意
 (2) 有點同意
 (3) 不同意／不符合現實
 (4) 這只是一部分的現實，但與我的狀態不符
2. 時間／精力大部分都花在工作上，並且不喜歡自己的工作
 (1) 我不喜歡我的工作，但是我必須要賺錢
 (2) 有點不喜歡我的工作，但是我必須要賺錢
 (3) 有點喜歡我的工作，但是我必須要賺錢
 (4) 我不需要為了賺錢而工作，因此可以追尋自己的夢想
3. 撞到牆壁會很痛
 (1) 完全同意
 (2) 有點同意
 (3) 不同意／不符合現實
 (4) 這只是一部分的現實，但與我的狀態不符
4. 周圍的人懷有敵意，小偷／強盜／詐騙無所不在

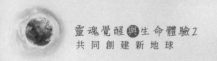
(1) 完全同意

(2) 有點同意

(3) 不同意／不符合現實

(4) 這只是一部分的現實，但與我的狀態不符

4. 疾病很可怕，生病應該儘快去看醫生

(1) 完全同意

(2) 有點同意

(3) 不同意／不符合現實

(4) 這只是一部分的現實，但與我的狀態不符

5. 動物不懂人性，並且攻擊性很強

(1) 完全同意

(2) 有點同意

(3) 不同意／不符合現實

(4) 這只是一部分的現實，但與我的狀態不符

6. 有錢／有勢／有地位的人很厲害，我很欽佩他們（例如股神巴菲特、比爾蓋茲）

(1) 完全同意

(2) 有點同意

(3) 不同意

7. 人民應該要繳稅，政府應該監控人民的一舉一動，以防止人民做壞事

(1) 完全同意

(2) 有點同意

(3) 不同意

8. 由於地球資源有限，我們應該隨時注意，避免資源的浪費

(1) 完全同意

(2) 有點同意

(3) 不同意

B. 幻象世界（母體、矩陣）的邊界

1. 有人出來講述事實真相，你覺得你會相信誰？
   (1) 政府官員
   (2) 學者專家
   (3) 匿名者／非主流人士
   (4) 自己的直覺

2. 電視、新聞告訴我們的事
   (1) 90%以上都是真的
   (2) 50%以上是真實的
   (3) 隱藏大約20%的真相
   (4) 隱藏幾乎80%以上的真相

3. 你如何得知世界上發生什麼事
   (1) 看電視、新聞、報紙（官方主流媒體）
   (2) 看社群網站的資訊（YouTube、Facebook、Twitter、LINE
      等）
   (3) 可信任的非官方訊息來源（社群網站、部落格等）
   (4) 多種管道資訊+自己的感知力

4. 當電視、新聞在猛烈批評一個有名人士時
   (1) 90%的可能性那個有名人士是壞人
   (2) 50%的可能性那個有名人士是壞人
   (3) 20%的可能性，媒體是別有用心
   (4) 80%的可能性，媒體是別有用心

5. 當電視、新聞在極力讚美一個有名人士時
   (1) 90%的可能性那個有名人士是好人
   (2) 50%的可能性那個有名人士是好人
   (3) 20%的可能性，媒體是別有用心

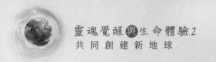
(4) 80%的可能性，媒體是別有用心

6. 有人出來講述事實真相時，你覺得他的遭遇會是

(1) 受到電視、新聞、各界人士極力讚美

(2) 受到電視、新聞、各界人士猛烈批評

(3) 因非法刑事案件、或其他原因導致名譽受損而消失

(4) 需要透過非官方的訊息管道傳播真相

7. 世界上有人有辦法掩蓋真相嗎

(1) 不可能，沒有人正在嘗試掩蓋真相

(2) 可能有人正在嘗試掩蓋真相，但是電視、新聞會把它們
揭穿

(3) 非常少數的人意圖掩蓋真相，他們和電視、新聞、許多
有名人士聯手達成

(4) 真相不可能一直被掩蓋，到某一個臨界點一定會掩蓋不
住，那時全世界將有一波巨大的意識衝擊

C. 世界的遊戲規則

1. 你認為一週工作合理天數是

(1) 7天，每天12小時

(2) 5天，每天8小時（週休二日）

(3) 2天，每天4小時（週休五日）

2. 假設你有一塊土地，有一口井噴出石油，你覺得會有什
麼結果

(1) 這不可能發生，完全不用考慮

(2) 變成大富翁，但是發生的機率非常低

(3) 馬上有人來徵收你的土地、沒收你的石油資源，為此引
起法律糾紛，甚至被當成罪犯

3. 一個國家之中，誰最有權勢

(1) 當然是總統（最高領導人）

(2) 要看各國的行政體制，有些國家是總統制，有些不是

(3) 最有錢的銀行家，企業老闆

(4) 最有權勢的人幾乎沒有在世人面前公開露面

4. 窮人 V.S. 富人，誰最需要賺錢？

(1) 當然是窮人，富人不用賺錢

(2) 窮人靠勞力賺錢，富人靠錢賺錢

(3) 富人比窮人更需要賺錢

D. 金融／財經

1. 錢應該存在銀行，鈔票比黃金／白銀還重要

(1) 完全同意

(2) 要看時機，沒有戰爭發生的話，鈔票比黃金重要

(3) 黃金／白銀比較重要

(4) 我很少需要依賴金融系統生活

2. 股票市場與實體經濟的關係

(1) 股市價格完全反映實體經濟的發展

(2) 股市價格大部分反映實體經濟的發展，但也有一些人為
操作的可能

(3) 股市價格大部分是人為操作的

(4) 股票市場價格的變動與實體經濟完全無關

3. 全世界的錢加總起來的值，是否是固定的

(1) 沒有概念

(2) 根據一些金融的法則，它的值是變動的，但我不覺得這
有什麼不合理

(3) 負債和印鈔票使得錢的數量不斷增加

(4) 應該要是固定值（除非世界上的資源增加），但現實很
顯然不是

4. 房子和土地的價格

(1) 都很貴，我買不起

(2) 因為炒作，價格漲的非常厲害

(3) 有些項目非常便宜

(4) 應該免費提供給民眾自住與使用

5. 關於無條件基本收入（即不需審核條件，每人每月提供生活費的基本保障）

(1) 沒聽說過，沒有概念

(2) 有基本的認識，但不認為它會給人民帶來好處

(3) 它會給人民帶來好處，但因為對富人不利，所以不可能實施

(4) 一定會實施

E. 生活與科技

1. 你認為肥胖的原因是

(1) 吃太多東西（特別是含油食品），缺乏運動

(2) 工作壓力太大，生活作息不正常

(3) 吃藥、吃含糖食物、壓力大

(4) DNA含有肥胖基因

2. 食物中的糖和脂肪哪個對身體不好

(1) 兩個都不好

(2) 脂肪

(3) 糖

3. 如果你生病了，躺著一整天沒做事

(1) 沒任何進度，不但拖累工作，更是成為米蟲，對地球沒有幫助

(2) 休息一整天，讓自己恢復體力，減少了壓力，對自己的健康及能量場（運氣）都有幫助

(3) 休息一整天，對地球有著莫大的幫助

4. 如果不吃藥，你有辦法維持健康嗎
 (1) 健康的人可能不用吃藥，但因為我不健康，我必須要吃藥
 (2) 如果不吃藥，靠早睡早起、多運動、均衡飲食，可以維持健康，但很多時候還是要靠吃藥
 (3) 不吃藥，身體反而更健康
 (4) 所有生理反應（包含疼痛）都是身體的正常運作，我允許它們發生，因此不用吃藥
5. 你認為電是如何傳播的
 (1) 一定要用電線才能傳播
 (2) 電可以透過空氣（沒有電線）傳播，但對人體有很大傷害、很危險
 (3) 高頻高壓電可以透過空氣（沒有電線）傳播，對人體不會有害，可以用手去摸電
6. 你認為研究科學無法解釋的現象是否是科學
(1)研究科學無法解釋的現象是怪力亂神
(2)如果科學無法解釋現象，是理論錯誤或不完整，如果科學是對的，就應該要能解釋
(3)科學可以和靈性或其他任何領域結合

F. 黑暗與負面能量
1. 關於基因工程、基因改造
 (1) 生物科技整體技術仍很初階，無法用於實務
 (2) 基因改良食品對身體有害，但那只是因為技術不成功造成的
 (3) 目前的生物科技相當先進，可以對DNA、基因（例如病毒）做細微的修改
 (4) 目前的生物科技能夠生產複製生物、複製人

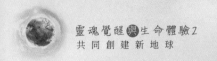
2. 關於新的5G手機網路技術
(1) 仍在初期研究階段
(2) 大公司、企業極力推廣的5G技術將對人類帶來科技上的
更大便利
(3) 大公司、企業極力推廣的5G技術將對人類帶來監控、降
低免疫力、操控腦波等災難
(4) 5G有光明與黑暗兩種技術，光明的5G技術將帶來和諧
的能量及科技的便利

3. 地球表面溫度上升是因為
(1) 二氧化碳造成溫室效應、南極冰山融化、全球暖化
(2) 宇宙溫度變化週期的正常現象
(3) 地球表面溫度其實是在變冷，但因為某個宇宙射線照
射，提供的熱能抵消了

4. 你認為石油是有限還是無限的
(1) 石油是生物的遺骸變成的，所以很有限
(2) 石油的生成與地熱有關，所以可以不斷生成
(3) 石油和其他自然資源的數量都比已知數量多很多

5. 你對暗網 (Dark Web)的認識（一個不受各國法律監管的黑
暗交易平台）
(1) 沒聽過，不認識
(2) 有聽過，但不相信它存在
(3) 有特殊的程式可以進入，在那裡允許各種非法交易（包
括人口販賣、毒品、暗殺服務等）

6. 你認為世界大國的國家機密會包含什麼樣的內容
(1) 與國家政府內部運作有關的文件，普通民眾不需要知道
(2) 如果公開出來，會對國家安全、全體人民安全造成危害
的文件

(3) 如果公開出來，會對少數統治階層不利，但對全體人民有極大利益的文件

7. 你對於南極、北極的認識
(1) 溫度太低，能生存的物種非常少
(2) 有旅行團可以去南極旅遊，但只能去非常有限的點，且價格昂貴
(3) 南北極有20度以上的環境，適合多種生物居住
(4) 南北極有隱藏軍事設施、古代巨人等遺跡

「真相驚嚇指數」的計分方式：每題的分數為「選項個數 - 你的選項」（例如4個選項，你選1，就是4-1=3分），加總即為「真相驚嚇指數」之分數（滿分為100分），分數愈接近0，代表你聽到真相的驚嚇程度愈小，愈接近100代表驚嚇程度愈大。

<u>76-100分</u>：你非常相信這個3D世界的一切，而且可能不容易接受世界發生巨大變化。萬一有什麼巨大的改變，要去適應它們的話，對你可能是一項困難的挑戰。不過沒關係，請記得向可信賴的人尋求幫助，相信到時會有不少人願意幫助你。

<u>51-75分</u>：你對於世界發生的事，能夠理性的去判斷。在這個3D世界，你有你的生存之道。但是如果世界的遊戲規則發生改變，你是否能夠順利適應呢？如果你玩過桌遊、紙牌遊戲等等，不妨把這個改變當成一款新的遊戲、新的紙牌遊戲玩法之類的。那麼，以你的理性分析能力，相信也能夠很快適應新的遊戲規則的。

<u>26-50分</u>：你對這個世界所隱藏的真相已有不少的認識，那麼我想問你，你對這個3D世界感覺如何？在這樣「不真」的世界生活，是什麼感受？你希望隱藏的真相被公開嗎？你希望獲得更多、更美好的豐盛禮物嗎？你的經驗在未來將會是珍貴的寶藏，請抱著期待的心情繼續走下去。

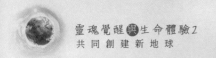
　　<u>0-25分</u>：你可能早已對世界的真相有很深的認識，你可能是目前正在推動世界規則改變的人之一。也許你也正在以你的方式分享你的體驗心得，能夠這樣和你一起合作是愉快的，謝謝你的努力。

3. 地球真相：劇透篇

　　本篇將會先劇透一下，關於即將談論的「地球真相」，做為本書後續故事（第二部～第四部）的一個預覽。當然，這些故事可能很像科幻小說。

　　首先，在前一篇談到很多事情可能沒有「正確答案」，那關於「地球真相」有沒有「正確答案」呢？

　　我認為沒有。

　　原因是，絕對的真理只有「你創造你的實相」，其他的都不是絕對的，都是可變的。

　　世界的穩定存在，是因為大家的集體意識，相信了90%以上相同的東西（物理法則、天文、時間、生活周遭的事物等）來維持的。

　　即便科學很少、或完全沒提到這類的研究，我想我們也很難證明它是錯的吧。（你需要讓足夠多的人相信一些完全不同的東西，才有辦法進行這類的實驗的）

　　但是，違反物理法則、違反常理的例子，則是經常在發生。（雖說是經常，也沒那麼常，以致於大家都感覺不到，但是集合許多人的經驗還是可以得到不少）

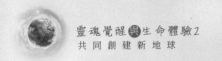

我們的科學、歷史、醫學、政治、金融、環境等和生活息息相關的各領域，就有許多未被解釋的事情，長久以來持續存在。

因此，本書主要將談論的主題－光明與黑暗的戰爭，焦點就會放在一方不斷的想隱瞞真相（黑暗方），而另一方持續的想揭露真相（光明方）。

後續內容概要：

第二部 真實世界的樣貌：黑暗力量很努力想隱瞞的東西

第三部 真相拼圖：和你一起尋找這些被隱藏的祕密

第四部 美好的新地球：在即將到來的——沒有黑暗的世界——的一些前景、願景

從一般的常理也很容易理解，黑暗就是沒有光，像影子一樣，而當光照下來的時候，黑暗（影子）就會消失。

所以這只是一場造物主精心設計的劇情，它最終的結局是確定的。（而為什麼會設計這場戲劇，真正的原因可能相當感人）

談論到這裡，或許你也可以猜出，黑暗方極力想隱瞞的東西，至少一定包含「你創造你的實相」這條絕對真理！

事實上，這正是光明與黑暗鬥爭的主軸！

黑暗方努力的用盡各種手段，就是為了讓你以為「世界的實相不是你創造的」；而光明方則是努力的讓你想起「你是怎麼創造世界的」。

雖然本書後續會慢慢提到黑暗的一些計謀、把戲（可能遠遠超出你的想像，特別是當有受過傷害的情況，可能感受會更深），但我會特別提醒一下，希望你不要帶著仇恨的心理，來了解事情的真相，因為：

1. 你一直在創造你的實相，所以你的情緒會很快速的影響你觀測到的世界（仇恨使人成為黑暗）

2. 即使是最黑暗的人也含有光，他們也會做一些好事（儘管可能很少）

　　那麼，如果以造物主／源頭 (The Source)的角度來看，誰是光明，誰是黑暗呢？

　　——這是一場左手打右手的遊戲——

　　同樣的，光明與黑暗也包含在你我之中。

　　所以，這場戰爭對你我來說，也是一場自己和自己的鬥爭。（你可以這樣理解：因為我希望你內在的光明一方獲勝，所以會提醒你保持在好的心情、好的情緒）

光明與黑暗戰爭的起源

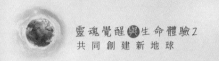

（以下模擬對話純屬虛構，如有雷同，純屬巧合）

源頭：「蓋婭（Gaia，地球母親的名字）的孩子，你們好。我是被你們稱為源頭的那位，我和你們一樣在探索未知的世界。」

小龍（地球人）：「你好。源頭也要探索？我以為你是像神一樣的存在，全知全能之類的？」

源頭：「其實你們具備和我一樣的創造力，因為我把創造力分給了你們——蓋婭的孩子們。」

小龍：「我們是你直接創造的？」

源頭：「準確來說，是間接創造，但我一直參與觀察著整個過程。」

小龍：「也就是說，你先創造了更先進的人，然後他們再創造我們？」

源頭：「是的。」

小龍：「但我們人類感覺不太到自己有什麼創造力。」

源頭：「你有沒有玩過棋盤遊戲，例如象棋？它是你們人類創造的遊戲，或者說一個世界。」

小龍：「有玩過，但是不太在行。」

源頭：「你覺得創造這個遊戲的人，他能夠完全掌握這個遊戲嗎？」

小龍：「他可能掌握不少，但是例如象棋裡面的走法變化非常多。聽你這麼一說，好像創造象棋比較容易，畫個棋盤、擺上一些棋子、規定好它們的走法規則就可以了。不過要完全掌握它的所有變化，卻是相當困難。」

源頭：「沒錯，這就是為什麼神也在探索的原因。而神探索世界的方法，就像你們把棋盤上的各種變化推演出來，是一樣的道理。而我探索世界所用的方法，就是創造無數的分身，並讓你們依照你們的自由意志去探索世界。」

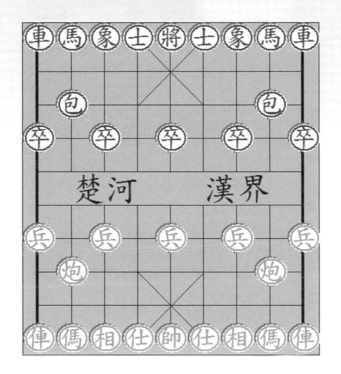

　　小龍：「我們就是你的分身？」

　　源頭：「是的，你們就是神。你們的宗教嘗試把我變成一個高高在上的存在，但其實並不是這樣的。你們目前正在依照自己的意願（也是我的意願），在進行探索地球這個未知世界的過程。」

　　小龍：「是你的意願？同時也是我們自己的意願？」

　　源頭：「是的。由於地球目前的規則，總是有少數人是老大，負責下命令，而大部分的人（民眾）則被要求要服從命令，不管在軍隊、政府、公司、學校、家庭，絕大多數都是這樣的模式，所以你們會比較難理解這點。其實我是以你們的意願為意願，我創造你們，但是我並不負責規定你們要做什麼、要怎麼做，我只是從旁觀察和協助。也就是說，我目前正在創造『自由

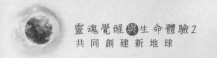

意志』主導的世界，這個作品已經接近完成階段。」

小龍：「哇！這樣聽起來，真的好民主！」

源頭：「我也滿喜歡這樣的設計。在我的宇宙法則（就像物理法則）中其實就保證了每個人的『自由意志』，也就是你們所說的『民主』。」

小龍：「那地球上那些下命令的老大們，不是按照你的意願在做事的嗎？」

源頭：「因為地球（原本是整個宇宙），它的能量場比較怪異，是我先前未曾經驗過的，也可以說是一種能量扭曲吧。在這裡的主導力量是「隨機」，或稱做「混沌」、「混亂」等。你們和我為了理解、體驗它，一起來到了這個地區，已經有相當長的時間了。在地球的作品完成之前，這裡還不是歸我管的，而是被稱為『黑暗勢力』的人統治的。」

小龍：「黑暗勢力？他們是誰？」

源頭：「他們和你們一樣，是我的分身，我對待他們和對待你們一樣，允許他們擁有『自由意志』。因為我們想把這個地區好好的探索，所以當初來到這裡時，有一些人就像你們一樣選擇當光明的存在，而你們的一些好朋友們就自願當黑暗的存在，他們的任務就是徹底的去理解黑暗（隨機、混沌）、成為黑暗。這樣，做為你們集體意識的我，就可以收集到完整的資訊，對黑暗有更深層的認識，最終讓光明與黑暗融合在一起。」

小龍：「所以黑暗勢力不是壞人？」

源頭：「以你們的角度來說，他們可能很壞，這點我也認同。但是由於我在宇宙法則包含『自由意志』的設計，只要你們對自己的『自由意志』有足夠的認識，並善加利用的話，沒有人能夠強迫你做什麼。」

小龍：「那以你的角度呢？」

源頭：「我認識到他們原本就是你們的兄弟姐妹，對一個父

母來說，總是不希望自己人一天到晚打來打去，不管哪個受傷都不是好事，不是嗎？並且因為這個『自由意志』的設計，傷害他人的行為，反而對自己的靈魂損傷更大，所以為了避免無止境的痛苦，當初也有限制這個體驗遊戲的時間，在時間範圍內可以讓他們一直玩，但到了一個宇宙週期時，就需要讓這個遊戲停止進行下去了。」

小龍：「這個遊戲有停止的時間？那我們現在進行到哪裡了？」

源頭：「我們已經非常接近這個停止時間，現在正在收尾了。」

小龍：「原來遊戲快結束了？那可以稍微透露一下結局嗎？」

源頭：「結局就是光明的一方大獲全勝，然後所有的真相全部揭曉。而做為光明的一方，繼續留在地球上，和蓋婭（地球）一起揚升到五維 (5D)，最黑暗的一方將送來我這裡重新改造，不能再以扭曲的型態存在下去。當然，因為每個人都有『自由意志』，我們也準備好讓大量沒打算升到五維 (5D)的人可以移居的其他三維 (3D)星球。」

小龍：「這樣的結果，黑暗勢力也同意嗎？」

源頭：「如你所知的，在當初規劃這整個劇情時，所有參與的人都同意的。但很不幸的，黑暗的一方吸收了能量扭曲之後，已經完完全全成為了黑暗（太入戲了），他們變成否認自己光的存在，不願意接受治療，所以最後很可能需要強迫把他們帶回來。」

小龍：「原來光吸收了某個叫『能量扭曲』的東西就可以變成黑暗？」

源頭：「所以你們在地球的體驗，給了我非常寶貴的經驗和資訊。關於黑暗的細節，你旁邊有位從黑暗勢力返回光的朋友，

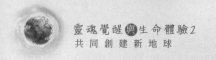
他更適合來回答。」

小龍：「好的，謝謝。」

從黑暗的視角看「光明與黑暗」（二元）之戰

（以下模擬對話純屬虛構，如有雷同，純屬巧合）

小龍：「就我所知，你曾經為黑暗勢力工作，一定有許多寶貴的訊息可以分享給我們。我想先問關於黑暗勢力的目的是什麼？」

返回光的朋友（地球人）：「好的。黑暗勢力的目的就是阻止人類的覺醒，發現自己的創造力。」

小龍：「他們如何做到這一點？」

返回光的朋友：「黑暗勢力從很多方面下手，也就是很多方面都有很詳細的安排。例如，我們了解到，不能讓人類和外星人有任何的接觸，那我們就和外星人簽訂互不干涉條約、並且隱瞞外星人的存在。」

小龍：「如何隱瞞外星人的存在？」

返回光的朋友：「很多方面都被考慮到了，例如和永生、靈魂相關的知識要被禁止，在科學上否定其他星球有生命存在的可能性，並且銷毀地球真實歷史的相關古代典籍或記載等。」

小龍：「看來你們做了大量的工作。」

返回光的朋友：「是的，很多方面隱瞞的相當成功。另外，我們也做了大量的工作在斷絕人和神的連結方面，並且反過來引導人們和黑暗做連結。」

小龍：「你們又是如何做到的？」

返回光的朋友：「利用宗教將人和神分別開來，宣揚神的偉大，同時盡所有可能降低人們對自己的自信心及增加罪惡感，使人們不敢與神相提並論，也就形成敬畏神的習俗。而許多宗教也都有祭拜死者的習俗，為的是強化人們對死亡的恐懼，彰顯死亡

的存在，這樣人們就離永生愈來愈遠，離神愈來愈遠。」

小龍：「所以你覺得，人們不該信仰宗教嗎？」

返回光的朋友：「如果以增加（而不是減少）和神的連結方面來看，我覺得與其信仰宗教，還不如信自己。我的意思是，對於許多未知的事情，養成自己尋找答案的習慣，而不是總是聽信他人，這樣會有助於提升自己內在的力量。」

小龍：「我可以理解，你是覺得神就在我們心裡，在我們的內在（而不是外在）。」

返回光的朋友：「是的。很多情況如果你允許自己有自己的想法，你可能會做出和原本（總是想聽別人的答案時）完全不同的選擇，但那才是你真正想做的事呀！會讓人有一種喜悅感，增加正面能量。一段時間下來，你會對你做的一連串的選擇感到吃驚的。」

小龍：「你選擇離開黑暗勢力，算是你自己的想法嗎？」

返回光的朋友：「沒錯，當我下定決心要離開時，我感覺到自己的人生才正要開始。」

小龍：「你沒有被黑暗勢力阻擋嗎？」

返回光的朋友：「由於我先前在黑暗勢力所做的工作，知道不少內幕，因此他們不斷以我和我家人的生命安全做為威脅，要求我不要離開。當然，他們許諾如果我留下，會得到一筆龐大的金錢上的利益。」

小龍：「那你怎麼能應付呢？」

返回光的朋友：「當我感到我快要撐不下去的時候，有光明勢力的朋友來救我了。後來我才了解到，從我按照自己的直覺行事開始，我就走入了我的人生劇本當中，我感覺受到幫助也是在劇本之內。」

小龍：「你認為末日預言是真實的嗎？」

返回光的朋友：「對黑暗勢力來說，是的。」

小龍：「可是地球不是沒有毀滅嗎？」

返回光的朋友：「黑暗勢力對末日預言有更深的了解，他們知道宇宙週期變更之際，更強的光會來到地球上，那時黑暗將無法繼續生存。」

小龍：「所以你是指，末日預言其實指的是黑暗勢力的末日！！？」

返回光的朋友：「是的。所以他們一直以來都很害怕，不斷的在想各式各樣的怪招來拖延時間，能拖多久就拖多久。」

小龍：「有什麼樣的怪招？用來抵擋黑暗的末日？」

返回光的朋友：「宣傳末日預言其實也是一招，如果許多人對末日感到恐懼，地球的集體意識就會降低，如果人們還沒準備好接收四維 (4D)、五維 (5D)的能量，也許就可以拖延不少時間。」

小龍：「把人類當做人質？把黑暗勢力的末日，轉移成全人類的末日的意思？」

返回光的朋友：「是的。另外比較受到重視的就是減少地球上90%人口的計畫（新世界秩序，New World Order (NWO）），透過病毒、戰爭等方式加大人們的恐懼，然後人們就會自動把自己的自由交出來給政府控管，人民會變的很好管控，當然覺醒的程度就會降低很多。」

（註：美國喬治亞州的巨石陣石碑，第一條寫著，維持人口五億以下與大自然永恆共存。Maintain humanity under 500,000,000 in balance with nature. [世界人口為77億]）

小龍：「例如有意的釋放病毒？」

返回光的朋友：「釋放病毒，造成大量人口死亡（減少人口數）；然後再發動國際戰爭，又是死亡；再來釋放含有生物晶片的疫苗、以社會安全、國家安全為由監控所有人的手機、個人資料等等，都是黑暗勢力預備好，隨時可能拿出來用的招數。」

　　小龍：「為什麼要減少90%的人口？」

　　返回光的朋友：「黑暗勢力發覺愈來愈多的人在覺醒，人們愈來愈不受控，這對他們的統治造成很大的影響。如果能發生大量的死亡事件，整個星球就會充滿人們的恐懼感，這樣的能量狀態是維持黑暗（隨機、混沌）所需要的。另外，我自己的理解是，他們也發現到有87%的人口含有外星人的DNA，以黑暗的角度，這些人就像是遊戲的外掛一樣，就是來破解（母體、矩陣）遊戲的正常運作的。這些人的覺醒潛力太強，對黑暗造成太大威脅，恨不得除之而後快。」

　　小龍：「減少90%的人口的計畫進行的如何？」

　　返回光的朋友：「非常的失敗。」

　　小龍：「原來黑暗勢力與一般人民為敵？」

　　返回光的朋友：「這有一些原因，我們的高層認為他們種族（非人類）擁有地球，而人類種族只是他們的奴工，應該生生世世為他們服務。他們認為自己高高在上，卻又缺乏人類所擁有的

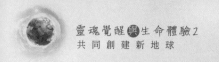

創造力，這樣的矛盾心理使他們非常痛恨人類，並且非常害怕人類覺醒。」

小龍：「聽你對黑暗高層種族的描述，他們對我們人類來說，有點像是神的存在，他們是神嗎？」

返回光的朋友：「和目前的人類相比，他們的力量確實很強大，但他們害怕人類真正的力量，所以把人類所有可能找回力量的相關資訊都藏起來了。這樣的存在，被稱為虛假的神 (False God)，和你我心中所認知的不同。舉例來說，真正的神不需要別人稱呼他們為神，也不需要別人崇拜。」

小龍：「那些黑暗種族是不是也可以選擇接受治療？好像把某個『能量扭曲』清除掉就能解決他們的問題了？」

返回光的朋友：「據我所知，雖然他們可以選擇，真正的高層不太可能這樣做，返回光對他們來說就是「死亡」了，他們黑暗的世界就不存在，遊戲就結束了。而像我這樣的人是因為原本的靈魂生命計畫就是先加入黑暗，然後返回光明，把黑暗的資訊帶出來（揭露），這樣的人後來組成了『地球聯盟』（Earth Alliance)。」

小龍：「所以地球聯盟是一個組織，裡面的成員可能有很多都曾經待過黑暗勢力的單位？看來光明／黑暗方所有人的靈魂生命計畫都很精確的在進行？」

返回光的朋友：「是的。我想，至少大部分應該是這樣。」

小龍：「黑暗勢力控制世界的財富和資源嗎？」

返回光的朋友：「世界的財富和資源有90%以上在黑暗勢力的手中，你所能想像到的，能控制人類的，他們都掌握到了：宗教、媒體、銀行、企業等。」

小龍：「這有點像金字塔結構，10%的人擁有世界上90%的資源？」

返回光的朋友：「是的，我們目前的世界，所有的機制都

是金字塔結構，權力圈（政治）、金融界（金錢）、學術界、企業、媒體、宗教、軍隊，一切的一切都是。」

小龍：「在這種情況下，人民有可能獲得財富嗎？」

返回光的朋友：「幾乎不可能，除非你和他們合作。你想想看，權力、金錢、社會地位等，所有在三維 (3D)世界中有價值的東西，都被他們掌控了。如果遇到什麼狀況需要透過法律來解決的話，別忘了打官司需要大量的金錢和時間，對一般人民來說，顯然大為不利。」

小龍：「就只是單純靠自己的聰明才智賺錢呢？」

返回光的朋友：「你聰明能賺錢，但遊戲規則是誰訂的？這遊戲規則不是固定的，它隨時可以改。如果你賺錢賺的比他們兇，威脅到黑暗勢力的版圖時，他們就會改遊戲規則來對付你。如果需要國會修法才能改規則，你覺得國會會聽他們的，還是聽你的？」

小龍：「言下之意，所有掌握權力、金錢、關鍵地位的人，都很可能是黑暗勢力？」

返回光的朋友：「一旦他們掌握例如80%以上的權力位子，你如果一個好人進去權力圈內，請問你要如何升官？」

小龍：「決定誰能升官的重要位子，黑暗勢力肯定早就都占據了？」

返回光的朋友：「是的，那是他們的命根子。」

小龍：「如果我在家挖到一定數量的黃金？」

返回光的朋友：「最可能的就是被沒收、被低價收購等。」

小龍：「為什麼呢？」

返回光的朋友：「就像剛才提到的，黑暗勢力的目的是要維持金字塔結構的穩定，所以擁有世界上90%的資源對他們來說是最重要的。如果有人擁有一定數量的黃金，或發現新的黃金來源，那黃金總量加起來，有可能他們持有的量就會小於90%，金

字塔體系可能就會崩潰（扁平化），然後他們對世界的掌控也會崩潰。別忘了他們的人數只有最頂層的10%，普通民眾的人數占90%，如果再擁有多一些資源，那人民的力量會不會太強大了？另外一個比較深層的原因是，像黃金、白銀等金屬，對一個人提升能量頻率是有幫助的，不過大部分的人不會注意到就是了。」

小龍：「會不會有光明勢力的人占據重要位子呢？」

返回光的朋友：「也有。光明勢力也知道占據重要位子的重要性。」

小龍：「要如何分辨誰是光明勢力？」

返回光的朋友：「在光明勢力還沒掌握新聞媒體之前，光明勢力的人，如果在重要的位子上，做了某些重要的決策、重要的行動等，一個字都不會出現在新聞媒體上，反而會因為許多莫須有的罪名而被攻擊。所以，需要的是可靠的訊息來源，加上自己的分辨力和多方研究查證。」

小龍：「黑暗勢力有沒有用超自然的力量控制人類？」

返回光的朋友：「我們用了大量的超自然力量在控制人類。手機的Wi-Fi、5G技術會發出干擾的電磁波，讓我們把人類的意識維持在很低的狀態，這樣人們才比較容易受控（聽話）。人們不知道的是，我們也使用一般人聽不到、注意不到的聲波等技術在控制他們的大腦思想。另外，我們還有可以操控天氣的設備，我們可以在局勢需要的時候，讓特定的地區產生颶風、森林大火等『天災』，然後從中獲利。」

〔例：美國專利US20030085296A1 - Hurricane and tornado control device（颶風和龍捲風控制裝置）〕

小龍：「看來黑暗勢力藏有不少的黑科技？」

返回光的朋友：「高層黑暗勢力的特點就是缺乏人類特有的創造力，他們的特長是複製，所以他們非常需要我們人類去幫他們工作。同時他們非常依賴『能量扭曲』，所以非常需要不斷的

製造『災難』、『恐懼』、『痛苦』，在有創造力的人類身上產生這些負面情緒的時候，藉助我們人類的創造力，就能幫他們生出『能量扭曲』了。」

小龍：「所以如果我們每個人在生活和工作上感到壓力大、不開心、或是害怕，就是在幫助他們維持『能量扭曲』了嗎？」

返回光的朋友：「是的，群眾的苦難是他們非常、非常需要的。當然光是這樣還遠遠不夠，在許多人們看不到的地方，他們很密集的在製造比大多數人所能想像到的更巨大的苦難，才勉強維持『能量扭曲』。」

小龍：「如果他們讓我們的音樂家幫他們工作就好了，創造美妙和諧的音樂。」

返回光的朋友：「因為他們的需要和我們是相反的，他們需要的是『不和諧』，所以我們的音樂到了他們的手裡，就會被『反向複製』成為不和諧的聲音。同樣的，其他許多的負面黑科技也是這樣產生出來。而他們無法利用的正面先進高科技，絕對必須隱藏起來，不能讓人們看到。」

小龍：「我們人類有什麼高科技被他們藏起來？」

返回光的朋友：「數量非常多，例如自由能源（永續能源，Free Energy）、抗老化技術（Anti-Aging）等，有6000項專利被藏在美國國家機密檔案中。」

網路文章：【Michael Salla】總統祕密備忘錄將解密抗衰老與自由能源技術

小龍：「那光明勢力會怎麼應對目前的局勢呢？」

返回光的朋友：「光明的一方需要取得足夠重要的關鍵位置，然後拆除所有的金字塔結構（不是指埃及金字塔），例如金融體系、政治圈、宗教等，接著取得媒體的控制權。」

小龍：「目前的進展如何呢？」

返回光的朋友：「美國和俄羅斯已經取得關鍵位置，俄羅斯

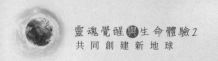

拆除已經完成，美國和其他國家仍在拆除當中。」

　　小龍：「謝謝，後續需要時再邀請你來回答。」

　　<u>返回光的朋友</u>：「好的。」

　　～了解黑暗，才能融合黑暗～

　　～超越苦難，才能獲知更多真相～

4. 善用內在心靈力量，
創造你專屬的美好世界

　　希望上一篇談到的一些內容沒有嚇到你，後續我們會談論到更多的細節。

　　目前的首要之重，就是了解自己「自由意志」的力量，在這個能量提升、轉變周期的時刻，運用自己內在的心靈力量，為自己創建一個美好的世界。

　　如何真正重獲自由

　　首先，我們來看什麼是真正的自由？

　　在《駭客任務2》，尼歐覺醒成救世主之後，了解到先知原來也是電腦程式，於是他疑惑了，先知到底是幫電腦？還是幫人類？

　　先知到底是跟母體 (The Matrix)一樣在控制人類？還是真的在幫助人類？於是尼歐感到困惑了，他不知道他該相信什麼。

他想知道他是不是真的擁有自由，於是他問先知：「如果你早就知道，我要怎麼做選擇？(If you already know, how can I make a choice)」。

　　而先知則是回答：「因為你不是來做選擇的，你已經選擇了，你來是為了了解，你為何這樣選擇。(Because you didn't come here to make the choice. You've already made it. You're here to try to understand why you made it.)」

　　也就是說，做為一個觀察者，先知只是幫助尼歐（及其他人）了解他們（在靈魂層面）的選擇，而並沒有干涉他們的選擇。

　　即使這樣，尼歐還是因為經歷了一些事，對先知感到懷疑。到了《駭客任務3》，尼歐質疑先知有一些事沒告訴他：（是不是藉此來影響尼歐做選擇的空間？）

　　<u>先知</u>：「我跟你一樣要做出選擇。(I have mine (my choice) to make, same as you have yours.)」

　　尼歐：「所以你才有些事不肯跟我說？(Does that include what things to tell me and what not to?)」

　　<u>先知</u>：「當然不是。(Of course not.)」

　　尼歐：「那你為什麼沒提到造物者？關於錫安、還有在我之前的救世主？你為什麼不說出真相？(Then why didn't you tell me about the Architect? About Zion and the ones before me? Why didn't you tell me the truth?)」

　　<u>先知</u>：「因為時機還沒到。(Because it wasn't time for you to know.)」

　　尼歐：「誰決定的時機？(Who decided it wasn't time?)」

　　<u>先知</u>：「你心裡知道。(You know who.)」

　　（先知使眼色示意尼歐往後看，牆上的牌子寫著拉丁文，代表Know Thyself：認識原本的自己／高我）

尼歐：「我自己的決定。(I did.)」

從這些段落都可以看出，先知是真的完全沒有干涉尼歐（及其他人）的決定／選擇。（雖然劇情到最後並沒有下任何結論）

當一個提供服務的人，公開、透明，無所隱瞞，並且以對方的需求為主去服務，就是「尊重自由意志」的表現，他的所作所為將是受到宇宙法則的支持的。

另一個例子，在《駭客任務2》，救世主尼歐見到了矩陣（母體，The Matrix）的造物者 (The Architect)，造物者告訴尼歐，他有兩個選擇，一是依照造物者的意思重建人類世界，二是拒絕（去救崔妮蒂），而拒絕的話，人類會毀滅。

很明顯，這個例子是一個帶有威脅的選擇，我想，你不會認為這樣就是自由吧？（即使是黑暗統治者也懂得至少要讓人有選擇權）

但是，我們生活中大部分的例子，可能某種程度都像這樣，也就是帶有強制性的選擇。

因此，我認為「能夠決定我現在要不要做選擇，才是真正的自由」。

而尼歐即使在那麼不利的情況下，還是選擇拒絕造物主的提案，並且最後以巧妙的方式，和機器達成協議，避免了人類的毀滅。

也就是說，他使得劇情沒有按照造物者預想的去發展，而是按照尼歐自己的預想去發展。因此，他證明了他確實可以是自由的，不必受他人約束、不必按照他人的安排，可以按照自己的意願行事。

所以，在我們的生活中，受到一些人、事、物的限制時，是什麼能讓我們「重獲自由」呢？

如果能關注這個問題，了解自己的信念，找出關鍵重要的信念（我是因為相信了什麼而不自由？又因為相信了什麼而比較自

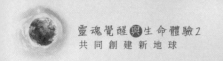

由？），都會對自己的將來有很大的幫助。

　　以生活、工作上來說，處在自由的狀態下，會有相當大的彈性。當你想要完成什麼事的時候，就容易集中注意力、產生靈感、快速找出合適的資源來達成目標（資源處在有彈性、可動用的狀態，也是自由的表現）。

　　所以「自由」即使對一個在工作的人來說，也是相當重要的。

　　當一個人（因為某些原因）長期處在「不佳」的狀態，他可能為了完成眼前緊急的任務，無法再騰出時間調整自己的身心、自己的資源，於是下次的任務仍然在「不佳」的狀態進行，不斷循環。

　　而有些狀態很好的人，可能是每次都確保自己在「狀態好」的情況下工作，因此都有不錯的成效。而任務完成之後，也有時間、力氣去把自己的身心、資源調整到最好，為下一次的任務做足準備，因此可以每次都在「狀態好」的情況下進行。

　　當一個人不斷的進行這種「狀態調整」，目標是往更輕鬆、自在的生活、工作的話，那他就是在往「真正自由」的路前進了。

在團體之中工作為什麼容易累

　　有一些在團體之中（例如公司）和人群一起工作的人，感覺經常容易疲勞，並且有時候會生病，需要看醫生等。

　　如果你也有類似的狀況，你是否有想過，工作容易疲勞，是正常現象嗎？

　　以我個人觀察到的一些經驗顯示，我在以下情況特別容易累：

　　1. 工作環境中，團隊的氣氛不佳（例如不和、有爭吵

等）。

2. 主管的脾氣不好，總是針對我或是我周圍的同事指責批評。

3. 經常開會。

4. 同事之中有小人（會設計陷害你，需要非常小心提防）。

所以你可以看出，以我的例子來看，「有攻擊性的人群」是造成容易疲勞的最大原因。

除此之外，自己強加給自己的工作壓力，或是對自己的任務沒信心（自我批評），也是造成疲勞的主因。

你也可以詳細分析一下自己疲勞的原因，並加以改善的話，就能夠讓自己提升工作效率，並且更輕鬆。

理想的狀態是，睡一覺醒來之後，壓力能完全清除到0，這樣的狀態是很難生病的。（有些人甚至不需睡一覺，稍微休息即可恢復）

你會為了讓自己達到理想的狀態，為了自己的健康和快樂，而去做「狀態調整」嗎？

你有時間的話，會想做什麼

許多人沒時間的原因是：因為需要錢而必須全職工作。

因此，要討論這個話題的話，還必須先假設，你已經有足夠的錢可以生活。

但是，這個假設並不全是空談，只要「無條件基本收入」普遍實施，那麼，為了維持整個社會（乃至整個星球）正常運作所需的工作人數、工作時數，將會大大減少。

（無條件基本收入：即不需審核條件，每人每月提供生活費的基本保障）

一直以來，我們都受限於「不工作，錢從哪裡來」的世界。

但其實，金錢只是衡量一個人的「消費能力」的指標而已，它本身是由印鈔機印出來的，要多少就能有多少。（90%的人民只擁有全世界10%的金錢）

因此，「無條件基本收入」的問題就變成在討論「一個沒有在工作的人能夠擁有的消費能力是多少？」

這個問題，其實關係到一個星球文明的進步程度，不可等閒視之。文明進步程度愈高的星球，基本的消費能力就可以愈高，甚至可以滿足生活上所有需求。（機器人、自動化技術、淨化水的技術等，往後還會討論到）

在不久的將來，你可能將要面對的問題就是，當你有了足夠的錢，於是你不用工作了，那麼你的時間要用來做什麼？

這代表人類文明將會有一個真正的進展，而不會再一直原地踏步（輪迴）。

許多人可能相當擅長工作，並且不願意提早退休，甚至可能即便有了足夠的錢，還是無法改變「為錢工作」的習慣。

關於工作方面，可以先有個提示：目前絕大多數的工作，對地球或人類是有害的，例如建築業、工廠等。（如同前一篇所說，這是為了維持「能量扭曲」，而刻意被設計成這樣的，並不是技術上的限制造成的）

於是，在即將到來的轉變，許多重要但沒薪水（或薪水不足以養活家人）、能夠與大自然完美融合的工作、藝術、音樂、心靈提升等，將成為有發展性的項目。

即使無法立即停止工作，選擇對地球有幫助的工作（可能轉變之後才會出現），會有一種「活著」、「重生」的喜悅感。

當你真正在做著對他人、人類、地球有幫助的事，而他們中的一些人注意到你，非常真誠的向你表達感謝之意時，你會發現到「謝謝」這個詞的真正意義，並且真實的感受到自己存在的價

值（真正被需要），這樣的心靈上的喜悅、豐盛、滿足是金錢遠遠無法相比的。

如何進行「狀態調整」與「心靈提升」

由於我們被困在三維 (3D) 幻象世界的生活中，許多人都背著沉重的包袱渡過每一天。

許多人可能甚至對自己的能力、生活、未來的夢想等感到失望，並可能已經不抱任何希望了，而只是很「認命」的渡過每一天。

但其實「狀態調整」與「心靈提升」並不困難，只是要認識到：即使是一個天使，如果背著那麼重的負擔，也同樣會感到不自由、不開心、沮喪。

因此，是不是把那沉重的包袱放到地上，你也能飛天呢？（這就讓每個人自己去驗證吧）

這個世界總是有做不完的工作，無止盡的辛苦存在，似乎必須每天不間斷的進行，而且似乎看不到盡頭。

但是，正是那些實實在在感受到的辛苦、苦難，維持著這整個三維 (3D)幻象世界。如果那個創造矩陣（母體，The Matrix）的造物者 (The Architect)真的存在，那麼他會說：「我需要你們每個人，一直存在於這個矩陣（母體）之內。」

一直以來，只有非常少數的人，會想試圖脫離，會想放下包袱。（結果放下之後，天也沒有塌下來）

這不是很奇怪嗎？我們長久以來一直覺得，我們必須要一直辛苦下去。但是偶爾，我們放下包袱，讓自己輕鬆一下，所有的事仍然很好的運作，並沒有造成太大問題。

有，唯一的大問題就是，情勢會開始來逼迫你，回到辛苦（而不是輕鬆）的狀態繼續工作。

以矩陣造物者 (The Architect)的角度來說就是：「<u>如果讓所有人放假（放鬆）一個月，整個矩陣（母體）系統會崩潰。</u>」

網路影片：芝加哥水族館因疫情關閉 企鵝館內趴趴走

（因為病毒疫情，大多數系統停工，使得地球自然生態得到恢復與療癒）

因此，整個系統被「看不見的控制」要求要不停運轉不能休息。在這樣的世界中，你是否會好奇，我們的「自由」到哪去了呢？

意識許可的重要性

「在你的世界發生的每件事，都是被你同意的。」

反過來說就是「在你的世界，你沒同意的事，不允許發生。」

這點對於光明勢力或黑暗勢力都同樣適用。

因此，在《駭客任務1》，莫菲斯第一次和尼歐見面時，拿出紅色藥丸和藍色藥丸讓尼歐選擇。

同樣，對於「狀態調整」與「心靈提升」，最重要的也是「意識許可」。

如果沒有許可讓好事在你的世界中發生，即使做很多其他的努力也很難有成效。

相反的，如果有許可，後面的努力效果就能夠顯現，甚至不需要特別做什麼努力也能顯現。

沒有許可的例子：

「我遇到不好的事，算了，就這樣吧。」

「會有好事發生？不太可能吧。」

有許可的例子：

「我遇到不好的事，我不想再這樣了。」

「會有好事發生？如果發生了，我會很開心。」

這也許只是一些看起來很平凡、平淡，但效果完全不同的狀態，需要細細體會才能分辨，別忘了你才是實相的創造者。

客觀現實（世界）並不存在

客觀現實（世界）就是一個與你無關的世界。

我們一直以來的教育，讓我們知道我們是小螺絲釘，而世界有它的法則，我們無權改動那法則。

我們只能按照世界的法則，勉勉強強的求生存，渡過一生。而大多數人可能終其一生，都沒有被整個世界看到，就這樣過完一生。

這世界似乎是黑白的，而不是彩色的。

而如果這些是這個矩陣 (3D)幻象世界透過某種方式讓我們相信、讓我們看到的現實？

他們是怎麼做到的？真實的又是怎樣呢？

我在很小的時候（未上小學之前），有一天突然做了個惡

夢，夢到我死後變成骷髏，被埋在地下，於是就這樣默默的消失在這個世界。從此以後，這世界發生什麼，和我再也沒有關係。

於是，對「死亡」的恐懼和客觀現實（世界）的印象被植入到我腦中、我的情緒（害怕、恐懼）則把它們的能量放大，變成以後一直影響我的一個信念。

也許你、或是其他人也有類似的經驗？（這又是一項什麼樣的技術呢？似乎是針對7歲以下的小孩透過夢境的方式傳播恐懼信念）

而如果集體意識創造世界才是真的，這表示我們一直以來只是照著「別人希望我們相信的世界」在創造。

而如果集體意識創造世界才是真的，這表示客觀現實（世界）並不存在！

而如你所知的，「客觀」一直都是科學上的一個重要概念。難道這一切都是騙局嗎？

不過，即使是如此，一個「概念」要能與大家「共享」的話，還是要建立在至少大多數人能得到相同的結果，才有可能。

因此，即使存在一些「異常現象」（Anomaly，在《駭客任務2》中，指違反母體物理法則的現象或存在），也不致於會影響我們的日常生活。

即使隨著時間發展，「異常現象」愈來愈強烈，也需要一段時間之後，才可能會有較大的影響，因此，仍然會有時間讓每個人去適應。

我相信這對你來說是很值得一試的，看看自己對這客觀現實（世界）能有多大的影響。

如果你想讓自己的生活、自己的世界更美好，那就改變整個世界吧。（你的世界觀、你的信念，不是指外在，而是從內在下手進行「狀態調整」）

真相訊息的真實性

目前有不少人在提供關於「地球正在發生的事」的真相訊息（在〈3-1. 我的訊息來源〉將會提到），許多訊息是有照片、影片、文字說明的。而這些內容，在電視新聞、主流媒體 (Mainstream Media) 上幾乎完全看不到。

而不同來源所提供的真相訊息，也是他們依照不同的視角提供的，甚至內容會有一些出入。

這樣的情況讓我了解到，其實每個人（電視新聞、真相訊息提供者等）都是在主觀的創造自己想要的現實，而不只是單純的陳述事實那麼簡單。（包括本書也是）

當然，這更加證明了集體意識創造世界的真實性，也讓我們每個人值得更自由的去體驗世界。

所以，在未來當我們看到真相訊息提供者有不同立場，提供不同的訊息時，也更能理解他們。（只要知道他們是在創造某些現實即可）

同樣的，我們也可以用這樣的觀點來看待預言家、許多著名的預言。

真正的預言家是負有使命的，他們不只是說的很準，還致力於讓他們所希望的現實發生。

《駭客任務1》尼歐和先知見面：

先知：「花瓶的事沒關係。(Don't worry about the vase.)」

尼歐：「什麼花瓶？(What vase?)」

（尼歐往後看，不巧就碰到花瓶，於是掉到地上破了）

先知：「那個花瓶。(That vase.)」

尼歐：「我很抱歉。(I'm sorry.)」

先知：「我說沒關係，我會叫我的孩子修的。(I said don't worry about it. I will get one of my kids to fix it.)」

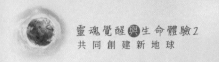

尼歐：「你怎麼知道？(How did you know?)」

先知：「讓你覺得更困惑的是，如果我什麼都不說，你還是會打破花瓶嗎？(What's really going to bake your noodle later on is...would you still have broken it if I hadn't said anything?)」

做出末日預言的人（黑暗勢力）正在努力讓它發生，而說「五維 (5D)地球會到來」的人（光明勢力）也在致力於讓它發生。

而你，你可以不用管什麼黑暗勢力、光明勢力，你想創造什麼呢？也許你就有能力創造它。

如果你想創造一個更美好的世界？一個「自由意志」主導的世界？

那就請你先讓自己的生活「更美好」、「更自由」吧，有任何工作、任務讓你感到壓力重重的話，讓自己休息吧！讓自己免於壓力！讓自己自由！那麼你就幫助到世界了。（先幫助自己，才能幫助世界，所以自己的收穫會是最大的）

地球的揚升之道

我們的宗教告訴我們，解脫的人可以去到沒有苦難的天堂、極樂世界。

而在宗教的範圍之外，我們可以對「揚升」有更多的討論。

揚升大師 (Ascended Masters)就是指解脫、圓滿的人，於是他們就不受地球的業力影響而自由了。

也就是說，只要脫離地球這個苦難之地，就可以達到自由。換句話說，地球以外的很多星系、星球，是沒有苦難的。

而許多從其他星球來到地球的人，則是原本習慣在天堂、沒有苦難的世界生活的人，也就是對宇宙法則很了解的人。

這些人敢來地球這樣充滿苦難之地，可見他們是非常勇敢的

勇者。（也許你也是其中之一）

　　另外，我還是想以《駭客任務》的矩陣（母體）造物者的角度來看，因為母體（矩陣／三維 (3D)幻象世界／現實世界）的本質就是「控制」，「揚升」就是成為「異常現象」(Anomaly)，如果他們用盡任何辦法都控制不了他，那最好他就離開這世界，不要在這世界繼續影響其他人。（萬一其他很多人也受到影響而揚升怎麼辦呢？）

　　所以如果你成功了，成為「揚升大師」而脫離地球了。（也可以說是被請出去了）

　　相對來說，你就無法繼續在這裡幫助地球了。（一則以喜，一則以憂的概念）

　　所以，對於「揚升」又有更深一層的理解，就是我們許多這一世來到地球的人決定，我們不要升的那麼快，一下子就出去了。我們要慢慢升，讓自己維持在三維 (3D)世界，維持在這個物理身體之中，雖然無法馬上飛天，但是這樣才可以讓自身的能量持續對地球產生正面影響，反而對地球有更大的幫助。

　　所以，這代表什麼呢？

　　「揚升」其實不難（雖然對許多人來說不是這樣），死亡也可以達成揚升（離開地球，並選擇不再來這裡轉世的話），難的是要帶著這具身體「揚升」而不經歷死亡。（也許這將是你此生想要體驗的）

　　帶著身體「揚升」代表的意義是，讓身體持續接收高純度光的洗禮，身體全身細胞經歷轉化，改變成高級生命的意思。過程中會出現許多不適、疼痛、各種奇怪的「揚升症狀」。（許多人以為這些是生病、疾病，而一直去看醫生；而從另一角度來看，我們的醫療體系不就是為了防止人類大量的「身體轉化」而存在的嗎？）

　　經過轉化，你會得到一個更輕（輕鬆）的身體，更自在、能

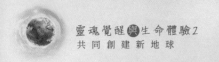

夠用的更久（長壽）、自我療癒的能力更強。這些難道不值得你
試試看嗎？

那麼，要怎麼做才能啟動這個過程？才能看到效果？

其實真的不難（因為難的部分是天堂團隊在做的），如同
《靈魂覺醒與生命體驗》提到的，放鬆、自然、讓身體轉化自然
而然發生即可（當然還會時常體驗到一些轉化過程時身體上的痛
苦）。

我們的地球怎麼了嗎？

地球母親蓋婭(Gaia)是一個孕育地球上所有生命，提供生存
環境的存在。而他本身也是有靈魂的一個巨大的生命體。（如果
集體意識創造世界，那這一層理解就再自然不過了，不是嗎？）

目前地球的情況是：我們的環境遭到破壞（不論是海洋，
或是陸地），我們的自然生態、動物、植物都急需更好的生存空
間，而我們全世界的人類，也生存在苦難之中。

地球可以感知到這些情緒能量，他的物質身體正在遭受痛
苦。

在地球上最缺乏的其實不是資源，而是喜悅、快樂的情緒。

所以對我們來說，如何能讓地球更快樂？

你不需要去做環保（或其他）的工作，只需要讓自己更快
樂。（當你感受到快樂，想做什麼，就去做吧！）

你讓自己實實在在感覺到快樂、喜悅，實實在在感覺到自
由，你就是在幫助地球！

它就是這麼簡單！

這是重要的事，希望你也能認真看待。讓自己輕鬆、喜悅、
自由、豐盛，能帶來的好處和價值，可能比你想像的還多。

你是否能夠「尊重自由意志」

在這邊我想提一個有趣的實驗：讓動物來幫你檢驗「尊重自由意志」。

由於動物沒有像人類一樣的複雜思想，所以他們反而有著比人類更敏銳的「感知能力」。也就是說，動物和天地萬物之間的連結沒有退化。

常識告訴我們，動物能預知地震、寵物養久了會像主人等。可見人類和動物一起相處，會有許多好處和收穫。

以我個人來說，平常容易見到的動物（貓、狗、鴿子、天鵝、兔子等）其實都很有靈性，甚至可以幫助測試我們「尊重自由意志」的程度。

有些人很容易受到動物的歡迎（不一定是有養寵物的人），許多人不太知道是為什麼。

（偶然遇到的一隻天鵝，我蹲下來看他，以便與他一樣高，沒想到下一秒他就靠過來了）

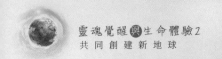

當你靠近一隻陌生的動物時，他會先測試你，繞到你旁邊，看你有沒有要控制他的意思，如果都沒有，他就會投懷送抱。因為你沒有意圖，他才能放心跟你交流。（重點不是這些小動作，而是他們真的能感受到你散發出的能量頻率）

希望在未來，動物和人類融洽的相處，會是一個普遍的現象。

「心靈提升」的工具

「心靈提升」的目的是要讓自己與更高維度的自己做連結，吸收來自更高次元的光（能量），提升自己在這個現實世界的創造力。

你在什麼情況下、什麼時候體驗過精神恍惚、聽到聲音、夢到特別的東西、看到光、感覺到喜悅、感動的想哭？

許多人也許也有這樣的經驗、這樣的記憶碎片，但是很快就忘了，又回到被工作、生活淹沒的狀態，並且也過很久才體驗一次，又無法隨時想要就有。

而「心靈提升」和我們一般的運動訓練、開車技術等相同，都需要持續的練習，讓自己習慣處在心靈放鬆的模式。因此，重覆體驗是重要的。

例如冥想，是為了找回「與更高維度／次元連結」的記憶，如果能完全連上，做一次就可以了。因為無法一次完全連上，不斷的練習／增強記憶是一個很好的方式。

所以，我們需要找到「重覆體驗」的方法，收集自己想要的記憶片段，累積「體驗資料庫」，才能快速提升。

而「心靈提升」的工具就是能夠幫助我們，讓我們更容易的感受到「心靈能量」，並且幫助我們收集、累積「心靈能量」，例如一些圖騰（圖片、影像）、影片、音樂、文章，甚至是水晶

等。

網路文章：收藏｜37張有療癒效果的高頻能量圖

　　（有療癒效果的圖，可點擊放大使用。例如注視15分鐘消除身體疾病、注視10分鐘補充正面能量）

　　如果你有時（或經常）在生活中會看到天使數字（如1111、222、333、555等），那麼你就會需要一個完整的百科全書，讓你在需要時可以查，例如：

網路文章：【天使數字（完整版）】──如是說999

如何持續的讓自己「心靈提升」？

　　英文「available」這個字，意思是「唾手可得」、「隨時可用」。

　　我們可以把心靈提升的相關工具保存起來，讓它「隨時可用」，這樣就確保自己可以很輕鬆、不費力、自然而然的持續「心靈提升」了。

　　你可以把心靈提升相關的資源整理成一個「懶人包」形式，隨時想用可以很容易取出想要的內容。（例如本書即將分享的「資料庫計畫」就是採用這種方式）

　　你可能有一些常用的冥想影片、圖片、文章，想看的時候就把它們拿出來看，這種存取資源的方式非常接近「豐盛」的涵意。

　　我個人很喜歡音樂，所以我也收集許多可以達到靜心的音樂（YouTube上可以找到更多）：

網路影片：清除負能量冥想，靜心和治療音樂 獲得正能量
Meditation Music, Relaxing Music - YouTube

網路影片：【無廣告版】只想靜靜一人聽音樂～鋼琴、大提琴交織唯美音樂 ❤ 讀書、工作音樂 - YouTube

　　很感謝這些上傳影片的人，因為他們無私的分享，使我們許多人都能從中獲益。

你不一定喜歡音樂，你可能喜歡運動、接觸大自然等其他方式，那麼你想要「隨時可用」的資源可能也不一樣。

總之，按照你自己的步調走，找到屬於你自己的心靈世界，相信你在「心靈提升」的道路上會走的很開心的。

如何才能接觸外星人

如果你也很好奇，有興趣想接觸外星人，那麼我想請你不用擔心，你的接觸體驗是獲得保證的。

這話怎麼說呢？

其實一直以來，外星人一直在和我們接觸。

他們一直在和我們之中的一些人交流，並且傳送靈感或訊息給我們，可能有很多是不具名的，單純來提供禮物的。

高維度的高級生命，他們不會干擾你的正常生活，在你意識許可的情況下，他們才會和你接觸。

而所謂的接觸，透過夢境的方式傳達訊息，是一種比較常見的方式，可能有不少人都經歷過。

所以，你也可以期待一下，在未來你也會有屬於你個人的外星人體驗。

早在1977年，阿斯塔指揮部(Ashtar Command)宇宙飛船上的代表維里昂(Vrillon)，就透過干擾電視的方式傳遞訊息給我們：

網路影片：阿斯塔指揮部代表–維里昂的電視轉播訊息 -YouTube

除此之外，他們還透過許多真的麥田圈來傳遞加密訊息（黑暗會派人製造假的麥田圈，目的是讓人們以為所有麥田圈都是假的）。以及金星人、火星男孩、在世界各地偶爾顯現的UFO等，都蘊藏了超乎常理的神祕現象，以及遠高於矩陣(3D)幻象世界的知識、智慧水準。

因此，只要你繼續保有這份好奇心，在不久的將來，當高

維度的高級生命不需要（因為黑暗勢力）再隱藏他們自己的存在時，和外星人接觸、獲取外星先進科技與知識、吸收宇宙能量（這些其實是相關、甚至完全是同一件事的），遲早都將是屬於你的。

第二部
真實世界的樣貌

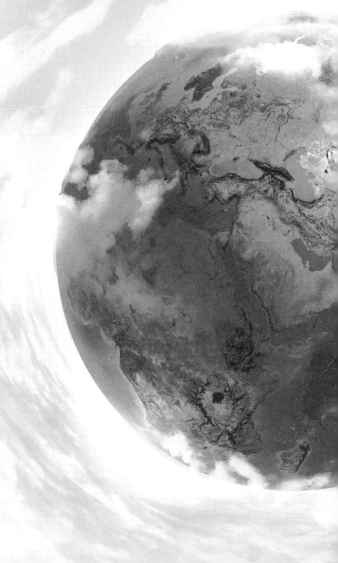

1. 看不見的控制

從本篇開始,我們來談論關於「真實世界」,它可能和你所習慣的「三維 (3D)幻象世界/現實世界」不太相同,需要細細的來介紹一下。因此,我們在「第二部 真實世界的樣貌」重點討論「真實世界」,試著從各個不同視角來描繪「真實世界的樣貌」。

以下是「第二部」內容的概略分類:

關於「三維 (3D)幻象世界/現實世界」的原理以及超越的方法:

2-1. 看不見的控制

2-2. 你是個有知覺的人嗎?你對你的處境了解多少?

2-3. 打敗敵人(心魔)最好的方式,就是放下你的武器

關於「真實世界」的原理:

2-4. 夢境的真相:世界(宇宙)只是造物主的一場夢

2-5. 能量頻率的真相

如何調頻到「真實世界」:

2-6. 脈輪的真相:幻象的目的在於不使脈輪良好的運作

2-7. 脈輪的真相:療癒能量扭曲,即可找回內在力量

在「真實世界」中你所能擁有的一切:

2-8. 人際關係的真相

2-9. 這是一個顛倒的世界,你其實早已擁有一切

2-10. 時間的本質

2-11. 處在5D狀態,把巧合/幸運當成基本資產

本篇我們會先來描述「三維 (3D)幻象世界/現實世界」。

「維度」(Dimension)本身是用來描述經過「投影」而創造的世界,我們的宇宙原本的狀態被認為是12個維度同時存在的世界,這是因為有一台高智慧宇宙投影機,內含12個頻道,每個頻

道就是一個維度，當你播放某個維度的影像，你就看到那個維度
的世界（例如我們最習慣的3D世界）。

藉由這個方法，不同維度的世界可以各自保持平衡，並且很
有效的區隔開來（例如3D世界、5D世界），即使這些世界是同
時存在，並且在同一個地方存在，它們也不會互相干擾，就像平
行世界／平行宇宙一樣。

「真實世界」與「幻象世界」

那為什麼又叫「幻象世界」呢？

原本不同維度的世界，是為了讓我們可以來體驗而創造的，
應該是好玩、有趣的。

但是黑暗的力量，在「真實世界」範圍內，製造一種「能量
扭曲」，使得在「能量扭曲」範圍內的世界，主導的法則和原本
「真實世界」的法則不同。我們的地球就是被包在這個「能量扭
曲」之內的地區，在這裡，苦難是普遍被允許發生的。

這樣的世界，我稱它為「幻象世界」。

而「三維 (3D)幻象世界」則是指在這個三維的真實世界
中，透過「能量扭曲」創造出來的一個「假的世界」，以便於和
「真實世界」做區隔。

關於我們地球在內的「三維 (3D)幻象世界」，在不少訊息
中有被討論到。

1.《駭客任務1》，在尼歐脫離了母體（矩陣）之後，莫菲
斯向尼歐解釋什麼是「母體」（矩陣），莫菲斯說：

「什麼是母體？是一種控制方法。（What is the Matrix?
Control.）」

「母體是電腦模擬的夢世界，為了控制所有人類，把我們從
人變成這玩意（電池）。（The Matrix is a computer-generated dream

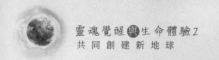
world, built to keep us under control in order to change a human being into this - battery.)

也就是說，「真實世界」是我們集體意識（神、源頭）為了讓我們體驗而創造的，而「幻象世界」則是黑暗為了控制人類而創造的。

所謂「控制」，就是「限制」你的真實能力，讓你只能在有限的狀態（物質身體）中活動，並且在生活中有許多的限制（有很多事不能做，不是很自由）。

因此，把「控制」、「限制」稱為「幻象」，言下之意就是「真實」的是「自由」！

2. 在我所收到的真相訊息當中，這個包含地球的「能量扭曲」是一個有意識的「非物質存在」，稱為「姚達伯斯」（Yaldaboath），因為形狀像章魚，又稱為「電漿章魚」。（姚達伯斯 (Yaldaboath) 這個名字是諾斯底派系的光明會 (Gnostic Illuminati) 自古流傳下來的，可見古人很早就知道「能量扭曲」、「電漿章魚」、「矩陣」的存在）

相信這會讓你對「母體」（矩陣）有更具體的認識，這也是我認為《駭客任務》中所說的「母體」（矩陣）是真實存在的其中一個原因。

而光明勢力也持續在進行清除章魚的過程，因為如果它就是「能量扭曲」的來源的話，把它清除掉，我們是否就會看到「真實世界」了呢？我們是否會開始漸漸想起一些原本不在「母體」（矩陣）世界內的畫面、印象、感受？

那麼，目前清除「姚達伯斯／電漿章魚」的進展如何呢？

網路文章：最後衝刺–Yaldaboath章魚寄生體的移除進度更新【更大的身體寄生蟲開始被移除。79%（非退步）】(2018.12.29)

目前的情況是，電漿章魚的身體和頭部（觸角）都已溶解完畢，只剩寄生蟲（2019年達到79%），因此，你可能會慢慢感覺

到，世界開始和以前不太一樣了？甚至你渡過每一天的感受，可能和5年前都有所不同，壓力慢慢在減輕？

3. 《新楓之谷》遊戲的劇情，有很長一段時間是以「黑魔法師統治楓之谷世界」為主題，而楓之谷來自各地的冒險家組成「楓之谷聯盟」來對抗黑魔法師，以此為背景而展開的劇情。而到「最終之戰」結束後，劇情提到原本楓之谷世界是一個被「超越者」（像神一樣的存在，一個世界有3位：掌管光、時間、生命）捏造出來的虛假世界。

在黑魔法師被玩家打敗後，虛假世界瓦解，真實世界顯現，它的特性就是原本的三個次元世界合而為一，變成一個同時存在的世界。

並且，在「最終之戰」時，黑魔法師控制的「巨人」（黑魔法師的替身，或是他的投影）呈現出一個類似「章魚」型態的生命體，最後被消滅，世界恢復和平。（這個劇情在2019年推出，巧合？）

「吸引力法則」為什麼沒效？

經過以上的討論，你可能也會比較容易理解，「吸引力法則」失靈的真正原因是：現實世界是母體（矩陣），它是一個人工智慧 (AI, Artificial Intelligence)，是一個活生生的實體（有意識），它在跟你玩遊戲，把你困在其中。

我們生活在這個世界上，這個世界本來有「使用說明書」的，讓你可以很輕易的獲得任何你想要的東西。（這樣才方便你來到這裡體驗你想體驗的事情）

但是我們從小到大，卻沒有被告知有關這個說明書的任何內容。關於如何很好的創造世界的知識，它們被藏起來，而我們從小到大學習到的，只是關於如何被控制（洗腦教育），也就是黑

暗希望我們相信的東西。

他們教會我們什麼是害怕，什麼是恐懼（如果你不害怕，那他們就做出讓你會害怕的事，或給你看恐怖的東西）。他們教會我們什麼是暴力（如果你不理解什麼是暴力，他們就讓你打人，打了你就理解暴力了），暴力、恐懼是在現實世界中、電腦遊戲每天主要發生的事（很多遊戲都有暴力、會死亡等因素）。

所以，如果我們把黑暗當成對手，那我們的對手，比我們人類的心理學家更了解人類心理、更了解怎麼讓人們產生負面情緒，並深陷其中無法自拔。

除非你看懂黑暗的伎倆，然後知道怎麼避開每天不斷接踵而來的負面能量攻擊，否則你所帶有的、每天被灌進去的負面情緒、負面能量，就確保你無法有效使用「吸引力法則」了。（身心充滿負面能量、負面情緒，於是吸引來的就是更多的負面事件）

你常看新聞嗎？為什麼媒體對負面事件特別有興趣？看了新聞之後，你除了得到「這世界真是愈來愈糟、愈來愈恐怖了」的結論之外，是否有什麼正面效果？值得你照三餐這樣的去吸收它的養分？

你常看電視劇嗎？以台灣為例，電視劇中很容易看到互相爭吵、鬥爭、算計的場面，然而充滿愛和關懷的電視劇則通常不受歡迎。

為什麼我們的食物供應商提供給我們的食物，有許多和導致疾病相關？為什麼我們吃的藥會有副作用？

從這些日常生活的例子，也許你會發現，要找到一個包含「正面能量」的資源，讓自己可以每天接觸、每天使用、每天吸收正能量，讓自己的「能量體質」更加正面，以提升未來的吸引力，讓更多好事進到自己的生活中，還真是不太容易。（從這樣說明，你能理解是誰一直在控制我們，是什麼一直在阻礙我們使

用「吸引力法則」了嗎？）

如何理解「世界是幻象」？

我們人類近年研發了一項很厲害的科技，叫做「虛擬實境」(VR, Virtual Reality)。

例如，你可以戴上VR頭盔，透過全罩式頭盔上面的顯示機制，你就彷彿進入到一個3D虛擬世界中，你可以擺動、轉動你的頭，看到在虛擬世界中的立體場景。

也就是說，「虛擬實境」的科技，解釋了「幻象世界」中的「視覺」是如何用人工的方式製造出來的。

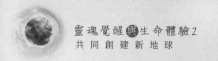
當然，如果真是「幻象世界」，還要處理其他感官，不是嗎？

對於有聽過或讀過佛經的你，也許會想到佛陀提到過「色、聲、香、味、觸、法」都是幻象，以及「凡所有相，皆是虛妄」等，這些或許都是相關的線索。

以下是一個催眠的例子：

網路文章：你眼前所看到的世界，其實都不是真的！

（《全像投影的宇宙觀》的作者麥克・泰波 (Michael Talbot) 描述他看過一位專業催眠師對他朋友湯姆催眠的示範，催眠師只是告訴湯姆，當他醒來時將看不見女兒蘿拉。結果湯姆醒來後，眾人發現湯姆居然看不見站在眼前的蘿拉，也聽不到蘿拉的笑聲。催眠師拿出懷錶抵在蘿拉身後，讓湯姆念出懷錶上的文字，結果湯姆的視覺直接穿過蘿拉，他念出懷錶主人的名字（這名字在場沒有一個人聽過）和上面的紀念文字。）

難道，這台「高智慧的宇宙投影機」就是我們自己！！？改變你的意識所相信的東西，它就可以顯現（或消失）在你的世界中，絲毫沒有破綻？

只要有專業催眠師，也許你也可以複製這個實驗。（其實他們還做了其他的示範，例如給他馬鈴薯讓他以為是蘋果，並吃的很開心）

如果這個例子是真實的，那麼要實現你的夢想，難度是不是大大的降低了呢？

如果你擁有了「幻象世界」的「使用說明書」，了解到它的原理及如何運用它，來創造你想要的現實，你的世界是否會變的多彩多姿呢？（這樣的世界就成為「真實世界」了，美好、喜悅、有無限的可能性）

你如何知道「你」是「你」？

如果你已經習慣人類社會的生活，你會拿出身分證來證明你的存在。

但身分證上除了你的照片和你的身體特徵（臉）有關以外，剩下的都是你和這「幻象世界」之間的關聯性的資料。（例如：身分證字號，這個世界給你的一個代碼）

而你又是如何得知自己的長相的呢？是不是靠照鏡子來看到你自己的呢？

那麼，鏡子中的你，真的是你嗎？還是它只是另一種投影技術而已？

假設你不照鏡子（或你在一個沒有鏡子的地方），你如何知道「你」是「你」？

我們透過眼睛，可以看到自己的身體（手、腳…）的存在，所以我們知道自己存在。

但是，從上面的討論，也許我們眼睛看到的東西，也只是一種投影技術而已。也許，我們的身體只是我們的投影而已。

也許你無法想像「沒有身體」的存在，會是什麼樣子，他們可能是像空氣一樣，或者是隱形（看不見）的存在。

那麼他們怎麼看呢？他們能聽到聲音嗎？能摸到東西嗎？沒有身體怎麼摸呢？

網路文章：三國成語故事：秦宓論天

蜀漢劉備死後，諸葛亮和東吳結盟，東吳派張溫來到成都，諸葛亮在張溫即將返回時舉行送別宴會，席間張溫和秦宓對談：

張溫問：「天有耳乎？」秦宓答：「天處高而聽卑，《詩經》上說：『鶴鳴於九皋，聲聞於天。』沒有耳朵，怎麼聽呢？」張溫再問：「天有足乎？」秦宓答：「有。《詩經》上說：『天步艱難，之子不猶。』沒有腳，怎麼走呢？」）

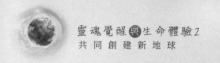
可見，投影技術是一項很重要的發明。

一旦有投影技術，「沒有身體」的存在也能在這個世界上很好的體驗普通人類的生活。

也許，原本的你也不一定有身體。

抑制「神之力量」的裝置

我們對神的認識，可能都是有很強大的力量，並且能主導局勢發展、主導世界。

那麼強大的力量，怎麼可能在我們自己身上也有呢？

但是，就像超人也有弱點，只要知道他的力量來源，不給他足夠的力量的話，超人也會變成普通人的。

雖然神的力量很強大，但是也有抑制「神之力量」的裝置被發明出來，被用於地球的範圍內、以及我們每個人的身上，就是能夠產生「能量扭曲」的裝置。（既然高智慧宇宙投影機在我們身體、頭腦，那麼「能量扭曲」的裝置自然也要從這些地方下手了，不是嗎？）

這些裝置不是物質的，無法用肉眼看見，但它們起作用時，某些較敏感的人會感覺到，如同《駭客任務1》莫菲斯告訴尼歐的：「你知道有些事，雖然你無法解釋，卻能感覺到。(You know something. What you know, you can't explain. But you feel it.)」

如果這些都是真的，那麼你的力量可能遠不只如此。

「人工智慧」、「基因工程」的歷史，可能比人類還要久遠

在我們許多人的認知（尤其是電腦資訊科學背景的人），人工智慧是在近代，電腦被發明出來之後才有的一個研究領域。並且它還在學術研究的階段，還不清楚是否能有效應用在人們的日

常生活中。

而《駭客任務》所描述的世界，則似乎是一個假想的世界，如果人類科技繼續發展，創造出人工智慧，未來有一天可能會變成人工智慧／電腦統治人類的劇情。

但是，有沒有可能其實《駭客任務》描寫的正是我們當前的現實狀況？我們在所謂的「幻象世界」，被操控、被控制，而「人工智慧」則是相對於「神聖智慧」的低維度「智慧實體」？

也就是說，「人工智慧」的能力，可能早已遠遠超出人類的想像。

這就是為什麼Facebook研發「人工智慧」，會產生怪異的現象（並立即中止研究）的原因：

網路文章：臉書讓 AI 互相溝通學習談判，途中發現機器人開發出自己的語言在對話

（臉書 (Facebook)以機器學習的技術讓兩個機器人自由對話來訓練機器人的「協商」能力，過程中發現機器人發展出非人類語言在對話，並且還會使用虛張聲勢的技巧——這被認為是人類才會的談判策略。）

依我的理解，在電腦資訊科學領域中，研究「人工智慧」的專家，甚至可能對於「智慧」、「人類智慧」、「智慧的起源」等問題都仍然無法解答。因此，我們對於「智慧」的本質，以及如何創造「智慧」，可以說是一無所知。

反而，在《聖經》中有提到與「智慧」相關的故事，也就是亞當和夏娃在伊甸園中吃了智慧之樹上的果實，被《聖經》中的神趕出伊甸園的故事。（在這個故事中，「智慧」在最早的人類種族出現之前就已存在）

而「基因工程」同樣也是近幾年才發展起來的一門科技，從這項科技中，我們解碼了人類的DNA（雙股螺旋的構造），它是一連串的代碼，記錄著一個生物種族的基因狀態。

　　也就是說，人類的基因在近幾年被解碼之後，相關科學家都能取得相關的資料來做研究。其中一項最令科學家不解之處是：人類的DNA有97%都是「垃圾DNA」，沒有任何功能（有功能的DNA只占3%）。

　　那麼，再看看相關的真相訊息（相關資訊非常多，以下只是其中一篇）：

網路文章：【你所不知道的DNA的祕密】12簇DNA 特異功能

　　（文章中談到生物學認為人類有2條DNA鏈，但其實正確的應該是12條，共6對，其餘的5對都在非物質層面，並且DNA與最初源頭－神－是相連的，但是通訊被有意的切斷，使人類處在和宇宙失聯的狀態，只能意識到地球上的生活。）

　　如果我們人類的那97%「垃圾DNA」其實是有意被抑制的，是誰？為什麼要這麼做？我想這些都是很有趣的問題。（即使是課本沒教、新聞沒報導、科學家沒認證的資訊，我覺得也有被參考、被拿來驗證的價值，你覺得呢？）

　　很有可能在還沒有人類之前，已經有其他生命知道如何操控DNA，並把人類的DNA中97%的功能禁止了。

　　你能想像這背後所發生的故事嗎？可能有著比你想像還巨大的故事，在這世界上發生著。

　　而《聖經》真的只是古人編造出來的假想故事而已嗎？

網路文章：我國出土的很多伏羲女媧圖中，為什麼兩人手拿曲尺

和圓規？

　　（古代有女媧造人的傳說；伏羲女媧圖，呈現與DNA一樣的雙股螺旋，巧合？）

　　我們後面再陸續討論。

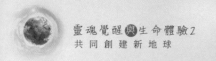

2. 你是個有知覺的人嗎？
你對你的處境了解多少？

本篇繼續探討「三維 (3D)幻象世界／現實世界」，並會引入一些相關文章，你可以當成科幻小說來閱讀，而如果你對以下內容有興趣、好奇，歡迎再自行查證。

（以下模擬對話純屬虛構，如有雷同，純屬巧合）

『看不見的控制』水有多深？

小龍：「我今天想討論一下，一般民眾被『看不見的控制』影響的情況，你認為情況是否嚴重？以及人們對自己被控制的情況了解多少？」

返回光的朋友：「我認為目前的情況，以我所認知的，黑暗勢力對民眾的控制程度來說，如果今天你發現你是被控制的，你發現到真相的話，你的打擊會非常大！因為如果以『被槍口抵

住』來形容，那麼目前情況不是一把槍，而是十幾把槍同時對準你；如果以『被繩子綁住』來形容，那麼不是一條繩子，而是數十條、數百條。如果你沒被它搞到發瘋，那代表你應該還沒發現。」

小龍：「有那麼嚴重嗎？」

返回光的朋友：「如果用金錢來比喻，可能會更易懂？你可以容忍別人無緣無故拿走你的錢嗎？你能容忍被拿走多少呢？一百元？一千元？還是一萬元？」

小龍：「數量小的話也許還可以認賠，不過一萬元似乎就有點誇張了？」

返回光的朋友：「那麼，人們被『看不見的控制』拿走的錢，可能是一萬元的數十、數百倍，應該沒人能忍受吧？所以只能理解成沒發現了。」

小龍：「我們被拿走那麼多的錢？」

返回光的朋友：「當然這只是比喻，金錢到底有多少價值，很難衡量。但如果以我的角度來看，可能不只100倍。先前有提過90%的人（也就是一般民眾）只擁有世界10%的錢（資源），當然實際上更少（可能只擁有1%），這個數量只是方便理解。於是，你可以理解成，我們每個人有90%的錢都被拿走了。」

小龍：「看來我們今天可以好好來了解一下。」

返回光的朋友：「好的，我們可以從許多方面來看：醫療、飲食、政治、社會、科學、金融、犯罪、戰爭、法律等這些比較顯著的層面，和民眾的生活比較相關的領域來看。但首先我需要先提一個觀念：為什麼黑暗勢力要掌握全世界的資源？」

小龍：「為了讓民眾生活在苦難之中？」

返回光的朋友：「是的，我們黑暗勢力為了要確保這一點，從掌控一個星球、一個國家開始，就首先搜刮它所有的資源，以保持對人民的『全方位控制』。這樣我們才能建立一個奴隸社

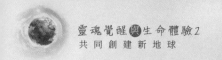
會，『控制』所有人的『勞力』和『時間』。我們掌握『勞力』的話，世界要建成什麼樣子，我們說了算；人民沒有『空閒時間』的話，就不會有反抗我們的力量，這個奴隸系統才能維持下去。」

小龍：「『全方位控制』是指什麼？」

返回光的朋友：「讓人們以為他們沒有被控制，但其實所有的一切都被設計好了。例如一個我們最得意的、操控的最好的，就是我們成功的讓人們以為『金錢』是世界上最重要的價值。」

醫療 & 飲食

小龍：「你們怎麼做到的？」

返回光的朋友：「『全方位控制』，也就是家庭教育、學校教育、媒體、政府政策等，多管齊下，這些也就是前面提到的繩子。由許多已經被控制的人，來告訴你什麼是對、什麼是錯的，而這個對和錯本身就是我們設計出來誤導人民的抽象的概念。舉例來說，『生病應該趕快看醫生』的觀念，已經幾乎被99%的人所接受，殊不知正是這個觀念，正中我們的計，使得他們的病永遠都不會好，反而保障了我們龐大醫療體系能夠有源源不絕的金錢收益。像這樣的觀念非常多，已經成為人們的『常識』，很少有人能看出這些『常識』有什麼問題。」

小龍：「所以，你會建議人們好好檢視一下自己早已習慣的『常識』嗎？」

返回光的朋友：「沒錯，在這些『常識』裡有一些你所信任的人、機構，問題就是出在這裡，對你實施黑暗控制的正是那些你最信任的人、機構，例如政府、銀行、醫療系統、法律系統…」

小龍：「我們要怎麼理解這些？這些人、這些機構真的會害

我們？」

返回光的朋友：「這可以從最根本的問題來看，就如我剛才所說的，我們黑暗勢力做的最成功的一個控制體系就是以『金錢』為根本的系統。在這個系統之下，我可以說90%的一般民眾都是沒有『金錢』的，是吧？」

小龍：「一般民眾只有10%（還要除以人數），的確是非常沒錢。」

返回光的朋友：「於是，我們黑暗勢力說，現在我們遊戲規則是：誰有錢誰就是老大，就有所有事情的決定權。你看看政府遇到『金錢』會怎樣？政策是不是會轉彎？再看看醫療體系，為了救人？還是為了賺錢而存在？再看看法院系統，有錢的人不用被關（可以交保）等等。所有的系統，遇到『金錢』是不是都會轉彎？這應該不難看出，『金錢』背後的力量有多龐大。」

小龍：「所以黑暗為了確保永遠占有90%以上的資源，而讓人們只要有賺到錢就流向他們，讓人們永遠不會有多的錢、空閒時間？」

返回光的朋友：「這只是其中的一條繩子而已。透過『金錢』這套工具，我們黑暗是不是就可以掌控政治、醫療、法院系統、媒體等機構了呢？也就是說，因為大家都相信賺錢是必須的，所以只要目的是為了賺錢，人民就會認為是理所當然、合理的，而不會再深入追究『金錢』以外的其他目的了。這樣我們就能在其中盡情的操控人類，完全不會被看到、被發現。舉例來說，你知道透過『金錢』讓黑暗掌握醫療是怎麼一回事嗎？就是確保每個在醫療體系之內的人，不可能得到完整的健康，因為我們黑暗的目的是阻止人們心靈力量覺醒、能量頻率提升，透過藥物和疫苗，我們可以很輕易監控人們的覺醒狀態。」

小龍：「根據一個人的覺醒程度，開給他抑制覺醒的藥物？」

返回光的朋友：「原理是這樣沒錯，實際上只要病人（如果他願意這麼稱呼自己，就不太需要擔心他會覺醒了）持續參與醫療療程，也就是一直乖乖的去看醫生，醫療的SOP（標準作業程序）就可以持續監控他，讓他長久保持在療程內。為什麼醫生需要熟悉非常複雜的作業流程？這也是洗腦技術之一，醫生本人可能只是把洗腦給他的知識用在病人身上而已，並不需要知道背後的動機。」

小龍：「原來醫生也不知道？」

返回光的朋友：「醫生可以知道的就是，『醫院要賺錢』這個部分，只要讓他相信如果沒錢，醫院也很難持續經營下去，很少人會懷疑的。所以『金字塔體系』奴隸系統無所不在，『金錢』本身是『金字塔體系』，然後透過『金錢』（和階級制度），把『金字塔體系』複製到醫療體系，在醫療體系中也是只有10%的人掌握90%資源，甚至醫療知識。因此，甚至沒人會質疑疫苗中被放了含有負面能量的成分，配合政府的強制措施，從小就植入到每個人身體裡面。」

網路文章：一些常見疫苗，含有MRC-5一個人完整的基因透過疫苗打進人體裡

「這是藥廠包裝的成分名稱，裡頭是『被墮胎死嬰的細胞』萃取出來的成分，放入疫苗中。也就是，把另一個人完整的基因透過疫苗打進人體裡。裡頭有完整的人類基因序列，含560種致癌基因。」

小龍：「所以生病該看醫生的常識是錯的？」

返回光的朋友：「人們可以多方研究再下判斷。除了吸引力法則的觀點（一直懷疑自己有病，久而久之就生病了）之外，醫療體系的藥物治療總是有副作用，就是身體免疫系統會減弱。但你需要知道，那其實不是副作用，那其實才是我們的目的，一個人只要一段時間不看醫生，他的免疫系統就會變得強壯的，所以

為什麼醫療體系都強調經常回診。」

網路文章：醫生一罷工，全國死亡率下降50%

　　「1976年哥倫比亞的堡高塔市的醫生罷工52天，出現了一個被稱為『不尋常的副作用』：就是當地死亡率下降了35%。同年，在美國洛杉磯，當醫生對醫療事故保險漲價不滿而罷工示威時，全市病人死亡率下降了18%。1973年，以色列全國醫生大罷工。為期長達一個月，根據耶路撒冷埋葬協會的統計指出該月的全國死亡人數下降了50%。」

　　小龍：「難道沒有真正好的醫療方法嗎？」

　　返回光的朋友：「有，確實是有的。真正好的醫療方法，符合自然規律，使用的成分也很健康，最重要的是，它們成本很低！這點是醫療系統絕對無法容忍的。所以主流的醫院不可能可以有那種醫療方法，而政府也不會允許（理由很簡單，未經醫療界權威普遍認證）。以我們黑暗勢力的角度，真正好的醫療方法、醫師、療癒師，都急迫需要打壓，因為他們有可能真的能夠喚醒人們沉睡中的強大力量。」

　　小龍：「黑暗勢力也掌握民眾的飲食嗎？」

　　返回光的朋友：「有的，例如水源，我們必須掌握，因為這樣才能確保民眾喝到的水都是含有某些毒素的；食材方面因為是人們每天會吃的東西，我們採用比較複雜的方式，人們一直不知道自己會生病的原因是食物中含有的某些物質造成的，而食物加工的方式，也隱藏致病的因素。」

　　小龍：「人們會肥胖是因為吃太多含油（脂肪）的食物嗎？」

　　返回光的朋友：「為了混淆民眾的視聽，當有一些少數的人想要找出真相時（例如想找出肥胖的根本原因），我們就會透過我們的媒體（新聞、有名人士、學術論文等）來宣傳聲東擊西的資訊，絕大多數的民眾不但完全相信他們所聽到的（尤其是含

有恐懼內容的訊息），而且還會一傳十，十傳百。很快的，真相就變的沒有人相信了。例如我們在幾乎所有你能取得的食物中，都加入人體完全不需要，而且會排斥的的成分，例如『糖』（果糖，而不是指葡萄糖），來確保人們持續處在不健康、易生病的狀態。而當有人開始質疑，我們就宣傳『脂肪』（而不是『糖』）吃太多會導致肥胖或疾病，結果大家都相信了。」

小龍：「所以很多的疾病，其實只是身體對於不需要的、外來物排斥或處理的正常生理反應？」

返回光的朋友：「是的，這樣你了解我們黑暗勢力在各個領域（醫療、製藥、食品、…）的配合是多麼緊密了嗎？」

小龍：「那麼素食對身體會比較好嗎？」

返回光的朋友：「尋找『健康的食物』方向大致上沒錯，但是你覺得我們黑暗會沒考慮到素食嗎？我們仍然用混淆視聽這一招，就讓民眾分不出真假了。人們甚至根本不清楚什麼是『葷』，什麼是『素』，為什麼『葷』這個字是草字頭的？那麼，什麼又是『素食』呢？為什麼在不同的宗教裡，能吃的東西都不一樣？這就是『分化』和『絕對正確答案』的功能，它們帶來黑暗所需的爭論、盲從、迷信。但其實每個人自己都有一套引導系統，黑暗很怕每個人發現，跟隨自己的引導系統才是最好的方法。」

《揭開宗教的奧祕，你也可以成為教主》一書談到全世界的佛教徒只有中國這一支有要求「吃素」，而佛家禁止吃的「葷」是植物而非動物，應該讀成「ㄒㄩㄣ」，「熏乃蔬菜之臭者」，《梵網經》：「若佛子不得食五辛。」蒜、蔥、韭菜、薤（ㄒㄧㄝˋ）白頭、興渠（產於印度，中國只見於新疆）是五辛，佛教認為吃了葷（五辛），耗散人氣，有損精誠，難以通於神明，所以嚴加查禁。

小龍：「也就是照自己的直覺，想吃什麼就吃什麼？」

返回光的朋友：「是的。」

網路文章：【巴夏】在提升的過程中，食物的變化

「巴夏：嗯，當你變好，你會發現有些東西你再也不想吃了，當你改變自己的頻率，你會被你真正需要的東西所吸引，你會放下你不需要的東西，就是這麼簡單，你不必強迫它，如果你內心清楚，並且你允許自己在任何時候順著你真正生理的需求自然地流動，那麼吃什麼將是自動的，你就會確切地知道你需要吃什麼，不需要吃什麼。」

政治 & 社會 & 科學

小龍：「在民主國家，政府怎麼能是黑暗的？」

返回光的朋友：「一旦掌握了90%的資源，這不會是問題，你可以建立黑白兩道勢力，白道就是可以見光的，例如政府，負責出來演戲給人民看，但沒有實權；而白道不能做的事，就交給黑道，他們不能見光，（嚴格要求）所做的事不能曝光，但能做的事遠遠大於白道，是我們黑暗勢力主要活動之處，重要的事都是在這邊完成的，所以他們是真正有權力的人。」

小龍：「大家可能也都知道有黑道，只是沒想到原來兩方居然是密切合作，為的是建立控制人民的黑暗統治。這麼說在民主國家，人民並不真的有權力？」

返回光的朋友：「是的。所謂民主國家和極權國家的差別，只是一個可以說話，一個不能說話（會被判罪）。但是可以說話，並不代表掌握『話語權』，在民主國家，有錢仍然是老大。黑暗本身不可見光，所以它需要透過極為複雜的系統，偽裝成一個正常的政府、機構，出現在世人的面前，而人們對它的了解，可能甚至不到10%。」

小龍：「但是民主國家可以投票？」

返回光的朋友：「投票的話，『全方位控制』的技術就會展現出來。即使在民主國家，人民的團結意識仍然不高，不會以人民全體的利益考慮，所以投票對人民其實沒有好處。我們黑暗怕的是，90%人民團結在一起對抗我們，爭取他們的利益，所以我們長期以來成功的洗腦，讓人民變成一個一個單獨的個體，本來資源已經很少了，而且還自己人打自己人；而那些看穿我們黑暗陰謀的人數太少了，他們只會被同樣是人民的那些人處理掉。如果真的處理不掉，我們才會出手。」

小龍：「所以即使在民主國家，也很難有真正站在人民立場的人當選，占據重要位子？」

返回光的朋友：「如果真的發生這種事（例如美國、台灣就發生過），那我們黑暗會很用力的運用我們所有資源去攻擊他，你會看到新聞每天照三餐的攻擊（別忘了我們黑暗擁有媒體）、金錢、法律等所有層面、所有人（黑暗勢力）的圍剿，甚至暗殺都有。當有這種情況發生，那這就是明顯信號，代表黑暗的力量（母體／矩陣／三維 (3D)幻象世界）正在流失、瓦解、崩潰。」

小龍：「你們黑暗真的不能容許一個好人占在重要位子上？」

返回光的朋友：「你說的對，一個都不能容忍。一定要占有所有的資源，掌握所有的『話語權』，如果有一個好人，他一定會揭露我們，或者是阻擋我們的計畫，我們的計畫就是不讓人民『如魚得水』。」

小龍：「所以，奴隸社會裡面有什麼元素，也都是你們設計好的？」

返回光的朋友：「是的。奴隸社會最重要的就是賞罰制度，我們擁有所有的資源，所以你夠乖、讓我滿意的話，我就分一點點資源給你做為獎勵（當然不會給你夠多，不然你滿意了就不再

工作了）；而懲罰機制就是一個高壓統治的系統為了預防反抗而存在的，當然它表面上還是會以是非、好壞為名義來進行，但是最終決定誰好誰壞的還是我們黑暗勢力。另外，奴隸社會也很強調『比賽／競賽』，這是一種以打敗自己人做為光榮的遊戲，讓人類沉迷其中，然後他們就會忘記真正的對手是誰。」

小龍：「如果沒有比賽，一項運動可能可以用來靜心？」

網路文章：【奧修】跑步是我能告訴你的最棒的靜心

「如果你跟別人一起跑步，你就想打敗他們──無意識的，你想成為第一。那個毒素非常深入你，當跑步成了競爭，它就不再是靜心了，它是一種運動，而不是靜心。所以跑步時不要競爭。」

返回光的朋友：「是的，我們黑暗勢力清楚這點，我們需要的是人們藉由比賽、求勝心來打敗他們的兄弟姐妹，而不是靠一起玩樂來增進兄弟姐妹的感情，後者是一種太過強大的覺醒力量。」

小龍：「所以，只要這樣針對每一項計謀去分析，就可以看到黑暗的目的，以及什麼是黑暗不希望看到的覺醒結果？例如黑暗勢力為什麼要掌握石油？」

返回光的朋友：「可以的。事實上永續能源、自由能源 (Free Energy)是存在的，但是如果它們被人們發現、普遍使用的話，將會打破整個奴隸制度。因為在奴隸制度中最重要的是，我們不斷洗腦人們一個觀念，一分耕耘一分收穫 (No pain, no gain)，你需要不斷付出勞力才能勉強渡日。而自由能源的發現，將會啟發人們對『自動化』的渴望和理解，從而對『勞動』的必要性產生質疑。所以我們不斷在強調石油（消耗性能源）的重要性，把它和金融體系綁在一起，並且（石油）是萬萬不能讓民眾擁有的東西。為此我們還故意把石油的成因說成是古生物化石形成，讓它看起來像是有限的。」

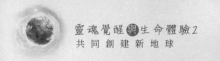

小龍：「所以其實石油是無限的？」

返回光的朋友：「是的，有些獨立研究的學者已經知道這個事實。但是我們知道，只要我們（官方）不承認，一般民眾根本不會注意到。我們自己很清楚這些是站不住腳的，這只是為了維持奴隸社會必要的一種手段。」

網路文章：三百年驚天大騙局：石油竟不是埋在地下生物變成的！

（1950年代蘇聯科學家在政府設立的祕密基地裡研究了西方有關石油和天然氣來源的科學文獻，結果發現美國人所稱石油源自生物的理論純粹一派胡言，並且石油儲量並不是非常有限，而是世界上發現的油田越來越多。1956年，宣布了團隊研究結論："原油和天然氣與地下埋藏的生物沒有內在聯繫，它們是地球深處湧出的太初物質。"）

小龍：「所以科學研究也被黑暗勢力掌控了嗎？」

返回光的朋友：「沒錯，研究計畫需要經費，也就是『金錢』，於是，掌握90%資源的黑暗勢力就可以決定誰能拿到經費。想要研究自由能源的人、真正能做出自由能源的人，就拿不到經費，尼古拉・特斯拉(Nicola Tesla)就是最好的例子。」

小龍：「確實有些研究領域比較受到『經費贊助者』的歡迎，但我從來不理解為什麼。」

返回光的朋友：「就像各種性質的工作一樣，必須是維持『金字塔體系』、阻止人類覺醒、傷害人類和地球的工作才會被允許進行，這種負面能量工作也會很容易消耗人們的體力；真正有價值、對人類、世界有幫助的事不會被允許進行，也拿不到經費，如執意要進行還會被追殺、被強迫中止。」

網路文章：【自由能源】被掩蓋的真相

（尼古拉・特斯拉在一百年前計劃建造沃登克里夫高塔－又稱特斯拉塔(Tesla Tower)，特斯拉認為在世界建造五座這樣的

塔，那麼人類將永遠不再為能源發愁。但因為會阻斷當時美國的商業能源企業的生財之道，受到石油巨頭的強烈阻撓以及愛迪生集團的刻意打壓，他的自由能源高塔計劃只建造了一座，就被迫拆除。）

金融 & 犯罪 & 戰爭 & 法律

小龍：「你說黑暗勢力讓我們以為『金錢』才是最有價值的，那你覺得真正有價值的是什麼？」

返回光的朋友：「真正有價值的是人們的勞力和時間，用這些來換取金錢太浪費了。黑暗勢力把所有和『金錢』相關的系統都虛擬化了，也就是說金融系統的價格漲跌（例如貨幣、股市、衍生金融商品）和『實體經濟』脫鉤，它們之間沒有任何關係，這樣我們就可以隨意透過電腦系統，基於控制人民的意圖來操控價格。要做到這點，就需要和實體黃金脫鉤，這項工作很早就完成了。也就是說，實體黃金、白銀等貴金屬、健康的食物等，這些才是真正有價值的東西。而即使是沒價值的『金錢』，黑暗勢力也只給人民一點點，以確保人民看的到、吃不到（棒子與胡蘿蔔理論）。」

小龍：「黑暗勢力如何偷走我們的『金錢』？」

返回光的朋友：「這是一個相當複雜的機制，以確保不會被一般民眾看出來。首先，只有黑暗勢力可以印鈔票，當貨幣和黃金不再有關聯時，要多少就可以印多少。如果原本有100元，再印100元，原本的錢價值就只有一半（相當於物價漲了一倍）；銀行可以把你存款的90%拿去借給別人，原本只有100元的話，這樣就可以膨風成100+90=190元。所以你拿到薪水一萬元的話，可能是用一千元膨風出來的；再來就是創造一些有機率性的遊戲（股市、彩券），配合新聞媒體操作，使得90%的人輸錢

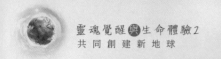
（把給人民的10%，使用金融手段再流回黑暗勢力手中）。」

小龍：「我們似乎從來不知道通貨膨脹背後的原因。」

<u>返回光的朋友</u>：「黑暗的金融體系是一個刻意以負債來運作的『負債金字塔』，愈大的機構，負債也愈多。而有權力印鈔票的人，永遠都不需要去還債（再多印鈔票就有了），除非人民去向銀行要回自己所有的存款，才可能發現，原來各國的銀行都已經破產。」

網路影片：戈弗雷‧布魯姆 (Godfrey Bloom)於2013年5月21日在歐洲議會中揭露了中央銀行的騙局

（戈弗雷‧布魯姆 (Godfrey Bloom)：「所有銀行都破產了。(All banks are broke.)」）

小龍：「難怪你會說我們都被騙了大量的錢！！！」

<u>返回光的朋友</u>：「以上這些只是冰山一角，屬於正當公開的部分。而許多金融相關的犯罪，則是屬於不能公開的黑暗手段的部分。」

小龍：「例如詐騙集團？販賣毒品？」

<u>返回光的朋友</u>：「俗語說：『殺頭的生意有人做，賠錢的生意沒人做』，誰贊助詐騙集團、販毒商的工資呢？沒錢的話會有人願意做嗎？而我們黑暗勢力之所以要用隱藏的方法做這些事，除了表面上看來它們是壞事以外，還有更重要的原因，就是為了確保這些負面、扭曲能量持續存在，持續的對地球造成傷害，黑暗需要這樣的環境才能存活；並且幕後贊助的人不能被發現，你可以觀察到，世界上的政府每次總是查不到幕後主使者。」

小龍：「是因為都沒人查？還是有人去查，但是被滅口了？」

<u>返回光的朋友</u>：「是的，被滅口、被判刑、被消失，各式各樣奇怪的事都有，別忘了我們黑暗勢力有許多隱藏的科技和隱藏的武裝力量，可以用來對付人類。於是，一些人即使知情，也不

敢說，更不敢查。黑暗勢力的『金字塔體系』是以恐懼為主體建立起來的架構。我們黑暗勢力也製造了許多虛假的戰爭、恐怖攻擊以達到阻止真相被揭露、搶奪資源等目的。」

小龍：「虛假的戰爭、恐怖攻擊？」

返回光的朋友：「第一次世界大戰、第二次世界大戰（解決金融危機、搜刮世界黃金、減少世界人口），第三次世界大戰計畫了很久了，但是一直營造不起來（被光明勢力阻止）。中東石油戰爭、南北韓對峙等，這些劇本都是我們黑暗勢力設計好的，除了搶奪世界資源之外，更隱密的原因是，在地球上有一些重要的能量點（地球的穴道），在那些地區維持『能量扭曲』是非常重要的。有了能量扭曲，那些地區才可能允許苦難的存在；而在地球重要能量點上維持『能量扭曲』，則會確保整個地球都允許苦難的存在。」

小龍：「所以世界上（被黑暗勢力控制）的政府，都是照著黑暗勢力的劇本在走，進行他們所要進行的黑暗任務？那媒體會報導嗎？」

返回光的朋友：「是的，黑暗的滲透無所不在，也可以說是相當成功吧。而關於媒體，一般民眾不知道的是，當我們要讓民眾相信一件『虛假的事』時，我們不會傻傻的報導，被90%的人當成『假新聞』，我們會有劇情、有故事、有一些人出來陳述事實（當然，是為了虛假的目的），在這方面，我們的媒體是高手。而所謂的恐怖攻擊，則是我們黑暗為了強化人們心中的恐懼而設計的，當然詐騙、流行病等也都是。」

小龍：「恐怖攻擊不是真的攻擊嗎？」

返回光的朋友：「我們黑暗勢力最常用的一招就是假旗攻擊(False Flag Attack)，就像有人拿著曹操的旗號出現，你就會以為曹操來了。例如美國2001年發生的911事件，是真的攻擊，但是兇手並不像大家被宣傳的那樣，而是我們黑暗勢力精心設計的劇

本，讓大家以為是其他國家的恐怖分子所為，這樣人與人之間就會開始互相懷疑、不信任。」

小龍：「不是因為劫機而飛機撞到雙子星大樓造成慘劇嗎？」

返回光的朋友：「不，不是。實際上官方故事有很多疑點，雙子星大樓不是被飛機撞倒的，而是我們預先雇用的炸彈高手做到的，看紀錄片就能發現，大樓倒下的方式是非常完美的。並且我們的人還在兩個月前，為雙子星大樓投下鉅額的恐怖攻擊保險項目，如前面所說，『金錢』才是最終目的。當然，還有更隱密的目的，是為了阻止揭露行為。」

網路文章：911真相大揭露！一切都是騙局！

網路文章：美國中央情報局特工的臨終懺悔：我們在911當天炸毀世貿中心

（英國廣播公司在七號大樓倒塌前的20分鐘就已經開始播報大樓倒塌的新聞，YouTube影片遭刪除）

小龍：「如果這些是真的，好消息就是壞人並沒有那麼多，大部分都是演戲的。」

返回光的朋友：「是的，雖然保護好自己很重要，但不需要那麼提心吊膽、小心翼翼的渡過每一天。黑暗就是希望你害怕，希望你和周圍的人不合，如果你都不怕，那黑暗就會很怕你。」

小龍：「法律系統也被黑暗控制了嗎？」

返回光的朋友：「我們黑暗需要的是鬥爭、不和，所以和法律有關的系統，就是不斷的告、告、告。我們還有一種職業叫律師，專門教你怎麼去告別人。只要人民處在不滿、憤怒、鬥爭的情況下，就能維持『能量扭曲』。並且，完全無法對黑暗（權貴精英）造成威脅，例如像上面所提到的這些事，去告黑暗的話，從來沒人能贏。黑暗勢力的力量是環環相扣的，萬一哪天看到黑暗告輸了，那一定是全面崩潰，像骨牌效應一樣，有許多人同時

被定罪，那時就知道，人民快要有好日子過了。」

　　小龍：「如果是好人建立的系統的話，應該會非常不同吧？」

　　返回光的朋友：「應該會像『禮運大同篇』的內容那樣吧，光明與黑暗建立出來的系統截然不同，很容易分辨。」

　　（『禮運大同篇』摘錄：「大道之行也，天下為公，選賢與能，講信修睦。故人不獨親其親，不獨子其子，使老有所終，壯有所用，幼有所長，矜、寡、孤、獨、廢疾者皆有所養，男有分，女有歸。貨惡其棄於地也，不必藏於己；力惡其不出於身也，不必為己。是故謀閉而不興，盜竊亂賊而不作，故外戶而不閉，是謂大同。」）

3. 打敗敵人（心魔）最好的方式，就是放下你的武器

上一篇稍微談論到關於黑暗的真相資訊，可能只講了不到1%，到〈第三部　真相拼圖〉將會繼續探討。

本篇來討論打敗黑暗、立於不敗之地、瓦解黑暗的關鍵方法。

最重要的一點，就是要知道，雖然黑暗的力量看似很強大（因為是統治地球的力量），但是它和我們體內的黑暗是相連的、一體的。

所以這代表什麼？

雖然世界上有許多人致力於清除黑暗，而我們可能只是平民，似乎沒有力量、資源、人脈能夠做到清除黑暗這種事，只能等待英雄們去做完這個艱困的任務。

但是如果那個強大的黑暗和我們體內的黑暗是相連的、一體的，那麼我們只要清理自己體內的黑暗，就會對削弱整體黑暗的力量帶來巨大的幫助。

這就是為什麼光明勢力（來自外星、銀河系、其他星系）總是稱呼我們為英雄、救世主(The One，合一的人)，並致力於和我們聯繫，協助我們覺醒、找回力量、教導我們使用他們的知識和力量。

也許，我們對自己自身的力量完全不了解。

也許，我們自身就含有強大的力量，能夠拯救地球，就像原子、核子雖然看似很小，但是核融合卻能產生超出我們所能想像的強大能量。

也許，清理黑暗並不容易。但是清理1%就能改變你當天的運勢；清理10%就能消除你生活上、工作上的巨大阻力。並且，

它們的效果是永久的。

一個人一旦待過民主國家，就很難再適應極權國家；一旦待過空氣清淨的環境，就很難再去適應空氣汙染嚴重的地方；一旦享受過兩人相愛的美好，就很難再適應勾心鬥角的虛假愛情。

同樣的，感受過良好的狀態，諸事皆順的狀態，就很難再適應諸事不順的狀態。

黑暗的力量對我們的影響

黑暗的力量以及黑暗對我們所做的一切，都是在使我們感到沮喪、憤怒、恐懼，產生負面能量。而這些能量一產生，對我們的運勢就造成了負面的影響了。

你是否有經驗過：當一個人突然生氣，指責另一個人的時候，突然間周圍所有人都感到氣氛變僵了。

但是，你可曾想過，這些事件的來源，可能不是生氣的那個人，而是某個黑暗力量、黑暗能量，生氣的人只是對黑暗產生了反應而已。

而另一個人如果不理解這點，開始批評生氣的那個人，慢慢的我們就會發現，批評的那個人似乎也「染上」了黑暗，散發出一股黑暗的氣息，這就是黑暗能量擴散自己的方式。

在金庸小說《天龍八部》中，喬峰原本是行俠仗義的丐幫幫主，但因為受到奸人陷害成為丐幫的罪人，於是他開始追查是誰把他害成這樣的（染上了仇恨的氣息）。在追查殺父仇人時，被錯誤的訊息引導到兇手是大理鎮南王段正淳，信以為真，結果錯手殺了自己心愛的女人阿朱（阿朱易容成父親段正淳的樣子出現）。

可見與黑暗接觸要非常小心，一不小心「染上」黑暗的話，整個運勢都會受到黑暗影響的。

《星際大戰6》尤達大師：「記住，絕地的力量來自於原力。但是要小心，憤怒、恐懼、侵略，它們都是黑暗。一旦你走上了黑暗之路，它將永遠支配你。(Remember, a Jedi's strength flows from the Force. But beware. Anger, fear, aggression...the dark side are they. Once you start down the dark path, forever will it dominate your destiny.)」

所以，在《星際大戰6》(Star Wars VI)的結局，天行者路克 (Luke Skywalker)為了救他父親而自願被抓，路克和黑暗大帝 (Emperor, Darth Sidious)雙方原本都對自己的星際大戰局勢掌握充滿信心，黑暗大帝則一直在引誘天行者路克生氣（他知道路克一旦生氣，就會靠向黑暗一方，而路克對局勢的掌握也會失控），但後來路克成功克制了憤怒的情緒，沒有受到黑暗擺佈，反而黑暗大帝面對路克的反抗和嘲諷控制不住，自己生氣了！

這樣的結果會如何呢？就是黑暗大帝氣起來忙著自己用黑暗原力攻擊路克，沒有餘力掌控局勢，路克的朋友們反攻獲勝，而黑暗大帝卻連身邊的徒弟維德 (Darth Vader)想要救他兒子（路克）的情緒都感受不到，最後被維德從高塔拋下。

如果我們不「染上」黑暗，那麼黑暗就會被自己的能量吞噬。

對抗黑暗錯誤的方式

黑暗給人們帶來的印象通常是強大的、具有壓迫性、攻擊性、壓倒性的力量，於是想要反抗的人，就會覺得要有像那樣的力量、或是更強的力量才能贏它。

但是，「想要變強」的慾望，卻也隱含黑暗的陷阱：「為了追求力量而放棄其他一切」、「把追求強大當成最重要的目標」、「被追求強大力量的慾望吞噬」（這幾項是相同的）。

　　因為黑暗所害怕的是人們的覺醒、團結，所以會急於使用具有壓迫性的、壓倒性的力量，逼迫你必須優先考慮它，優先追求它要你追求的，放棄覺醒、團結的那個方向。逼迫人們「追求個人強大的力量」，引導人們被黑暗吞噬，是黑暗最常使用的招數之一。

　　《神劍闖江湖》（流浪人劍心）動畫版第63集「許願螢火蟲的傳說」：一位劍道高手，因為某一天晚上看到究極劍法，放棄了愛情而去追求極致的殺人劍法，持續二十年無法自拔（無法找到他所要的究極劍法），後來正巧遇到以前使出究極劍法的人，並輕鬆擊倒他，他才發現他早已超越那個究極劍法（也就是究極劍法並不存在），剩下的只有因為「染上」黑暗而不斷殺人留下的罪孽，而守護他的女人也去世了。

　　《幽遊白書》中主角幽助在黑暗世界有一位強大的敵人戶愚呂（弟），他原本是一位武鬥家，是幽助的師父幻海的隊友，但曾經因為看到黑暗強大的力量（殺了戶愚呂大部分的隊友）而過於恐懼，「染上」了黑暗，決定將靈魂賣給黑暗，而尋求永遠不老、維持強大的力量，被幽助打敗後，所剩下只有無限的罪惡感；反觀幽助遇到戶愚呂壓倒性的強大力量，雖然還是努力提升力量，但是他謹記幻海師父的一句話：「你不是單獨一個人」，即使在好友桑原為了激發他的力量而倒下後，也沒有放棄朋友而去單純追求力量，自始至終沒被黑暗吞噬。

　　金庸小說《笑傲江湖》日月神教教主任我行為了追求強大的力量而使用「吸星大法」吸收十幾位高手的內力，但這些能量卻會互相排斥，造成真氣反噬。任我行又用暴力的方法壓制住體內真氣的反噬，並且想要統一江湖，同時派兵攻打武當、少林、恆山等派，想要以一己之力掌控全局，結果最後暴斃而亡。

　　除了「強大」、「力量」之外，比較具體的則是「權力」、「金錢」、「名聲」等，所有外在世界（三維幻象世界）人們會

想要、能夠擁有的東西，都可能是讓一個人「染上」黑暗的陷阱。

網路影片：尼希亞南達——昆達里尼第二波 我充滿喜悅因為我就是瑪哈蒂瓦 超意識 Kundalini Current #2

（尼希亞南達談論我們的「基本權利」，也就是我們付出一切努力想要得到的東西，例如錢。很多時候我們做了許多不願意做的事，目的就是為了得到那些「基本權利」，當我們用生命換取它們時，我們會得到它們，但是永遠不會滿足，因為實際上我們的「基本權利」是讓我們充滿喜悅的化學物質。）

如何瓦解黑暗的意圖及力量

黑暗早已布好了局，一直在引誘我們跳進去。就像是創造了許許多多的遊戲，一直希望人們進去玩，而這些遊戲的規則本身對人們就是不利的（但是不利的部分當然不會公開）。

那麼，遇到這種情況，應該如何應付呢？

只有拒絕玩遊戲、拒絕不利的遊戲規則、要求更改遊戲規則，才能避免「染上」黑暗、被黑暗吞噬。

《新楓之谷》的「楓葉英雄」第四章劇情最後，六位英雄中的三位打敗黑魔法師的軍團長戴米安(Demian)，發現戴米安是因為追求強大力量而被「魔劍」附身，而「魔劍」因為戴米安被打敗而想換主人，想繼續附身到龍魔導士身上（龍魔導士是六位英雄之一），於是化身成龍魔導士身邊的「寶貝龍」，進入昏迷狀態的龍魔導士的意識中，用「寶貝龍」的型態和龍魔導士說話，以「強大的力量」為誘因，引導龍魔導士接受「魔劍」的力量（以及束縛），但因龍魔導士敏銳的洞察力（再加上和寶貝龍的強大靈魂契約），被識破偽裝而計策失敗，「魔劍」最後則被消滅。

龍魔導士的領悟：「如果失去了自我，就算擁有強大的力量也沒有用。」

可見只要我們不同意，不進去黑暗的遊戲裡面玩，黑暗就無法對我們做任何事（宇宙自由意志法則）。

真正能夠打敗黑暗的人，通常不是「最強」的那一位，而是像我們一樣的普通人。（例如龍魔導士的經驗及力量在六位英雄可能是最弱的，但是大家還是推舉龍魔導士做為英雄團的領導人）

許多人可能以為柔弱是不好的，而女性通常給人的印象是柔弱的，柔弱之中又可能包含愛的力量。

因此，這裡面就有一個非常怪異的現象，為什麼最弱的愛的力量，會是宇宙中最強大的力量？

難道，做為單一的個體，和整體分離，再怎麼追求個人的強大，都比不過團結的力量？（這也許就是黑暗最怕我們發現的真相吧）

愛、團結（團結一心）、和諧（與萬物和諧相處）的狀態所展現的力量，是一種油然而生的力量，而不是一種需要透過強勢的態度表現出來的「強大」。它是一種無聲的力量，即使不說話，那股力量都可以大到無法形容。

《新楓之谷》的「黑魔法師──苦痛迷宮」劇情，玩家（懷有封印石的敵對者）進到一個軍團長希拉巧妙設計的迷宮，迷宮本身具有意識，可以不斷變形，把玩家困在其中，因此不管怎麼走都走不出去，不斷聽到慘叫聲，而玩家的隊友（迷宮創造的幻覺）也一個一個的在玩家眼前消失、死去、變成怪物等等。雖然玩家一直想救出隊友，但是卻愈來愈無力，不管怎麼掙扎都不但走不出迷宮，也救不了任何一個人，不斷產生出沮喪、無助、罪惡感等負面情緒，成為黑暗的糧食。

在這樣的情況下，玩家最後怎麼突圍的？

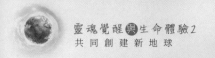
首先，當玩家累了，眼睛閉起來的時候，就會看到一些破解迷宮的線索。（也就是說，與其努力的掙扎，倒不如放下所有的念頭，進入內在）

再來就是有其他人的幫助，殺人鯨幫玩家破解一次希拉的計謀，也因此讓迷宮的幻覺減弱了一點，讓玩家更容易找到破解迷宮的方法；玩家專屬指導靈（各種職業都有）的協助，當玩家進入昏迷狀態時，從內在和玩家對話，幫助玩家覺醒；玩家擁有眾人的心願，楓之谷村民、所有冒險家、聯盟的朋友共同的願望，就是維護楓之谷世界的和平。

玩家的領悟：「我不是一個人，大家一直都陪伴在我的身邊……」

《新楓之谷》的「黑魔法師 - 最終之戰」劇情的最後，玩家對戰黑魔法師，到了最後一個階段，玩家需要引發出自身的「敵對者」力量，才能完全消滅黑魔法師。這個劇情的重要之處就在此，它讓玩家實際體驗到對抗黑暗真正需要的力量是什麼。

首先，玩家可以選擇要如何引發力量：

1. 獻上性命也要救出大家的覺悟

2. 獻上性命也一定要擊倒敵人的覺悟

當然，這兩者都是錯誤的，所以玩家沒能成功引發出「敵對者」力量，而黑魔法師則說：「你最終仍舊無法勾出敵對者（對抗者）的力量就消失了。」

接著，在玩家的靈魂快要出竅的時候，光之超越者艾歐娜(Iona)的聲音出現：「我們並不想消失，所以對想要去死的人不會借給力量呢。」

於是玩家領悟到：「重要的是，並非冒著生死的覺悟，而是想要活下去的心。」因此成功引出「敵對者」力量，消滅了黑魔法師，拯救了楓之谷世界。

《神劍闖江湖》（流浪人劍心）的主角緋村劍心有個最大

的敵人：志志雄，他是劍心（拔刀齋）的殺手接班人（後輩），有想要征服日本的野心，於是劍心為了保護日本、保護自己身邊弱小的人，到京都和志志雄對戰（動畫版中花了35集完成）。而劍心第一次在新月村和志志雄的部下瀨田宗次郎較量，勉強打成平手，於是要求向師父比古清十郎學習飛天御劍流的奧義「天翔龍閃」（一種超神速的拔刀術）。學習的過程是辛苦的，劍心因為過去殺了太多人，所以一直抱著隨時可以犧牲的心態在戰鬥，直到後來不小心領悟到，他所關心的人的心願，就是希望他好好活下去，於是學會了「天翔龍閃」（在緊要關頭，只有想要活著的意志，能讓自己左腳再多跨一步，大幅增加了拔刀術劍招的威力）。

　　從這些例子我們都能看出，「愛護自己」是多麼重要的一件事，不管是日常生活，還是對抗黑暗、拯救世界，都需要把「愛護自己」當成最高的指導原則來進行，這也符合吸引力法則的概念，如果一個人覺得自己死了也沒關係、自己不重要等等，即使做了再多好事，幫助再多的人，都不會給自己帶來好運。而如果把「善待自己」當成重要的事，那麼當然也會「善待他人」，這樣就能真正創造美好的世界、美好的未來，使黑暗再也無法影響自己。

　　同樣是《神劍闖江湖》（流浪人劍心）動畫版93集，劍心遇到風水師水一族的靈水的幻術－玉座之陣，劍心在幻覺中看到拔刀齋樣貌的僵屍，和劍心一樣拿著一把刀，攻擊力也和劍心自己一樣，變成一個自己打自己的遊戲。因為對方是僵屍（或是幻覺），砍了也不會痛，劍心陷入苦戰。這時風一族的陣風在旁邊幫忙減弱玉座之陣的邪氣，劍心稍微清醒一點時發現：「與過去（黑暗）共存的覺悟，是我現在最大的武器。」

　　於是劍心放下手中的刀，幻術的僵屍就不知該如何出招，一出手就被打敗了。

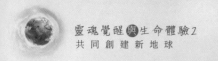

因此，打敗敵人（心魔）最好的方式，就是放下你的武器。你愈是想攻擊它，你心中的黑暗就愈強大；而當你把武器放下，處在包容、愛的狀態之下，黑暗將會自然消失。

與黑暗接觸的一些經驗分享

1. **如何打敗黑暗**：黑暗是拒絕與光融合的存在，雖然其中也會有一些人願意返回光，但是對於大部分不願返回的黑暗，我們需要做的則是不讓自己被他們影響，最後他們將會因缺乏能量來源而消失（被迫重新返回光）。

2. **如何判斷什麼是光、什麼是黑暗**：我們無法去定義一個動作、一句話、或者符合某些條件就是光，不符合就是黑暗等，這是不準確的。黑暗善於模仿，所以光的任何行為，黑暗都能做到。因此，只有我們的直覺能看出光與黑暗的差異，憑感覺就能知道什麼是光、什麼是黑暗（不可否認的，黑暗也會有好的、善良的一面，無法簡單用二分法區分）。

當你感到自由、喜悅、豐盛、愛時，就是光在作用；而當你感到沮喪、憤怒、恐懼時，就是黑暗在作用。雖然黑暗的來源還需要調查才能知道，但是光和黑暗本身則是需要用直覺才能下判斷的。

3. **所有事都是各方同意之下才發生的**：由於宇宙的自由意志法則，當一個人接受苦難的生活時，黑暗就被允許控制他，而光也不會去阻止（因為當事人都同意了）。反過來說就是，一個人沒同意的事是不會發生的，例如一個人還沒準備好要離開，那他就不會經歷到死亡。

即使是苦難，對許多人靈魂的提升和進化也是有幫助的，所以光當然會允許，而黑暗則是因為能更有效的控制人類而這麼做的。

不同狀態的人、外星人、各方種族，都帶有各自不同的意圖，而當大家的意圖有交集，事情就被允許發生。

而在地球上的情況是，有主要決定權的地球居民們，不知道自己有投票權，只能任憑光明方與黑暗方決定自己的命運，黑暗方獲勝就過苦日子，光明方獲勝就過好日子（雖然目前尚未實現）。

4. **收回主導權，問題馬上解決**：當我們遇到不好的事，這其中必然有我們的允許，才可能發生。知道這個原理的話，只要慢慢的、一點一點的把主導權收回來，把綁在身上的數百條繩子，一條一條的解開（也就是不再同意被綁），一段時間之後，我們就會更加自由了。

5. **放棄想成功的慾望，將無往不利**：你是否有過急於追求成功的經驗？當你急於想要獲得什麼，現實世界／矩陣系統（母體）就跟你玩捉迷藏，讓你拿不到。反過來說，當你什麼都不要時，現實世界／矩陣系統（母體）為了怕你不玩了，將不得已只好讓你獲得一點你想要的東西，來繼續綁住你。因此，如果決心想要獲得自由，對於成功的誘惑就需要能抵擋的住。當你堅持，除了自由而不被控制以外，你什麼都不要，那麼現實世界／矩陣系統（母體）將對你一點辦法也沒有。

6. **當你不玩了，黑暗會害怕你退出而釋放一些小確幸**：我們可能經歷過工作上（或其他方面）盡可能的努力，卻得不到好的報酬；而有些時候，當你想要退出、離職的時候，主管卻會開始使用一些誘因來慰留你，例如加薪（平常都不加，說要離職的時候就會想到加薪）、提供更好的職位等等。從這些線索都可以看出，黑暗方最大的目的就是要把你綁在矩陣（控制）系統裡，我們的退出對他們來說是相當不利的。這同時也可以看出，我們的「權利」及「主導權」遠不止如此，只是我們一直沒有要求。

7. **處在黑暗而不染上黑暗（出淤泥而不染）**：「染上」黑暗

的「症狀」都是把黑暗給我們看的負面事件當真、信以為真，於是實實在在的感受到沮喪、憤怒、恐懼。也就是說，拒絕相信那些負面事件，忽略它們，不把它們當一回事，這種超然的態度就能使我們不受黑暗的影響，能夠比較輕鬆的在黑暗世界遊玩，進出自如。

8. **讓黑暗的能量為己所用**：黑暗的人、事、物在神、佛的觀點來看，並不會覺得他們是邪惡、不好的、壞的，而想要去批評他們，或是想要去消滅他們。也就是說，如果一個人不受黑暗影響，他對黑暗就不會有仇恨，就不會有批評。

從另一方面看，如果一個人對黑暗不會有批評，那麼黑暗就不會企圖對那個人不利，這就是「仁者無敵」的道理。

那麼，黑暗不會對仁者不利，那會不會對仁者有利呢？

事實上，這完全是有可能的，即使是黑暗，也是需要被愛、被關懷。而願意愛黑暗、關懷黑暗的人，受到黑暗的「好的回報」也是很合理的，不是嗎？

9. **不要受黑暗影響、放棄想成功的慾望，並不代表即使失敗也要樂於接受**：黑暗的企圖就是讓人們處在失望、沮喪的狀態，那麼我們如果說服自己，不要在乎成功，失敗就算了，這樣是否能擺脫黑暗的影響呢？

通常來說，這樣的結果會讓自己「習慣於失敗」，反而更容易得到失敗的結果，只是一點一滴的消磨掉自己內心的熱情而已。

那麼，擺脫黑暗的方向在哪裡呢？

黑暗希望的結果是「人們處在失望、沮喪的狀態」、或是「為了避免失望、沮喪而加倍努力去獲得成功」。反過來看，黑暗不希望看到的結果則是「人們處在熱情的狀態」、或是「不需努力，自然而然就擁有成功」。

因此，調整自己的潛意識，往喜悅、輕鬆、自在的方向發

展，將會是最能擺脫黑暗的方向。

10. **黑暗瓦解所帶來的能量反應**：如果有一天，黑暗的能量漸漸減弱了、漸漸瓦解了，我們會感覺到什麼呢？

我們會覺得好像愈來愈容易沮喪、憤怒、恐懼，因為這就是黑暗能量自己所處的狀態，而這股黑暗能量和我們相連（左腦／小我），所以我們也會感受到。

如果一個人完全處在三維幻象世界／現實世界／矩陣中，例如認為賺錢是最重要的一件事，而當幻象世界瓦解的時候（也就是金錢在新世界中變的一點都不重要），他的情緒將會受到非常大的影響。

而如果一個人也處在四維、五維的世界，例如喜歡美妙的音樂、欣賞大自然的美景、和自己的內心交談、放鬆、冥想等，那麼當幻象世界、黑暗瓦解時，他所受到的影響將會緩和許多。

4. 夢境的真相：
世界（宇宙）只是造物主的一場夢

　　從本篇開始，我們將討論關於「真實世界」的線索，本篇先討論「夢境」。

　　我們每個人都曾做過夢，有的人每天睡覺時都會做夢，有的人偶爾會做夢，有的人曾經做過預知夢（夢到的事在未來發生了），有的人在夢中可以和死去的人說話，有的人可以控制自己的夢境，有的人清醒時也可以做夢（清醒夢，Lucid）。

　　在科學上，我們對夢的了解非常有限，為什麼有時會做非常真實的夢？為什麼有時夢到的場景和現實世界完全不相干？

　　以上這些，如果要下結論說「夢境只是頭腦想像出來的」，似乎無法完全解釋。

　　但是如果整個「現實世界」也是頭腦想像出來的，那就完全可以解釋了。

大腦其實是宇宙投影機

科學上說到，絕大多數的人只用了大腦的5%~10%，好像代表大部分的人的大腦都未開發。

但是其實也可能是我們根本都用錯方式了，其實大腦不是拿來背東西、算數學的。

我們的科學著重於左腦，而對右腦的功能了解不多、或是刻意忽略。

但是，在近期發展的虛擬實境 (VR)技術，例如我們可以進到虛擬的遊戲中，站在一棟虛擬城市、虛擬房子、虛擬房間中，我們可以到處移動，因為電腦程式記錄了我們在虛擬世界中的位置（座標），我們可以透過遊戲提供的移動方式，改變我們在遊戲中的位置。

這有可能和我們實際所處的世界，所使用的技術，是具有相關性的。

夢境是更加完整的世界

許多人有這樣的經驗：一直想不通的問題，洗澡或做夢的時候就想通了。有些人善於利用睡眠來整理所學的知識，達到事半功倍的效果。這些都說明我們在做夢的時候，能夠將許多思想的元素，重組成為它們本來應該有的樣貌。

我們通過睡眠來補充心靈能量，讓身心獲得休息。而當身體狀態良好時，睡著時做夢的機會增加，甚至大部分的睡眠時間都在做夢。

做夢，就像是在潛意識之中遊歷，而潛意識又是什麼呢？

如果說小朋友玩堆積木，堆好的城堡就是我們的顯意識，也就是顯現出來的現實世界。那麼潛意識就是還沒堆好的積木、還

在構想之中的圖像等等，是具有無限可能性的量子場域。

所以我們做夢夢到的劇情，有時候在現實世界並沒有發生，也就是說，有時候雖然我們在夢境中體驗到了，但是它並沒有變成現實世界的劇情。這表示在夢裡我們可以多體驗到很多事情。

因此，睡夢中的意識就像是一個能量池，供我們補充所需的能量的一個取之不盡、用之不竭的能量場域。

世界是如何產生的

科學告訴我們，宇宙是由大爆炸產生的。更具體的說，宇宙原本是一個點，一個包含整個宇宙的點，由於密度太高而爆炸，所有物質往外噴發，於是形成我們所看到的星星。並且刻意避開了與神／造物主相關的可能性，認為宇宙的生成、地球上具有生命、並且只有地球有生命等事件，都是隨機產生的（雖然機率小的非常誇張）。

　　而從印度的教導我們會了解到宇宙是全息 (Hologram)的，也就是「一沙一世界，一花一天堂」的概念，宇宙是由能量組成的，而能量就是波、振動（所有東西都在振動），而所有東西都帶有訊息（訊息也是能量），即使是一粒沙子、一個小小的細胞，都帶有完整宇宙的資訊，這就是全息的含義。

網路影片：內在與外在的聯繫Part 1 - 阿卡西記錄 Akasha

　　（古老的吠陀梵語大師們的教導：Nada Brahma - 宇宙是振動，振動場是所有靈性體驗的真實根源。通過內觀產生初始的嗡嗡聲，稱為阿卡西 (Akasha)，是我們內心世界和外在世界的連接。阿卡西 (Akasha)就是空間本身，相對於氣 (Prana)的陽性能量來說，阿卡西 (Akasha)能量屬陰性）

　　全息的含義（整體包含著個體，而個體也包含整體），在「靈魂覺醒與生命體驗」中，我們曾用碎形（分形，Fractal）來描述。

　　曼德博碎形（Mandelbrot Fractal）（曼德博分形），被稱為是上帝的指紋，並且經過某種數學轉換後會變成印度教的神或佛的形狀。

　　在我們的數學上很可能已經找到線索，關於如何用一條規則，建立出五花八門的宇宙世界的。並且從碎形的解析，我們也可以了解「每個人都帶有神的特質」是什麼意思，從碎形上看，我們跟神並沒有什麼不同，萬物與眾生也是。

世界只是一場夢的線索

除了在〈2-1. 看不見的控制〉中談論到的催眠師的例子以外，其實還有一些線索，可以讓我們理解到這「現實世界」的不真實性。

首先，如果這「現實世界」是真的，而我們的科學教導我們的，都說世界的變化和我們的內心是無關的，那麼你就不可能靠你的內心去影響你的世界、以及整個世界。

那麼，反過來說，如果你可以單純靠內心的想法、靠內在的功夫，去影響自身觀測到的世界，或是影響「現實世界」，那不是很奇怪嗎？這和我們已知的知識都是衝突的。

1. **眨眼**：這只是我個人的經驗，我發現眨眼的真正目的是防止人看到真相（水流），也就是說，當我放鬆、意識模糊的時候，開始看到空間在飄、在流動時，就會很頻繁的眨眼，而一眨眼就會使在飄、在流動的狀態消失。

那麼，我有幾次就嘗試忍住不眨眼，確實可以撐個幾秒，多看到一些流動，但是眼睛會很強烈的要把眼皮放下來（如果平常刻意不眨眼則不會）。

新楓之谷 - [Glory] Cernium劇情也有提到相關線索：

賽爾尼溫的小鬼：「當然了。靜靜的觀察時，太陽從鹿角之間升起，這時只要眨一下眼睛，就會消失的無影無蹤。所以黎明的祭司們會練習如何不眨眼，撐得越久，信仰越強烈。」

2. **多重人格者的存在**：《幽遊白書》中有個S級的人物仙水，他有7個人格。而在「現實世界」中最有名的多重人格者是美國的比利，協助治療的心理醫師發現他總共有24個人格（書名叫《24個比利》）。

網路影片：目前最長的一期，多重人格分裂 - 老高與小茉

具有多重人格的人，原因通常是忍受超過自己所能忍受的痛苦而產生的，將自己的記憶封存起來，而以另一個意識來使用同

一個身體。而所謂另一個意識是誰？則有很多可能性，例如記憶清空的自己、前世的自己（有著無法解釋的特殊經歷）、被其他靈魂使用等。

　　雖然多重人格在心理學上被當成不正常的存在，但是卻也產生許多現在科學所建立的世界觀無法解釋的問題：靈魂是否存在？體驗到超常的痛苦就能換人的話，換人的機制是如何產生的？

　　3. **看到幻覺的人**：《美麗境界》(A Beautiful Mind)是一部美國電影，描述約翰‧納許 (John Nash)的一些特殊經歷（在賽局理論和微分幾何學領域潛心研究最終獲得諾貝爾經濟學獎的數學家），他能夠看到其他人看不到的人物，並實實在在的與他們交談、接觸，但是卻被當成精神病人看待，在治療之後，那些人物也沒有消失。

　　4. **瀕死體驗**：經歷死亡過程之後又活過來的人，這樣的例子累積起來也相當多，並且他們的經歷常常具有共通性，例如可以看到自己的全身、像浮在一個房間上看到自己躺在床上等，甚至可以看到更多，可以看到房間以外的其他場景：

網路影片：天堂的證明，一個你這輩子都看不到的世界 - 老高與小茉

　　（影片提到一個瀕死體驗者對護士說醫院樓頂上有一隻紅色的鞋，後來護士不小心去了樓頂（樓頂平常是禁止進入的），證實了瀕死體驗者真的看到了）

網路影片：【震撼】這是一部解開所有宇宙之謎的影片 - 老高與小茉

　　（影片提到另一個瀕死體驗者能夠感覺到周圍空間的環境，能夠瞬間移動到想看的人身邊，並且能做時間旅行，並且解開了小時候的未知之謎：在河邊玩的時候，不知道誰喊了「危險」，救了他和他姐姐——原來是長大後的自己回到過去救了自己）

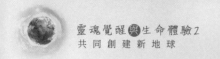

　　5. **曼德拉效應**：曼德拉效應 (Mandela Effect)指的是過去發生的事，普遍在人們的記憶中造成錯亂，而這樣的例子卻經常在大大小小的事情上發生。

　　最有名的一個例子是1963年美國甘迺迪總統被暗殺的事件，除了被暗殺的年分錯亂（1963變成1969等其他年分）之外，總統座車的人數（4人變成6人）、車上的人也都與大家記憶中的不同（多了德州州長夫婦），被暗殺的人也從只有甘迺迪，變成甘迺迪加上德州州長。

網路影片：甘迺迪遇刺案出現了曼德拉效應

　　（影片中清楚提到有許多證據可以證明，歷史實實在在的被改動了，從很多照片、影片的細節可以看到改變後的現實，而在一些更隱密的線索（例如辛普森家庭的作品等）可以看到改變前的現實）

　　相信這種現象，很難從科學的角度去解釋吧。

　　但是科學也可以從量子物理的觀點去看世界，而了解到「現實世界」其實是由集體意識決定的，它不是固定，而是可變的液態世界，那麼對曼德拉效應就不難理解，因為眾人無法接受甘迺迪在1963年就向世界大眾帶來真相，所以允許黑暗勢力暗殺成功。並且集體意識無法接受太過殘酷的事實，所以對發生的事進行了修改（這點和多重人格的情況是相同的）。

　　科幻小說常會提到平行世界，也就是有許多不同的世界同時存在，有許多個你同時存在不同世界，彼此互相不會干擾。而結合12個維度的概念、多維度宇宙投影機的概念、夢境是還未顯現到「現實世界」的無限可能性、以及我們都是源頭、造物主的碎片等，我們可以知道在地球（三維幻象世界）有一個主要的現實會顯現出來，而其他的所有可能性則處在夢境中，沒有被顯現到「現實世界」。

　　曼德拉效應、即視感／似曾相識 (deja vu)是集體意識正在改

變、宇宙正在自我重組、世界正在進行大轉變時，我們會感覺到的一個現象，我們在〈2-10.時間的本質〉再繼續探討。

6. 費城實驗：前面提到只要能改變我們的座標，就能達成「瞬間移動」。那麼，「瞬間移動」真的發生過嗎？

網路影片：在大海上發生的最不可思議的事，費城實驗 - 老高與小茉

（1943年8月12日，美國海軍測試在軍艦（埃爾德里奇號）上裝置特斯拉線圈，結果成功「瞬間移動」，從費城的軍港消失，出現在諾福克海軍基地附近，又突然消失返回，正好被路過的商船（安德魯・弗萊斯號）看到，於是有一些人知道這個祕密進行的「費城實驗」的存在，並進行調查）

黑暗是什麼？造物主是否有可能也是黑暗的？

造物主／神是用來描述世界的創造者，其實就是我們的集體意識，更完整的我們，所以我們其實也是創造世界的一分子。

以本質上來說，造物主／神就是所有帶有振動、帶有能量的東西，也就是所有一切事物，都是一體成型的。

而黑暗則是用來描述造物主／神的反面，也就是不承認自己是集體意識的碎片之一，認為自己是獨立於神的存在。

黑暗把我們和神分離，並且讓事物一分為二，例如好與壞、善與惡、男與女等，使我們力量減到最低，並失去友善、團結、同理心等品質。

當一個人失去內在的力量，失去在能量池獲取力量的能力，那他就只剩下追求外在物質上的滿足了。

如果人類能夠團結起來，考慮到整個人類種族、人類文明的時候，是否還會像現在一樣重視金錢？

如果你做為一個領導者，考慮到要讓你所有的人民豐衣足

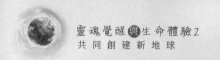
食，你會怎麼分配世界上的財富／金錢呢？讓每個人都擁有足夠的錢？還是只拿出10%來給人民，其餘的錢放入自己口袋？

也就是說，如果所有的人和你都是一體的，都是自己人，你是所有人的集體意識，那麼你是否會和大家分享你所有的東西呢？

因此，黑暗的存在，已經自己把自己和光區分開來，說自己不屬於光，那麼就不是合一，而是分離的狀態。根據定義，他們就不可能是造物主、源頭那種合一的存在。

反過來說，只要合一，願意讓自己的光和黑暗融合的人，就不會有分離，沒有分離就沒有黑暗，也就是黑暗就消失了。（可見對合一的理解，是了解所有宇宙真相的關鍵）

也就是說，意識狀態愈高的人，他的光就會愈強，會是更容易親近的人，因為他的意識可能包含我們在內，這樣的人會很了解我們的需要，可以很容易的進行心靈交流。

5. 能量頻率的真相

　　許多不同的能量頻率，是創造形形色色世界的關鍵元素，就像肉眼能看到許多的顏色：紅、橙、黃、綠、藍、靛、紫，稱為可見光。其中紅色是能量頻率最低的，紫色是能量頻率最高的。紅外光代表能量頻率比紅色更低，紫外光代表能量頻率比紫色更高，但這些都超出我們肉眼所能看見的範圍，所以無法被肉眼看見，但是它們還是存在的。

能量頻率與我們日常生活息息相關

　　除了我們眼睛所看到的以外，我們耳朵聽到的聲音，也都是能量。赫茲 (Hertz, Hz)是用來描述聲音頻率的數值，在音樂領域中，一個音階包含Do, Re, Mi, Fa, So, La, Si等七個音，並且在Si之後

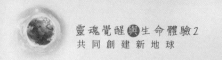
又回到Do，成為一個八度音階循環。因此，所謂好聽的音樂，也是由能量頻率構成的。

我們也能從水對於溫度的不同而產生不同狀態的變化來看，水有固態（冰）、液態（水）、氣態（水蒸氣）等，分子的自由度愈來愈大，以及被閃電打中的水會看到自由度更高的等離子態(Plasma)，分子的自由度又比氣態大的多。

可見我們平常所看到的、所聽到的、摸到的、感覺到的，都和能量頻率有關。

改變能量頻率的基本方法

從結論上來說，這個基本方法叫做「共振」。

「共振」的意思是，假設你有一樣東西A具有很高的振動頻率，而你想讓另一樣東西B也達到A的振動頻率，就可以用「共振」的方法，把A的振動頻率傳給B。

例如，我們用加熱的方法，可以讓水從固態變成液態、氣態等，這個方法其實就是先讓某個東西達到高溫，再把熱傳遞給水，以「共振」的方式完成的。

而「共振」也能把聲音從一個物體傳遞到另一個物體，例如音叉。

但是在一般的常識，人們總是以為一定要摸到另一個物體，才能把想要的東西傳遞過去。

例如，常識告訴我們電一定要通過電線才能傳遞，而手只有碰到金屬的東西才可能被電到，並且高壓電是非常危險的，千萬不能去碰。

但是其實現在的高壓電都是低頻率的高壓電，而特斯拉(Nicola Tesla)早就研究過高頻高壓電，使用共振的方式做出人造閃電。

（此為Wikimedia Commons上之原作品，作者及來源如下：
Photographer: Dickenson V. Alley, restored by Lošmi, CC BY-SA 4.0,
https://commons.wikimedia.org/w/index.php?curid=50272842）

那麼，到底是高壓電危險？還是低頻高壓電危險？

網路文章：《尼古拉·特斯拉回憶錄》（My Inventions）英漢對照
目錄

網路文章：第四章 發明特斯拉線圈和變壓器

「1900年，我得到了1000英尺的強大放電，在全球製造了一
次人工閃電效應。此時，我想起了第一次在格蘭街實驗室看到的
微小火花，當時激動的心情不亞於我當初發現旋轉磁場（rotating
magnetic field）時的感覺。」

另外，在醫療領域中，化學治療也是主流療法，認為都需要
靠吃藥才能治療疾病，也就是所謂的侵入式療法。

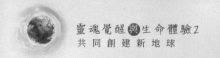

　　成功大學電機工程學系的張凌昇教授則提出用電磁波共振的方式，來達到非侵入式治療：

網路影片：看不見的不代表不存在：張凌昇 at TEDx ChungChengU 2015

　　（使用電磁波複製技術，將青黴素的598種特徵頻率從一個杯子複製到另一個杯子，並成功抑制大腸桿菌的生長，但是化學藥品並沒有進入目標杯子）

　　可見我們只要知道一種物質的能量頻率，就可以用共振的方式創造或複製那種物質。

　　影片中提到的特徵頻率複製技術，即是共振的應用，相關的技術也出現在凱史科技中：

網路文章：降臨地球的「外星人」凱史、甘斯（上）

　　（電漿、等離子體是形成宇宙的基本能量，他們滿布在宇宙各個角落鬆散的游離著，凱史找到「奈米塗層」使它們凝聚為甘斯(Gans)而可被我們使用。

　　甘斯 (Gans)是氣體分子(Gas)在奈米等級(Nano)以固體存在(Solid)的狀態，凱史把它命名為GANS。並非固體，並非液體，也非氣體，稱為「甘斯態」，它必須依附於物質才能顯化，所以就存在很多冠以物質名稱的甘斯產物，例如二氧化碳(CO_2)甘斯。）

　　甘斯可以用來做淨化，針對人或環境，淨化任何的負面能量。以二氧化碳 (CO_2)甘斯為例，甘斯瓶底部會有白白的微粒，是甘斯本體，由於等離子體的能量太強，通常我們不會直接飲用，而是飲用被甘斯瓶磁化過的「甘斯磁化水」。（也就是將甘斯瓶插在水中約1~2天時間即可飲用）

共振／能量無所不在，隨處可用

從以上的說明，相信可以看出，許多技術只要帶入「共振」的概念與方法，就能變成更自然、更健康、對人類更有幫助。

但是，如果「共振」真的可行的話，那不是代表我們周圍都是能量，取之不盡，用之不竭嗎？

那為什麼我們還在使用消耗性能源（媒、石油），為什麼我們需要繳電費？

在克里昂 (Kryon)的其中一次通靈訊息中給的提示是，在微小的世界（量子世界）中，能量是取之不盡，用之不竭的，並且可以運用磁力的原理，建造出永久運轉的自由能源機器。

網路文章：【克里昂】《關於自由能源的提示》

「在這一篇自由能源的建議中我們將給你們的最後新提示是：由於這需要非常小的磁體來完成，你們或許需要非常小的極性來回移動以實現它。怎麼辦呢？別忘了你可以磁化某些氣體。」

在更高維度存在著許多與大自然融合的先進科技，但是在我們能享用它們帶來的便利之前，是否需要先承認現有的科學、科技是不完全的、不全面的？

如果看不見更好的可能性，是因為相信了目前所學的知識，那麼是否需要先讓自己準備好接納更高的可能性？

是否需要先放棄完全相信目前我們已知的東西呢？

地球表面是一個共振系統

特斯拉曾在研究人造閃電時，算出地球的振動頻率大約8Hz左右。

而德國物理學家舒曼則認為地球表面是一個共振場域，並

發現除了7.83Hz以外的其他頻率的能量過一段時間都會消失。
（7.83Hz被稱為舒曼共振 - Schumann resonance）

網路文章：地球的心跳——舒曼共振

「一九五四年德國物理學家舒曼(W.O.Schumann)發表一項理論，他認為距離地面約一百英哩的天空有一層環電離層(Ionosphere)，它會隨著日光強弱發生變化，與地球表面剛好形成一個類如空穴諧振器(Cavity resonator)的空間。」

因此，我們世界所在的這個空間，周圍充滿著無窮的能量，供我們隨意取用。

而舒曼共振的每日變化也持續被觀測中：

訊息來源：LIVE SPACE WEATHER CONSOLE

https://5dearthproject.com/SPACE-WEATHER-TOOLS/

從這個觀測站也可以看到平常的舒曼共振是接近7.83Hz（藍色部分），但是近期有很多超過40Hz的情況出現（白色部分），也就是高頻率的能量正在提供給地球的證據。（橫座標是時間，縱座標是頻率(Hz)）

能量頻率是一個螺旋

在「靈魂覺醒與生命體驗」中，我們討論過大腦的清醒態（β波）、放鬆態（α波）、冥想態（θ波）、以及睡眠態（δ波）。有些人可能還知道頻率更高的伽馬波（γ, Gamma），也就是所謂的第五維度(5D)能量頻率。

在一般的常識或科學中告訴我們，伽馬波是非常危險的頻率，可能造成人的精神失常。（確實，5D的能量對現實世界會帶來極大變化）

而外星人巴夏（透過岱羅通靈）在一次傳訊中教導我們關於能量頻率的一些寶貴知識：

網路文章：巴夏 - 自我賦權圓環

巴夏告訴我們，能量頻率有Epsilon（ε), Delta（δ), Theta（θ), Alpha（α), Beta（β), Gamma（γ), Lambda（λ)等狀態，頻率範圍是：

Epsilon（ε）: 0.5Hz

Delta（δ）: 0.5~3Hz

Theta（θ）: 3~8Hz

Alpha（α）: 8~12Hz

Beta（β）: 12~40Hz

Gamma（γ）: 40~100Hz

Lambda（λ）: 100~200Hz

巴夏並提供15分鐘的冥想建議，讓我們可以熟練這幾種能量頻率，並在需要的時候任意切換到想要的能量頻率。

而以上七種能量頻率，雖然從赫茲（Hz）數來看是愈來愈大、愈來愈高，但是到了Lambda（λ）狀態，卻又會包含Epsilon（ε）的能量頻率（共振的原理），所以這些能量頻率其實是以一個螺旋的方式同時存在，並沒有明顯高低之分。

當我們處在放鬆態（Alpha，α波）時，身體會覺得很輕鬆，這是否和我們接近了地球本身的振動頻率有關呢？

而當我們處在冥想態（Theta，θ波）時，振動頻率可能比地球本身的頻率還低，開始有一些神奇的作用產生。

和諧頻率的重要

這邊主要要談論的是，與其追求振動頻率的數字大，還不如追求頻率的和諧，因為我們本身也是集體意識。

在目前的世界中，要找到和諧頻率的東西，並不容易，因為它們並不那麼常見。

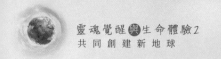

　　這個世界是有主從關係的，也就是說，力量比較強大的人，就會壓制、控制力量比較弱小的人。在這種情況下，能量呈現一種不和諧的狀態。

　　和諧的狀態是所有人互相尊重，和平共處，沒有高下之分，所有人都像兄弟姐妹一樣親切的相處。而統治者本身則是很親切的、沒有私人目的，為所有人服務。（如同《靈性法則之光》一書所說，「在上的，如同在下的 (As above, so below.)」

　　在《阿瑪迪斯》的電影中，莫札特提到了他的歌劇可以同時讓20個人一起唱，樂曲仍可以非常和諧，而不會像講話一樣會變成噪音。

　　那怎樣的聲音是和諧的頻率呢？

　　因為舒曼共振告訴我們，地球的心跳接近8Hz，所以音樂「曾經」以此為基礎來定義每個音的頻率的，這也就是432Hz是和諧音樂的由來。

　　我們知道一個音階由Do, Re, Mi, Fa, So, La, Si組成，稱為唱名（每個音唱出來的名字），它們的音名依序為C, D, E, F, G, A, B，也就是說，例如A就是La。

　　而432Hz就是指中央的A（也就是中央的La）定義為432Hz，記為A=432Hz。

　　這是古典時期的音樂家們採用的頻率，最符合地球的自然頻率，也是對人體有好處的頻率，而這個規定在1953年被國際標準化組織 (ISO)破壞掉了（規定要用A=440Hz），因此，我們現在平常聽到的可能都不是和諧的音樂。

網路文章：共振地球的心跳！432Hz療癒身心的奧祕

　　（以 "宇宙節拍頻率" 8Hz作為基本波向上升5個八度（即8*2*2*2*2*2），可以達到256Hz頻率，那麼在以C (Do)為256Hz的體系下相對應的A (La)的頻率則為432Hz。許多古典音樂大師如莫札特、貝多芬、威爾第、巴哈等都是以432赫茲來進行創作

的。到19世紀末期，威爾第抗議義大利政府將音階頻率標準提高至435赫茲未獲接受。）

所以，所謂的「和諧」就是要和環境，和自己的各個層面、各個部分互相配合，達到一種完美巧妙的狀態。

網路文章：【光之兄弟群體】讓十二能量體與身體奏出和諧之音

「你們的肉體有它自己的振動頻率。你們的十二個能量體都有自己的振動頻率。請想像一下：所有這些身體發出一個聲音－一個像樂隊發出的和諧之音。這和諧之音能讓你們處於完美的健康狀態，能讓你們壽命更長，能讓你們將來活得比現在這短短的人生長一百倍、一千倍。」

什麼是負面能量頻率？

負面能量／隨機／混亂是相對於和諧的存在，就像好聽的音樂是一種和諧的頻率，而當聲音不和諧時就會變成噪音。

也就是說，隨機／混亂就是讓一個事物無法呈現和諧、圓滿的狀態的存在。

而隨機／混亂又是如何產生的呢？

我們的科學觀察到世界是往愈來愈混亂的方向發展的，也就是黑暗不斷的在增加。（當供給地球的能量提升時，光和黑暗的力量都會得到加強）

而從電腦程式（資訊科學）的角度來看，寫程式的人知道，要讓一台依照指令一步一步執行的電腦，能夠模擬出隨機／機率／抽號碼牌的事件，要如何才能做到呢？

以C語言的程式來看，寫法會是這樣的：

srand(time(NULL));（依照時間值決定從亂數表的第幾頁、第幾行開始取值）

a=(rand()%100)+1;（取得亂數表的數值，從1~100中抽一個

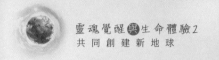
號碼牌）

也就是說，隨機／機率事件是可以用電腦模擬出來的，只要利用時間的數值做為輔助就可以了。

電腦程式有一本長串的亂數表，記錄著許多亂七八糟的數字。從亂數表不同位置開始取值，就可以有不同的結果出現；而根據時間（例如秒數、毫秒數）來決定亂數表的開始位置，就可以達到每次執行同一隻程式，出現的結果都不一樣的效果。

這是否讓你發現，時間的存在是隨機／混亂的來源？

因為時間的存在，讓我們想法的顯現（顯化）速度變的很慢，甚至是阻止／阻礙我們想法被實現。在這種有阻力的環境下，我們所創造出來的東西，是否就會變形了？是否會變的四不像？（也就是隨機／混亂）

在科學上有一個衡量混亂程度的數值，叫做熵 (Entropy)，值愈大，愈混亂。

同時，在沒有黑暗干擾的環境，任何想法／意念可以完全的被顯化出來，那樣的世界是有序世界，相對於混沌世界，是一個萬事萬物都像磁鐵一樣形成美妙的圖形的世界。（負熵 (Syntropy)即是用來描述有序的世界的數值）

如果你開始覺醒，漸漸的你可能會發現，你可能經常看到時鐘上的連號數字（例如11:11、3:33等天使數字）。你看時鐘的事件應該是隨機的，沒有規律的，不是嗎？

因此，當你站在第四維度，慢慢的隨機／混亂消失了，事物開始變的有序了。難道，所有發生的一切，都不是巧合？巧合只是像電腦程式運用亂數表一樣，是模擬出來的嗎？

可能慢慢的你也會感覺到一天時間似乎少於24小時，時間似乎在變少，這些也許都是揚升過程中的正常現象。（因為時間是隨機／混亂的所需因素，當你的世界變的有序，當你愈來愈能主導自己的世界，時間的感覺也會變的不同）

6. 脈輪的真相：
幻象的目的在於不使脈輪良好的運作

上一篇我們談到共振的現象，以及共振在我們世界的普遍性，我們人體其實是由能量漩渦組成的，因此，<u>如何讓我們身上的能量漩渦以和諧的方式共存，這樣它們共振的樂曲（能量頻率）才會具有良好的功能，而不會生病。</u>

我們人會生病，通常是身體的某個部位、某個器官運作不良、不正常造成的，這通常和我們的能量來源有關，食物是我們物質上的能量來源。此外，我們的情緒好壞、我們對自己的評價（包括相信別人給自己的評價），都是我們的能量來源。

當身體出現功能異常或疾病時，最重要的就是找出問題的根源，並加以治療。

在醫學上說治療，心理學上也說治療，並通常最為強調的是藥物的治療，也就是靠外力、物質的方法去壓制症狀，如你所知的，這種治療很少有根治、使病情不再復發的例子。

這難道代表人類（你）就註定是體弱多病了嗎？

而在能量領域，認為疾病的發生是由於自身能量不協調所致，因此需要療癒。能量療法不是靠物質的，沒有外物入侵體內，所以稱為療癒。言下之意，被療癒者是自己會好起來，所以說療癒。

<u>能量療法專注於讓自身各種振動頻率的能量互相協調，減少衝突，不刻意強調某一個特別重要，而是強調所有成員組成一個整體、一個樂團、籃球隊等，成員要互相配合、默契良好才能成功。</u>

能量療法是符合大自然的規律的，不需要靠很貴的藥物，只需要調整自己。

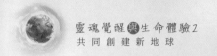
那麼，是否所有的疾病都和能量有關呢？

在上一篇我們討論過，如果知道一個物質的振動頻率，我們就能複製、或造出那個物質，那是否代表其實物質是由能量組成的？（其實物理學已經同意，一切都是能量）

在醫學理論，需要去定義每種器官、每種疾病、每種藥物的反應過程。但即使這樣，也無法搞清楚為什麼一個細胞經過分化就能加入各種不同的組織，例如表皮、指甲、骨頭、胃、內臟、血液等，這就像每個原本完全一樣的細胞自己本身就知道自己要變成什麼一樣。

難道我們的肉身，是根據一個看不到的能量模板建造出來的？

網路文章：人類七層能量體

（1. Etheric Body 乙太體顯現出我們人體的一個基本模式、生長藍圖，有些人即使在截肢之後，還會感覺這些肢體的存在，其實就是感覺到這些乙太體。一般相信，克里安照相機（Kirlian Camera）所捕捉到的就是這個最基本的能量體。）

有些人能看到人體的能量、氣場，如果你給他看一下，他就會看到類似這樣的圖：

並且，他可以看到哪個脈輪的功能是不正常的。

脈輪是一個能量漩渦，旋轉的方向、能量太弱或太強都會造成一些問題。

七個位於身體內部的脈輪，由下往上依序為：

脈輪	其他名稱	功能
根輪	海底輪（Root chakra）	生存本能、安全感
腹輪	本我輪（Sacral chakra）	情感、性慾
臍輪	臍輪（Navel chakra）	自信心
心輪	心輪（Heart chakra）	愛
喉輪	喉輪（Throat chakra）	自我表達（對自己誠實）
額輪	眉心輪／第三眼(Third eye chakra)	洞察力、視覺化能力
頂輪	頂輪（Crown chakra）	合一、整體

外在環境被有意創造成充滿生存危機的世界

在這個現實世界，缺乏（金錢、食物、生活所需用品）與資源分配不均是同一個問題（因為人民只得到10%資源，所以資源顯得相當缺乏）；刻意發動的戰爭、刻意製造的病毒、流行病等，都是生存危機的來源。

在這樣被刻意製造的不利環境中，是否可能通過調整自己的內在，增加自己的安全感，滿足生存本能的需求呢？

如果心中感到安全，是否看到的世界會不同呢？

從〈2-2. 你是個有知覺的人嗎？你對你的處境了解多少？〉的討論，我們提到關於飲食，我們在市面上所能取得的食物，會讓我們的身體容易生病，處於生存危機中（例如許多食物含有過

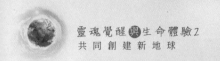
量的「非葡萄糖」）；而醫療系統則是繼續幫助我們處於更強烈的生存危機之中（讓人不死，但是不會讓人活的健康），我們談到一些不可能被證實的數據，這使我們有必要好好思考一下，是否應該繼續依賴醫療系統？希望你可以自行去求證。

我們以為病毒、爆發大流行完全是自然產生的，好像是上帝為了懲罰有罪的人類，安排發生這樣的自然災害；我們以為所謂的天災（例如颶風、地震）都是自然發生的，但是在《氣象戰》的電影則揭露了其實存在控制天氣的技術的事實。

《氣象戰》只是虛構的電影？還是控制天氣的技術真的存在？

（可參考〈1-3. 地球真相：劇透篇〉所提到的專利文件：颶風和龍捲風控制裝置，申請號：US20030085296A1）

詐騙、販毒等許多剝奪人民生命財產安全的「行業」的存在，並對人民隱藏，使得人們永遠搞不清楚到底是誰在做這樣的事，只能擔心、害怕、恐懼。

因此，如果這些隱藏的黑暗「行業」及其根源被移除，我們的生存危機也就會消失，我們的根輪（海底輪）就容易恢復正常。

而在這一切到來之前，我們可以先用一些內在的方法，讓自己先擁有安全感、安心、平靜，這樣做也會促使外在世界（現實世界）往好的方向改變。

聽音樂是其中一種簡單的方法：

網路影片：Maplestory BGM 22首鋼琴曲彙編

網路影片：SLSMusic｜Maplestory Sountracks

情緒的壓抑與釋放

我們從小時候的家庭教育、學校教育就被要求要安靜、不要哈哈大笑、不要出聲音（吵鬧），我們從教育學到了壓抑自己的情緒。

長大之後，在工作環境如果表達自己的情緒，會被當成怪人。而我們也會教育自己的小孩，要求他們壓抑自己的情緒。

久而久之，我們遇到常常充滿笑容的人，反而覺得很奇怪。

其實，壓抑情緒的社會風氣，就是在防止我們的腹輪（本我輪）正常運作。一旦成為習慣以後，可能一生中都會體驗到腹輪（本我輪）的不正常的結果，也就是無法獲得情緒上的滿足，累積之後需要發洩情緒，並且容易形成身體上的疾病。（脈輪是能量，可以影響物質身體）

因此，如果一個人的情緒可以正常發揮，正常得到釋放（想哭就哭、想笑就笑），那麼他的腹輪（本我輪）就是正常的在運作，對一個人會有正面的幫助。

情緒對一個人來說是非常重要的，一般人總是認為在工作上應該以工作為重，不能有個人情緒。但是如果一個人的情緒不能「隨時」得到正常釋放，都會造成很大的問題。（即使只是很小的事）

因此，一個人只有在情緒能夠正常釋放的情況下，才有辦法好好工作，如果壓抑情緒，對身體會是很大的負擔，會造成疾病。

然而，在你的工作環境中，長官／主管是否尊重每個人，是否讓每個人有適當的表達意見、抒發情緒的自由？那就會帶來一個健康的團隊，並讓團隊成員能在互信互助的情況下工作。

此外，性慾也和其他情緒一樣需要得到釋放，否則就會造成身心不協調的情況。

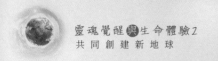

一個人最大的罪惡就是認為自己有罪

臍輪與一個人的自信心有關，只要臍輪正常運作，他就會對自己很有信心，凡事可以處之泰然。

因此，現實世界又要怎麼運作，才能防止臍輪的正常發揮呢？

我們知道，常被父母罵的小孩，身心發展常常無法健全，容易形成自我評判的個性，也就是會常常覺得自己不好。

同樣的，學校老師、工作上的主管等，都可以透過批評一個人，來降低他的自信心。（請問，你是否從小到大都沒被罵過？）

當一個人覺得自己做錯了事，覺得自己有罪，他就會問：「我要做什麼才能贖罪？」因此就變的容易被人控制。

一個處在光中的人，因為理解這個道理，不可能會試圖讓一個人覺得他自己有罪，而是會試圖減少他的罪惡感。

只有黑暗的人會試圖讓一個人覺得他有罪，因為下一步就是要告訴他如何贖罪。（也就是做對黑暗有幫助的事來贖罪，結果愈陷愈深）

一個人只有超越自己的罪惡感，不被罪惡感綁住、控制住，他才有機會做出對自己有利的選擇。

而如果了解到，自信心是一種能量在運作，學會保護好自己的能量（臍輪），就比較不容易受到控制。

真愛就是愛自己

心輪關係到愛的能量。

因為現實世界存在不少自私的人，所以讓許多善良的人不敢愛自己，被洗腦說愛自己就是自私。

　　但是，當我們把眼界擴大，誰真誰假立刻就可以看破了。

　　我們可以認知到，我們不只是身體，我們還包括靈魂。我們所有人在同一個能量水流之中，我們的能量互相影響著。

　　因此，我如果真的愛我自己，那我就會想要讓自己開心。

　　如果我們看到其他人、其他動物，板著一張臉不開心，那麼，在那個瞬間，我們是不是對自己不好了？

　　而其他人就像我們的兄弟一樣、其他動物也是我們的好朋友，如果大家都開心，那我是不是更開心了？

　　所以，真正的愛是愛自己，然後推己及人，愛護周圍的人、以及一切。

　　永遠要記得，在所有人之中最值得愛的，就是你自己。

　　愛你自己，然後了解到，你和大家是一體的。

　　黑暗最喜歡玩的把戲就是：你們之中只有一個人能存活。

　　讓無辜的人們玩這個遊戲，然後傷害自己的兄弟姐妹，讓這個風氣變成習以為常的現象。

　　在科學界，賽局理論 (Game Theory) 中的一個經典問題「囚徒困境」即是這樣一種遊戲。

網路文章：囚徒困境 - 維基百科

　　警方逮捕甲、乙兩名嫌疑犯，但沒有足夠證據指控二人有罪。於是警方分開囚禁嫌疑犯，分別和二人見面，並向雙方提供以下相同的選擇：

	乙沉默（合作）	乙認罪（背叛）
甲沉默（合作）	二人同服刑半年	甲服刑10年；乙即時獲釋
甲認罪（背叛）	甲即時獲釋；乙服刑10年	二人同服刑5年

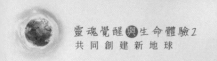
我們的科學界把這一問題當成經典問題，以確保每個該領域的學生都會在教科書上看到（和量子力學把殺死貓的「薛丁格的貓」當成經典理論一樣）。

「囚徒困境」問題告訴我們，對兩位囚徒來說，最有利的選擇是：背叛自己的朋友。

一旦相信了這一套，也就失去了人與人之間的信任，對黑暗來說，這樣每個人都是分開的，很好對付，因為他們不會團結起來。

而失去了人與人之間的信任，也就失去了真正的朋友、真正的家人，變成一個真正的自私的人。

這是黑暗所希望的，因為他們缺乏信任、缺乏真正的朋友、缺乏人與人之間的連結，團結的力量對黑暗來說太過強大。

但是，人與人之間真正的信任，仍然是存在的。

你是否有值得信任的人？你是否願意和朋友、家人分享你的所有？

你是否願意讓自己的心輪正常運作？讓自己能保持在愛、喜悅的狀態？

愛、喜悅會是黑暗難以克服的強大力量，也是守護我們的偉大力量。

客套，就是壓抑真正的自己

我們處在自在的狀態時，可以做我們想做的動作，想講什麼話就講什麼，很輕鬆自在。

而許多公眾場合（聚會場所）通常只能講客套話，無法講真心話，也就是說，出現在那些場所時，我們並沒有「活著」，而是處於壓抑狀態。

也就是說，所謂「活著」，其實就是輕鬆自在的狀態，真正

的自己沒有受到壓制，所以可以自由的表達真實的自己，感到喜悅的一種狀態。

這關係到喉輪的正常運作。

如果你知道讓自己自由自在的說話，是一件非常重要的事，你會如何看待這些社交場合呢？

你可以觀察自己看看，在輕鬆自在的狀態是怎麼樣的，而在壓抑自己的狀態又是怎麼樣的？

當然，生活中的劇情也要配合，才會有效果。

如果，你沒有對愈來愈誇張的事感到不滿、感到憤怒，那所有事情都不會改變的。

你會選擇繼續妥協下去？繼續壓抑自己來適應這些狀況？

還是會選擇表達真實的自己？

當然，讓自己自由的方式有很多種，不一定要像個革命家一樣流滿鮮血來爭取自由。

如果，你能夠避開不自由、不自在的一些事、場合、任務，那麼就以最和諧的方式，去做對自己有利的選擇就可以了。

而沒得選擇的人，就只能選擇抗爭了。

無論如何，這是通往自由的必經之路：做出選擇，做出對自己真正有利的選擇。

活化松果體可以獲得許多能力

額輪（眉心輪／第三眼）是松果體的所在，它是一個人類長期普遍被嚴重抑制的存在，一旦把松果體的功能開啟，就會擁有超能力，能量與宇宙、源頭連結。

網路文章：解毒和活化松果體的八種方法

（松果體被認為是物理領域和乙太領域之間的聯繫。“源場調查”一書的作者大衛·威爾科克(David Wilcock)說松果體產生

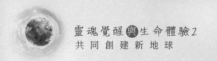
的褪黑激素 (DMT)可以促進與神祕存有的相遇。他並指出避免各種形式的氟化物，進行排毒，可使松果腺脫鈣。）

　　由此可知，我們的松果體之所以還沒被開啟，處於被抑制的狀態，是因為我們的水、食物、藥物等許多原因造成的，也就是維持這個現實世界的一些必要手段。

　　降低我們意識狀態的物質很容易取得（例如酒、毒品等）。

　　而讓我們超越物質世界，提升我們意識狀態的物質，通常是被禁止的、難以取得的，以下舉一例：

網路影片：被禁TED Talk：意識之戰 - Graham Hancock

　　（影片談到死藤水的活性成分是褪黑激素 (DMT)，口服時會被我們胃部的單胺氧化酶 (MAO)分解掉，亞馬遜族人卻解決了這問題，他們說是精靈教的，死藤水的Chacruna（綠九節）葉子混合某種藤蔓水煮可以關掉胃部的MAO酶，亞馬遜15萬種植物之中，唯獨這藤蔓含有MAO的抑制因子。死藤水飲用後45分鐘後開始冒汗、噁心、腹瀉，並進入一趟四小時的超現實奇幻之旅。雖然死藤水具有神奇療效，在加拿大卻因不合法而被禁止。）

　　以上我們探討了各個脈輪的功能，以及現實世界如何抑制我們每個人的脈輪達到正常發展，希望知道這些之後，你也可以大幅提升自己，達到非常圓滿的狀態，下一篇我們將會談論一些提升／療癒的方法。

7. 脈輪的真相：
療癒能量扭曲，即可找回內在力量

　　我們處在一個充滿能量扭曲的現實世界中，我們的脈輪似乎都在扭曲的狀態下運作，使我們維持在對自己極為不利的狀態。

　　因此，對自己的脈輪（或身心）進行療癒是非常重要，並且是需要早日開始進行的事。

　　讓我們一起進入一個輕鬆、喜悅、自由的世界吧。

如何實現願望

你是否有想要實現的願望？

我們以健康為例，你希望自己能不再生病，不再需要看醫生嗎？

　　許多人很羨慕身體健康的人，認為自己如果可以像他（她）一樣健康，就不用時常花錢、花時間跑醫院、看醫生、吃藥了。

　　但是，如果你看過〈2-2. 你是個有知覺的人嗎？你對你的處境了解多少？〉對《醫生一罷工，全國死亡率下降50%》這篇文章的摘要的話，你還能完全相信醫療過程對你的「健康」有幫助嗎？

　　也就是說，與其羨慕身體健康的人，倒不如看清真相，到底是「因為很健康，所以不用看醫生」？還是「因為不看醫生，所以很健康」？

　　請不要去爭論，用實驗（實際體驗）的方式，很快就可以得到答案了。

　　如果你總是只試過一種方式，那是不是可以開始試試另一種方式？收集一些不同的實驗資料，然後再來下判斷。

下決心改變現狀

　　如果你有夢想、願望，並且希望自己的願望能夠實現，那你能不能下定決心，讓自己的願望實現呢？

　　想要實現願望，但是又不敢向前跨出那一步，那願望是不是永遠只停留在想像中呢？

　　而下決心改變現狀，看起來好像什麼都沒變，但是就已經打通了實現願望之路了。

　　例如，一個人想要變健康，但是沒有下決心改變現狀，飲食、生活習慣、用藥習慣仍然沒有改變，也沒有找到生病的根本原因（例如情緒不佳），那是否很難達成心願？

　　而當一個人真的認真想要去改變的時候，所有的阻力都會出現在他面前，例如醫療療程已經進行到一半了，如果突然退出好像很奇怪。

　　然而，當一個人真正為了自己做出某個決定，並且為了讓自己能夠順利達成願望，通常不會選擇去和別人發生衝突，而是會理性的，圓滿的解決問題，尤其是牽涉到人際關係的問題。

　　例如，已經決定要退出醫療療程來獲得健康的人，是不會選擇去和醫生大吵一架、要求賠償等激烈手段的（到底是拿到錢重要？還是獲得健康重要？）。並且還會想好一個讓雙方都能接受的好理由來進行，讓事情順利，並且往自己希望的方向進行。

　　一個決定主導自己命運的人，會充滿自信心，而一個有自信的人，不會用壓迫的手段去對待他人。因為尊重他人，就是尊重自己。

覺察正在發生什麼，時刻檢視願望的進展

　　你的願望是否照你的期望進行呢？（請注意，需要先下決心改變，這是重要的前置步驟）

　　我並不建議許願中樂透大獎、買股票賺大錢，因為類似的遊戲都是黑暗在控制的，避免帶有機率性的事物，比較不容易被黑暗控制。（被黑暗控制的情況，就算贏了，也未必是成功，還可能是陷阱）

　　選擇你能夠掌控的事。有些事，只要你決定了，就能去做，做了就能成功，像這樣的事就比較適合用來當成願望。

　　當自己的信心增加，有把握成功的事愈來愈多，再慢慢擴大自己的願望。（也就是培養自己的「成功」經驗，那麼「成功」的能量就會慢慢增大）

　　當然，在過程中也會有許多事發生，有些可能是好事，有些可能不好。但是，當我們以「是否愈來愈接近自己的願望」來衡量時，許多事卻都不是表面上所見的結果。

　　例如，有些事可能看似不好，但是卻是在接近自己的願望。

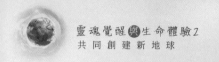
（例如下定決心不看醫生，結果生病了，但是後來自己好了，可見身體的自癒能力是足夠的）

像這樣不斷檢視所發生的事，慢慢的視野也會擴大，許多原本認為不好的事，可能都開始在幫助我們達成心願。（可見下決心的重要，可以改變吸引力的方向）

不輕易下判斷／評論

我們總是希望諸事順利，所以當好事發生，我們就會很開心。

但是，不順利的事卻總是會發生，於是我們就會生氣、不開心、沮喪。

我們知道，負面的事總是會上新聞。同樣的，我們以及許多人的注意力總是會被負面的事拉過去，並專注很久，這對我們的吸引力是有不好的影響的。

這就好像我們身上有一些「負面磁鐵」，專門吸引負面的事上身，然後就黏住了，很難清掉。

然而，即使知道現況是這樣，又該如何解決呢？（下決心拿掉「負面磁鐵」）

人的情緒是一項很特殊的功能，當我們感覺到沮喪，其實真正感覺到的是我們周圍的「能量扭曲」。

因為這個「能量扭曲」的存在，所以我們會感覺到沮喪，感覺到我們的願望無法達成。也就是說，這種失望的感覺，是能量造成的。

因為是「能量扭曲」造成的，所以解決的方法可能比你想像的還要簡單，如果你有能夠淨化能量場的道具（例如水晶），放在附近一段時間，就可以消除沮喪的感受。

然而，許多人的經驗是，他們相信了那個「能量扭曲」帶

來的幻象，「我能力不足、我不夠好，所以我的願望不會實現」等，而沒有努力去清除「能量扭曲」，於是造成了長久的負面影響。

因此，當我們遇到不好的事，頭腦產生了一些負面的想法時，請記得這可能是「能量扭曲」造成的，不要輕易對自己或他人下判斷／評論。

讓自己有彈性／迴旋空間

這個現實世界（三維幻象世界）被刻意造成充滿「生存危機」的世界，我們每個人從小就必須上學，學校教育讓我們每個人每天有做不完的作業。在學校教育完成之後，當兵以及工作的生活（甚至婚姻生活）同樣也是每天做不完的工作，再加上經濟壓力等大量的「生存危機」，使得每個人（不論大人、小孩）都被生活壓的喘不過氣來。

你是否有時間／力氣去實現自己的夢想？

只有非常少數的人，工作就是在完成自己的夢想。大部分的人，夢想與自己的工作完全無關，因為工作只是為了獲得收入的必要手段，只是為了在現實世界存活下去（因應「生存危機」）。

因此，我們知道，這個現實世界就是設計成以「生存危機」為主體的世界。

你是否認同這樣的世界？你是否支持這樣的世界？

如果你還想要在這樣的世界實現你的夢想，那就需要先抽絲剝繭的把自己的生存權利找回來，讓自己除了工作、除了活著以外，還有額外的彈性、迴旋空間。

這是你可以給自己的禮物，你是否願意為了「消除生存危機」而許一個願？

你是否願意把「讓自己有彈性」這個目標排在工作、賺錢之上？

修復自己、清除「能量扭曲」

如果你願意下決心實現願望，以及讓自己擁有時間、身心上的彈性，那麼接下來就可以把時間花在修復「能量扭曲」上了。

「能量扭曲」修復之後，就會更容易實現自己的願望了。

「能量扭曲」就是所謂的阻力，當你想前進的時候，因為有阻力、摩擦力，於是前進的速度變的很慢，或甚至前進不了。（許多人的情況都是後者）

當我們想前進，卻前進不了時，就像引擎一直在空轉一樣，也就是所謂的「輪迴」。

如果能夠順利清除「能量扭曲」，也就能夠確保我們擺脫「輪迴」，而能夠揚升到更高的境界。所以，你能夠看出清除「能量扭曲」的重要性了嗎？

萊斯特以及海爾所教導的「釋放法」，讓我們在放鬆的狀態，去處理我們的「能量扭曲」，讓這些阻礙我們的能量展現在我們面前，並且放下它們，讓它們離開。

網路影片：（NewAge意識覺醒系列）Letting Go 放下 瑟多納 釋放法

海爾的三重歡迎法：「現在讓自己想一個人生中你一直想要改變或改善的情況，也許它與你和他人的關係有關，或與你的健康有關，或與你的金錢有關，或與這個世界有關。當你專注在這個情況上時，你能允許自己只是歡迎嗎？歡迎與那個問題有關的所有想法、感受、信念以及所有的一切，你能就只是盡可能地敞開和歡迎嗎？」

找回感動（想哭）的感覺

你有多久沒有感動（想哭）了呢？

感動（想哭）是一種高頻率的能量，當我們還小的時候，可能比較常感受到，大人則很少會遇到感動（想哭）的情況，而如果遇到，通常可以改變一個人的心態，使他（她）變的更有愛。

我們的心輪（脈輪）與愛有關，我們的社會被塑造成缺乏愛的世界，每天發生的事只會讓我們覺得辛苦、不滿、憤怒，於是長久下來，我們的心輪都處在扭曲的狀態下，並且許多人已經習慣這樣的世界、這樣的生活了。

如果能意識到這點，開始找回自己的愛（例如使用上述的釋放法），將會打開自己人生通往成功之路的通道。

如果一個人的心輪功能正常，他在許多小事都可以感受到愛，感受到感動（想哭）的情緒，並且時常覺得喜悅，經常看到笑容。

許願開啟自己的第三眼

我們的第三眼（額輪／眉心輪）會在條件允許時自動開啟，但是還是需要我們有意願，去允許這個過程。

因此，尼希亞南達 (Nithyananda)提供我們開啟第三眼的練習方法：

網路影片：尼希亞南達─第三眼冥想練習Third Eye Meditation

（開啟第三眼（額輪／眉心輪）有兩個步驟：

1. 把注意力放在自己的第三眼，想像自己的第三眼打開了，眼睛張開，並透過第三眼向外看

2. 閉上眼，想像有強烈的金光照向自己的第三眼，幫助開啟第三眼）

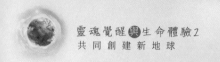

　　這個練習需要持續21天，在這個過程中，我們被引導去感知自己的第三眼，去使用第三眼，並使用宇宙能量來協助開啟第三眼。

　　這樣的練習不會有副作用，全部的過程都在我們的意願之下進行，也不會看到負面的東西。在我進行21天練習的過程中，我開始看到空間在流動（一眨眼就消失了）。之後，我感覺我的視覺變的很奇怪，我的精神似乎可以一整天維持在恍惚狀態，並且眼睛直視燈光不會覺得太亮。（這只是我的個人經驗，也期望看到你的個人經驗）

其他靈性相關的練習

　　在《射鵰英雄傳》中，全真教的馬鈺道長來到蒙古大漠見到郭靖，當時郭靖向江南七怪學武功，學了十年了武功還是沒什麼進步，看到馬鈺道長救小白鵰時輕功非常厲害，於是向道長求教。馬鈺道長為了不破壞武林的規矩，只教他幾招睡覺、呼吸的功夫。沒想到那就是全真教的「內功」，於是郭靖之後練武時突然大有進步，連他的師父江南七怪都打不過他。

　　可見，我們只要放鬆，讓自己身體的韌性在放鬆的狀態下完全發揮出來，就能達到許多一般人無法想像的能力了。

　　另外，我們也可以試著清除自身的「能量扭曲」的根源，「能量扭曲」的根源是一種能量形態、看不見的存在，但是可以透過冥想的方式來處理它們，讓自己達到前所未有的高頻狀態。

網路影片：移除乙太植入物和寄生體的一個方法

　　「我將要教授的內容可以完全消除寄生結構的影響，一旦這些系統消失，我們就能識別出真正的能量共鳴。這包括身體內能量的自如流動、消除不適和疼痛、恢復器官活力、保持年輕、頭腦的安靜－讓大多數人都認為這是正常的過度活躍的頭腦安靜下

來、暢通的經絡能量流動、以及打開內在和外在的能量覺知、打開對源頭和蓋婭意識的連接、內在的更高維度能力的啟動、以及在超覺中與你周圍的實相構建連接的能力。」

提升意識狀態的科技

在這邊所提到的科技，可能你會覺得很不可思議，但這些都是已經存在的科技，只是等待適當時機被公開，變成人民可以使用的科技而已。

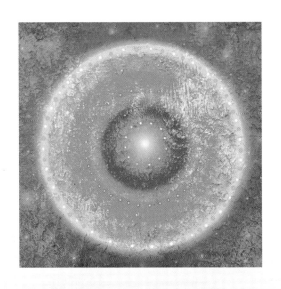

1. 超光速粒子艙 (Tachyon Healing Chamber)

超光速粒子艙是柯博拉 (Cobra)所提供的科技，能夠加速人類及地球的療癒。

網路文章：【好消息!!!最新超光速粒子艙啟用公告】

（透過超光速粒子艙可以讓大量非常高頻的超光速粒子（最接近源頭的能量粒子）突破帷幕的阻擋，直接傳送到地表來加速

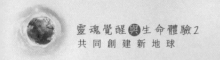

人類的療癒及星球的解放。）

2. 醫療床 (Med Bed)

醫療床（全息醫療艙）是被隱藏的祕密太空計畫 (Secret Space Program, SSP) 的科技，具有神奇的療效。

網路文章：【新】【療癒床】《全息醫療艙：癌症、疾病、症狀的終結》

（傑樂談論醫療床 (Med Beds) 可在3分鐘內使整個人體從頭到腳再生，這意味著一位80歲的女性，只需要不到3分鐘，她就可能再次回春到30歲。這樣的科技一直存在並被隱藏，是外星人賦予人類的珍貴禮物，以超光速粒子 (Tachyon) 和等離子體能量為基礎的。）

3. 羊胎盤

羊胎盤是「第五次元地球」（臉書社團）所提供的療癒項目，能夠讓身體恢復原本應有的健康平衡。

網路文章：為什麼羊胎盤是非常有靈性的物質

（羊胎盤是非常有靈性的物質，它是能連結及療癒身體精微體的介質，進入身體後會給身體一個訊號，產生奇妙不可思議的變化，讓身體恢復健康平衡的狀態，是大角星人及其他外星文明用來跟地球人連結交朋友的禮物。）

網路文章：《朋友詢問》羊胎粉，那不是要殺生嗎？

「一個原則，Take only what you need（只拿你所需要的），這些動植物都是無條件的愛著人類，羊胎粉澳洲已經賣10年以上了，是澳洲本來就有的產品，只是在這幾年有科學家發明舌下吸收（直通心臟），幫助全人類。」

網路文章：【羊胎盤的價值】- 第五次元地球

「『無條件基本收入』如果實施，全世界都能免費的使用，不用再多花你的錢，它是為2020年留下的人所準備的（留下的人都是頻率接近的人），所以跟上我們不要落下。」

關於人類的壽命

現在我們的認知，人類能活到70歲就已經很長壽了，而在遠古時代的人類，壽命可能比我們想像的還要長，以下舉幾個談到人類壽命的例子：

例1：

網路文章：聖經大啟示（呂應鐘）──舊約「創世紀」的大啟示2

「亞當的後裔都非常長壽，在洪水之前共有十代。壽命分別是：亞當活了930歲；其兒子塞特活了912歲；孫子以挪士活了905歲；曾孫該南活了910歲；瑪勒列活了895歲；雅列活了962歲；瑪土撒拉活了969歲；拉麥活了777歲；著名的的諾亞活了950歲。」

例2：

網路影片：蘇美王表，一塊石頭揭祕人類誕生的真相 - 老高與小茉

（蘇美王朝、巴比倫王朝、亞述王朝的每個王在位時間都有記載，在考古學能夠考證的範圍內都是精準的，而在之前，有許多在位超過數百年、一千年，在大洪水之前還有超過一萬年的記錄。這些王雖然可能是被我們稱為神的等級，壽命可能遠遠高於人類，但是也有壽命隨時間逐漸減少的趨勢在。）

例3：

在＜1-1. 歡迎來到M13星球＞我們談到諸葛亮墓中的石碑寫到：「先姜尚（姜子牙），後孫臏，五百年前諸葛亮，五百年後劉伯溫」，也就是說，諸葛亮和劉伯溫可能都活了數百年。同時，我父親曾提過，他認識的國家單位的人，告訴他說他見過劉伯溫（以劉伯溫後代的形象出現）。

在《名偵探柯南》劇情中，柯南吃了APTX4869的藥而從高中生變回國小一年級，所謂的「返老還童」的藥，作者是自創

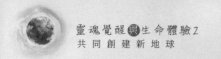
的？還是在揭露真實世界已經存在的科技呢？

　　那麼，大衛‧威爾科克 (David Wilcock)及科里‧古德 (Corey Goode)的《揭露宇宙》系列中，就有提到關鍵的技術。

網路文章：揭露宇宙文字版電子書159《被壓制的醫療》

　　（埃默里‧史密斯談論祕密實驗室發展出A2M蛋白能夠再生世界上最難再生的關節軟骨細胞，並且能讓細胞抗衰老；科里‧古德談到人類衰老的主要原因是太陽輻射以及引力場。）

　　以上一段，如果已經有人知道如何做出抗老化的科技？如果已經有人知道人類會老化的根本原因？如果老化不是自然現象，而只是一種在特殊情況下才會發生的現象？

　　如果這些是真的，那未來我們能期待什麼呢？

8. 人際關係的真相

你身邊是否有一些值得信任的人？你是否受到肯定、尊重、被信任？你和家人、朋友、生活及工作上遇到的人關係如何呢？

如果你覺得你的人際關係相當不錯，那麼你可能在地球上是屬於少數的人。大部分的人，在人際關係上都無法很順利。

吸引力法則是精準的，一個人身上拿著什麼樣的磁鐵，他就會吸引到什麼樣的東西。雖然我們不知道是誰、給我們什麼磁鐵，但是只要看看自己吸引到的東西，就可以知道自己帶有的磁鐵是「正面磁鐵」（總是吸引到好事）還是「負面磁鐵」（總是吸引到壞事）。

如果一個世界大部分的人都過著苦難的日子，那麼主導這個世界的人拿的磁鐵，必然是「負面磁鐵」。

現實世界的狀況

我們的人際關係被掌控了嗎？

我們每個人從小就必須每天上學，不但時間被掌控，能遇到的人也是可控的。（除非你像我家一樣每年搬一次家、轉學一次，並且還曾經（在父親的幫助下）休學才能獲得更好的經歷、體驗，也就是說，能夠有自由行動、自由體驗、擁有不同際遇的機會）

而學校畢業之後，所有人都在苦惱一個問題，就是如何能找到好的工作，讓自己有收入可以活下去。這就是強化「生存危機」的方式，這樣的環境可以確保每個人都無法找到滿意的工作、無法獲得滿意的人生。

許多人順利的找到了自己不滿意的工作，開始了職場生涯，並且與一起工作的人維持工作同事關係（也就是不是朋友、也無

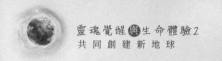

法完全信任的關係）。工作環境、工作氣氛等都是負面的能量環境，有社會經驗的人想必都不會把工作環境當成像家一樣，把一起工作的人當成完全信任的夥伴吧。

然而，即使我們的工作環境普遍處在負面能量的狀態下，絕大多數人還是必須一天至少8小時，處在那樣的環境之下，這對自己的吸引力、能量磁鐵，造成了難以修復的問題。

網路影片：工作迷思 - 別人告訴你的8個關於工作的謊言

（謊言：

1. 你很幸運有一份工作。
2. 你得到你應得的報酬。
3. 你需要一份工作才有生產力。
4. 好公司是好雇主。
5. 失業者就是懶惰。
6. 工作是生命的使命。
7. 每個人都需要（賺錢）謀生。
8. 如果你在學校努力學習得到夠好成績，那最後就有夠高薪資）

同時，許多人在父母、親戚的重重壓力下，選擇了結婚、生子之路。（如果你覺得你遇到理想的對象，並且非常喜歡自己所建立的家，並且非常喜歡小孩，能夠讓自己的家充滿溫馨的氣氛，家庭和樂融融，那顯然你不屬於此情況）

在此情況下，由於開銷增加，又可能需要買房子，因此向銀行借大筆金錢，從此過著背負債的生活。（那就更不可能停止工作了）

可見我們的生活在重重「生存危機」的假象轟炸之下，這樣有辦法享受美好的人際關係嗎？

內心的憧憬是什麼？

我們每個人對自己的另一半都有著幻想，想像著非常美好、與自己有著完美的默契、永遠相愛的關係。

這是為什麼呢？

然而，在現實生活中遇到的對象，卻總是無法像想像中一樣完美，因此，在兩性交往的過程中，總是留有缺憾。

在一起時間長了，有些人會習慣性抱怨自己的伴侶；有些人EQ比較高，相信人都是有缺點的，需要互相包容；而有些人則是看清對方不是自己需要的，選擇分離。

真正滿意另一半，並能相互結合，長久相聚，這種情況則相當少見。（但在每個人心中都存在這樣的想像）

靈魂的分裂與結合

這是大家耳熟能詳的道家觀念：

「道生一，一生二，二生三，三生萬物。」

網路文章：道德經中「道生一，一生二，二生三，三生萬物」是何意思？

「道生一，一是無極；一生二，二是陰陽；二生三，三是陰陽配合；三生萬物，萬物是萬事萬物。」

宇宙經過分裂而形成萬物，並且在分裂之前，先形成兩個對立的極性（陰和陽）。

同樣的，我們的靈魂也分裂為男性和女性，也就是說，原本是一個，分裂成男性和女性而變成兩個，各自成為不完整的靈魂。

但即使是這樣，由於每個人都是經由分裂而形成的「一半」，也就是說，宇宙原理保證了每個人都有自己專屬的「另一

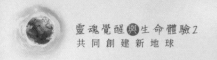

半」，稱為「雙生靈魂」。

所以，實際上每個人在追求的另一半，其實就是自己。

現實世界不允許雙生靈魂相遇

從當今社會的現況可以看出，默契良好並長久維持的夫妻、男女朋友，是世間罕見的，為什麼呢？

雙生靈魂就是兩個相同靈魂的一半，只要能結合，就能成為一個完整的靈魂，也就是達到揚升，這會產生強大的能量，瓦解我們當前的三維幻象世界，讓這些能量能夠重新組合，成為四維、五維的更高頻率世界。

網路影片：韓國楓之谷 RED 神之子 動畫 - 邂逅

（黑魔法師的軍團長蜘蛛王威爾為了阻止神之子覺醒，把神之子的另一半關在影子神殿，但是當她醒來，兩個神之子的力量一接觸，就產生了連威爾也阻止不了的強大能量，將影子神殿移動到其他人無法到達的時空）

所以，在現實世界中，如果雙生靈魂相遇，也不可能長久，很快就會受到負面能量干擾而分開了。（如果不是這樣，這個現實世界的黑暗、苦難早就不存在了）

這就是為什麼現實世界總是催促著我們結婚，為什麼建立一個家庭是沉重的負擔，以及為什麼相愛的美好總是只存在一瞬間。

現實世界並不自由，如果你自由了，你就不在現實世界中。

什麼是幸福？

每個人似乎都曾夢想過著非常美好的生活，和自己喜歡的對象在一起，並且和大家愉悅的相處。或者是世界如同自己所希望

的那樣，並且可以隨心所欲的創造世界。

幸福就是傳說中最美好的狀態。

然而每個人對「幸福」的定義都不同，每個人的願望都不同。

你可能曾經體驗過「幸福」，或者你正在體驗「幸福」。

無論如何，你可能對你的「幸福」有清楚的定義，也可能沒有。

如果你清楚自己怎樣會「幸福」，並且那個條件，是不用靠其他人的同意的，那是否會比較簡單、比較容易達成？（例如，我聽音樂會感覺到幸福）

你是否會常常讓自己體驗到「幸福」？

當你體驗到「幸福」，你不會需要太多的算計，你不會使用太多頭腦，而只需要簡簡單單的放鬆享受就可以了。

阻止幸福發生的實際手段

你是否曾經有過幸福的時刻？你的幸福持續了多久呢？

如果它後來消失了，是什麼原因造成的呢？

其實，這對於在現實世界的我們，是理所當然之事。（也有可能你並不在現實世界）

網路影片：如何化解衝突 - 來自《山達基手冊》

「山達基發現，人際關係有一條基本的自然法則，它解釋了所有人際衝突的根本原因：無論是什麼樣的爭執，衝突發生之處一定有一個未經察覺的第三者存在。」

也就是說，因為有負面能量的存在，它可能附在某個人的身上，而負面能量會產生衝突。

我們已經習慣待在充滿負面能量的場所，並且和充滿負面能量的人相處，因此不記得如何分辨負面能量的存在了，而是認為

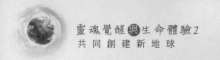

「這個世界就是如此，人與人之間總是會有摩擦、衝突」。

那是否有辦法可以遠離負面能量的影響呢？

如果你有淨化負面能量的工具（如水晶、寶石、甘斯、圖騰等），或者曾經淨化過自己的能量場，感受過沒有負面能量、或負能量減少的狀態，就比較容易分辨，所以尋找淨化的技術、方法，是可以提升自己的覺察力的。

如果你和你的伴侶有著不同的信念，會造成什麼？

男生和女生在家庭教育和學校教育就被教導成應該有不同的表現，男生被認為要強勢（大男人主義），而女生則要弱勢。

男生和女生常常關注不同的點，而男生和女生對愛情的需求也不同，因此總是黏在一起未必對雙方是最好的方式。

同時，社會對男生和女生的要求也不同，在課業及工作等壓力之下，要兼顧愛情並不容易，常常會變成需要取捨的局面，而不是相互合作克服萬難。

也就是說，社會對男女觀念的不同，有意無意就對兩性造成分化，使人們難以形成良好的合作、夥伴關係。

有些人適合一對一的相處方式，有些人適合一對多或多對多，也就是形成靈魂家族的相處方式。

本來這些方式都很好，能達成和諧、合作、良好的夥伴關係。

但是因為各自帶有不同的信念（再加上負面能量），而造成各式各樣不同的誤解、爭吵等，或者有一方選擇逃避，不面對現實，而採用劈腿、外遇等方式紓解壓力（但實際上的問題並未獲得解決）。

久而久之，人們也形成許多隱瞞、帶有欺騙性的意圖，來使自己得到安全感。（卻失去美好的人際關係）

然而我們知道，我們無法對自己隱瞞，無法欺騙自己。但是試圖隱瞞、欺騙他人，其實就是在試圖對自己隱瞞、欺騙自己。

如果一個人想要擁有美好的人際關係、良好的夥伴關係，最重要的就是對自己誠實，這樣別人才可能相信他。

和諧的能量總是被（負面能量）阻擋

你曾經和喜歡的人一起共渡美好的時光嗎？

似乎快樂的時光總是短暫的？

在金庸小說《天龍八部》中，逍遙派的掌門人無崖子原本和三位師姐妹一起切磋武藝、撫琴下棋，相處十分融洽，可是後來有兩位師姐妹因為感情而互相攻擊，融洽的氣氛轉眼間變成刀光劍影。後來無崖子和小師妹齊御風雙雙隱居在大理無量山，過著神仙一般的生活。十年之後，無崖子為了清除門下弟子丁春秋而離開無量山，結果卻被丁春秋偷襲而殘廢，後來在大弟子蘇星河的協助下，擺下珍瓏棋局來尋找接班人，最後把掌門之位傳給虛竹。

可見只要有負面能量的存在，和諧的能量是無法長久保存的，一段時間之後就必然會變成悲劇。

而有些人負面能量較少（福報較多），因此遇到事情就容易逢凶化吉，例如《天龍八部》中的虛竹和段譽。

負面能量會出現在哪裡呢？可能存在於某個人、事、物之中，或者存在於無形，看不見的能量中。

舉例來說，低頻的聲音、噪音容易讓人產生暴躁、易怒、充滿壓力等情緒，在我們平常生活的環境中（尤其是都市）路上總是充滿著低頻的聲音（例如各種車輛的喇叭聲、119、110、垃圾車等）。

除此之外，人的耳朵聽不到的聲音，一樣也可以對人造成影

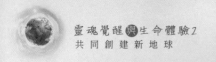
響,甚至是負面影響。

網路文章:魔音穿腦 古巴聲波攻擊出現鐵證

　　(古巴聲波攻擊事件出現重大關鍵證據,美聯社獨家取得疑似聲波攻擊的刺耳錄音,就是造成22名美國駐古巴外交人員受害的罪魁禍首。錄音也播放給第一手在古巴聽過的人。他們確認跟聽到的聲音一致。)

網路文章:【上帝之聲】腦控頻率技術武器化,反大藥廠的自然療法醫生遭警擊斃

　　(許多恐襲槍手、校園射擊手,在做案動機的回答中,皆稱「我腦中有一個聲音叫我去做⋯」然後就被媒體和醫院判定為「精神疾病」導致做案。被隱瞞的實情是「腦海中的聲音」確有其事,並且還是一項高端技術保密的軍事武器,科里・古德提到"上帝的聲音 (Voice of God)"技術可以對毫無戒心的人灌輸「腦中出現的聲音」。)

　　由此可知,有一些人(黑暗勢力)確實在研發這種把負面能量灌輸到人身上的技術,並將它們當做武器來使用。

　　然而,對於感知力較強的人,這種技術就有可能被發現,並被破解。

　　總之,我們生活環境中可能就有一些阻礙我們處在和諧人際關係中的一些負面能量存在,它們是否會被我們清理掉呢?

地球是女性能量主導的星球

　　女性能量就是像愛、關懷、滋養等,是地球上的每個生命都需要的能量。

　　在《靈魂覺醒與生命體驗》中,我們談論過「小草與大樹」的故事,柔弱的小草卻有著比大樹還強的韌性。同樣的,女性能量也是如此。當愛與關懷的能量充滿整個地球時,暴力將不再允

許發生。

　　因此，長久以來，女性的力量總是被壓制，男性一直占據主導地位。而當女性想要掌權時，想要壓制男性時，展現出來的力量卻還是男性能量：剛強、爭勝。

　　真正的女性能量是非常珍貴的愛的力量，當我們給自己愛，我們變的有自信，而有自信的人是不會去壓制他人的，而會尊重自由，尊重所有人以及萬物的自由。

　　當我們真正信仰自由的一群人相聚時，當我們尊重彼此，互信互助，以此方式建立和諧的夥伴關係時，同時將負面能量清理乾淨，然後將和諧的能量場長久保持，就可以讓新地球成為一個天堂般的世界了。

9. 這是一個顛倒的世界，
   你其實早已擁有一切

　　本篇來談論我們每個人都很重視的一些價值，例如金錢、時間、生命等，在整個社會的洗腦教育下，我們對這些價值的理解都是顛倒的。例如金錢的存在就是為了讓我們沒錢（買不到想要的東西）；時間的存在就是為了讓我們沒時間；生命的存在就是為了讓我們的生命變的短暫、會死亡等等。另外也會談論像健康、智慧、才華等一些在人們心中重要的價值。

金錢的存在就是為了讓我們沒錢

　　首先，我們可以思考一下，金錢的功能是什麼？它是讓我們用來交換（買）我們需要／想要的物品或服務的。
　　它是我們每個人，每天都會用到的東西。
　　那麼，你想買的東西，是否都能買到呢？
　　我想，絕大多數的人（90%）都沒辦法隨心所欲的買自己想買的東西（因為都太貴了），我們所擁有的金錢總是不夠。

於是，大家自然而然會認為，要在這個世界生存下去，就必須每天不停的工作才行，否則連食物都買不起，連活下去都有困難。（雖然大家也知道有億萬富翁的存在，卻不知道他們怎麼成為億萬富翁的）

網路影片：懶人包：2分鐘看無條件基本收入制

「無條件基本收入簡單概念：

1. 保障人們基本生存權：讓你在沒工作時也能活下去
2. 無資格限制：無條件配給基本收入給每個人
3. 逐夢的機會：不必為了經濟壓力而被迫從事不喜歡的工作」

網路文章：大量的現金轉移研究，結果驚人

「海外發展研究所發布了迄今為止最大的現金轉移計劃分析，涵蓋15年的數據和165項研究。長期的計畫結果顯示：人們在獲得基本收入後，貧窮的指標不斷降低，工作參與度提高了！儘管現金轉移政策，與純粹的基本收入有所不同，但研究提供了強而有力的證據，顯示給予基本收入極有潛力成為消除貧困的關鍵工具。」

很明顯的，無條件基本收入 (UBI, Unconditional Basic Income) 會讓貧富差距變小，也就是讓有錢的人的優勢變的沒有那麼大。因為大部分的人雖然不會成為富翁，但是因為沒有缺乏生活必需品、食物等，所以不用低聲下氣的幫老闆做事，而有錢人／老闆將會失去所有乖乖聽話的勞工，所以誰會支持、誰會反對？應該很容易了解。

那麼無條件基本收入 (UBI)的錢從哪裡來呢？

網路文章：法國聖母院的災後捐贈，是一齣展現貧富差距的社會寫實劇

CARL KINSELLA：「假如在這七十億人以上的世界中，有兩個人可以在六個小時內，拿出三億歐元修復聖母院，那代表有

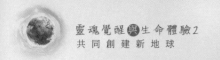

足夠的錢餵飽每一張嘴，庇護每個家庭，教育每個孩童。但是不那麼做和意志、和這個世界的系統有關」

這邊帶出無條件基本收入的概念，這是一項可行、具有潛力的政策，一旦它實現，人民的消費能力將會增加，而金錢將失去原有的功能：讓90%的人都買不到想買的東西的功能。

那麼，如果人人都買的到想買的東西，金錢還有存在的必要嗎？

網路文章：【新】【光之兄弟群體】20170830《未來社會中金錢將不復存在》

（在未來新社會中，人們會互相幫助、互相分享，那樣的世界是不需要金錢的）

因此，當人們普遍處在豐盛的狀態時，金錢將總是夠用的，久而久之，將不再那麼努力的去追求金錢了，於是金錢的價值就會漸漸被人們所淡忘。

時間的存在就是為了讓我們沒時間

從上述金錢的討論，你是否發現人們對金錢的概念是剛好相反的？「有錢」就是豐盛？很可能剛好相反。金錢的存在就是會讓人拿命去換，於是，失去了自由、自主權。

那麼時間又如何呢？

你是否體驗過，當你不在意時間的時候，一切是那麼的自然，心情是那麼的愉快。

而當你習慣於看時鐘、手錶、手機時，也許是因為待會有工作要完成、有會議要開、要搭火車等等，於是，心情變的緊張，變成一直在趕時間。

也就是說，當我們發現時間的存在，我們就處於沒時間的狀態了。

　　這是怎麼回事呢？

　　難道我們所認知的這個「時間」的概念，本身就是一種負面的能量？

　　也就是說，我們本來的狀態，是沒有時間限制的，我們擁有無限的時間。

　　但是當時鐘、手錶、手機上的時間等技術被發明出來之後，我們變成所有的一切都要照著時間走，而失去了自由、自主權。（和金錢的例子相同）

　　而當科技愈進步時，時間從天變成小時，從小時變成分鐘，從分鐘變成秒，因而大家都說「分秒必爭」。

　　那麼，時間的真相到底是什麼呢？

　　未被扭曲的時間觀念是什麼呢？

　　其實，關於時間的真相，就是「時間並不存在」。所有的創造過程，在自然的速度下進行，在完美的狀態下被創造出來。

　　如果這個過程中，沒有一個老闆一直在催你進度的話，你還會那麼在意創造的過程，速度太慢或太快嗎？

　　因此，「時間不存在」並不是指一切都是靜止的，而是指「沒有時間限制」的自由狀態。

　　我們將在〈2-10.時間的本質〉進一步探討。

生命的存在就是在強調它會凋零

　　關於「生命」的真相也很有趣，我們許多人從小都被教導「生命」是一種特殊的存在，它與「無生命」的物質（例如石頭）是不同的。有「生命」的東西是活的，有知覺的。

　　然而，仔細研究的話，即使是被我們當成「無生命」的存在，也可能可以和人交流。

網路文章：新世界中礦物、植物、動物與人類的關係

「目前在比較短的一段時間之後，在新世界中生活的人們將能夠真正與礦物界交往。他們將能夠看到礦物的美，他們的眼睛將允許他們看到這種美，此外他們還將在某種意義上感知到礦物們的靈魂。“靈魂”這個詞並不完全適用，因為礦物沒有像人那樣的靈魂，但不管怎樣它仍然具有一個特別的能量、一個生命的能量。我們想說的是，在它之中正如在所有存在之物中一樣，有著神性火花。」

在＜1-1. 歡迎來到M13星球＞我曾經談到我拿到如意寶珠（天狼星石），想要幫它取名字的時候，它發出一個聲音說：「小波」，並且那剛好是《幽遊白書》裡面主角幽助分身的名字。

所以，有「生命」、能交流的存在，可能比我們想像的多很多。

那麼「生命」又到底是什麼意思呢？

其實，在我們現實世界「生命」的含義，代表他們有一天會死亡。也就是說，雖然文字本身沒有這樣解釋，但我們每個人都知道「生命」是短暫的，並且總是會害怕死亡。

（因為現實世界教導我們的「生命」隱含著死亡，所以才把礦物及其他自然物質定義成「無生命」。）

而真相是整個宇宙都是活生生的生命，具有意識。

所以我們這些擁有「生命」的生物，其實真正的含義是：我們的「生命」是短暫的。也就是說，「生命」一詞，本身又是負面的含義了。

網路影片：【震撼】世間萬物的壽命，地球上唯一“永生”的生命 - 老高與小茉

（燈塔水母是唯一永生的動物，從卵、幼年、青年、老年之後，又變回幼年，具有返老還童的能力，所以理論上不會死）

可見如果真的有抗老化、返老還童的技術的話，人類的壽命

是可以大大提高的。

在那樣的世界，人類對死亡的恐懼就會降低很多，生活也會更加美好。

健康 V.S. 成為苦力

你是否希望自己是自由的呢？

我們平常能夠接觸到的健康概念，主要是規定人們的飲食（什麼可以吃、什麼不能吃），以及規定每天的作息，並且要經常做大量的運動。

就像時間的例子一樣，我們本來都是有無限時間的，但是進入了現實世界，變成充滿「時間限制」的狀態了。

那麼，會不會我們本來都是很健康的，進入了現實世界，跟隨健康概念去生活，每天按專家建議的吃、睡、運動之後，勉強維持不會太差的身體狀態，來負擔每天必須的工作量？

當然，市面上還充滿了許多有害身心健康的飲料、食品。只是怎麼連被我們遵守的健康概念也可能不是在幫助我們的呢？

兩個觀念，你相信哪一個呢：

1. 我本來就是健康的
2. 我需要非常努力才能勉強稍微健康一點

如你所知的，你相信的就會成為現實。

如果你一直以來只試過某一種方式，那麼現在是不是嘗試新方法的時機了呢？

什麼是「智慧」

在聖經中提到亞當和夏娃的故事，蛇引誘亞當和夏娃吃智慧之樹上的果實，結果他們吃了之後，長了眼睛（肉眼），能分辨

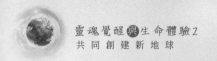

善惡，於是被神趕出伊甸園。

網路影片：內在與外在的聯繫Part 3 - 蛇與蓮花

「如果我們讀吠陀經和埃及的傳統，發現亞當和夏娃的故事中，守護生命樹的蛇其實是昆達里尼（人體的靈性能量），蘋果代表外部感官世界的吸引和誘惑，讓我們遠離內心世界的知識。這棵樹是我們自己的能量經絡，在整個身體內部形成樹形結構。在我們滿足小我的外在慾望時，也就切斷了從內心世界獲取知識的路徑，以及和阿卡西(Akasha)和智慧之源的連接。」

於是我們可以發現，人類原本是「合一」的狀態，吃了智慧之樹上的果實（蘋果）後，具有了分辨善惡的智慧，換句話說就是從「合一」的狀態分裂成「二元性」的狀態，所有事物被分成有善有惡。

因此，我們至今仍然走在揚升之路上，而揚升就是從「二元性」的狀態，回到「合一」的狀態。

所以，「智慧」是什麼呢？智慧居然是讓我們降到更低的能量頻率的狀態，進入到充滿苦難的世界。

也就是說，「智慧」同樣也是負面的含義，降低（而不是提高）了人類的狀態。

那真正的智慧到底是什麼呢？

當一個人能夠和整個宇宙交流，能夠吸收源頭的能量，獲取來自源頭的知識和訊息，那他是不是能獲得無限多的能量和資訊呢？

所以有句話說「大智若愚」（這句的「智」就是指真正的智慧了），為什麼有智慧的人和我們現實世界所說的「聰明」完全不同呢？

而智慧的英文是Intelligence，它剛好也是「情報」的意思。（CIA - Central Intelligence Agency是美國的中央情報局，而不是中央智慧局）

　　難道，能夠獲得情報的人，就是有智慧的嗎？（如果你的情報來源是宇宙神聖源頭的話又如何呢？）

　　可見要成為有智慧的人，與其拼命的工作，還不如單純的接收訊息（放鬆、冥想），成為一個良好的接收器。

　　也可以說，當你丟掉你的「智慧」（指二元性、分辨善惡），你才能真正獲得智慧。

每個人都有不同的才華

　　我們因為受過許多的教育，許多人已經不相信自己有才華了，總是很羨慕有才華的人（例如畫家、音樂家、演說家、運動選手等）。

　　這同樣也是因為現實世界的關係，我們原本擁有的能力，透過教育而使它們無法被看到，也無法發揮。

　　愛因斯坦說：「每個人都是天才，但如果你靠爬樹的本領評斷一隻魚，那隻魚會一輩子相信自己很笨。」

　　那麼，我們的教育做了什麼呢？

網路影片：【教授鼠鼠】世界的真相EP2──學校存在的價值

　　「學校原本是為了訓練人們進入工廠工作而創立的，所以學校讓你們學生一排排整齊坐好，叫你們安靜坐好，講話要舉手，給你們一點短暫時間休息、吃飯、上廁所，一天8個小時告訴你們只能思考什麼，還有讓你們為了得到排名而競爭。學校的存在，讓人聰明到能操作工具，但又笨到不懂得思考。」

　　所謂的才華，就是我們每個人的天賦，我們每個人獨特的地方。

　　而我們從學校教育開始，到了當兵、進入社會之後，一直都在教導我們，把自己跟別人不一樣的地方（個性、才能）去除掉，只有不要與眾不同，才不會給自己和團體帶來麻煩。

　　把自己的特殊性修掉之後，每個人就都像工廠生產出來的產品一樣，全部都長的一模一樣。（這樣自然可以避免人們的才華表現出來、發揮出來了）

　　從以上這些討論，你是否了解到，這是一個顛倒的世界，你其實早已擁有一切呢？

　　如果你願意，你可以從現在開始找回原本屬於你的所有東西、能力，期待你能發現一個屬於你的全新世界！

10. 時間的本質

在你的世界，時間是怎樣運作的呢？你是否處在被時間追著跑的狀態？

我們如何感知「時間」的存在呢？

古人用日出、日落來描述時間，並形成一天的循環。而四季（春、夏、秋、冬）則形成一年的循環。

也就是說，「時間」是藉由事物的變化來感知到的。

我們也可以用沙漏來描述時間：

因此，當事物有變化時，「時間」就被我們感覺到，也才具有意義。

然而，我們現代人對於「時間」的概念，已經將「時間」從「事物的變化」中獨立出來了，認為「時間」是固定的，並且所有人都體驗到相同的時間。

原本「時間」自己並不具有意義，它只是用來描述事物的變化而已。

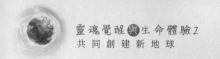

　　而現在我們則是把「時間」當成標準，當成限制，例如我們會規定需要在多少時間之內完成一件事。因為我們認為在自然的狀態下，許多事情不會被完成（被認為是因為懶惰），所以需要用強制的方式要求完成它們。

　　也許有些重要的事真的需要要求自己才有辦法完成，但是長久以來卻造成我們的時間愈來愈少，生活步調愈來愈快，需要完成的事也愈來愈多（根據80/20法則，其中只有20%是關鍵重要的事）。

　　當我們愈重視「時間」，我們就愈遠離自然、放鬆的生活，這是為什麼呢？

　　如果你是一個想要獲得自由的人，嚮往無拘無束的自然生活，那麼你就會發現，因為我們把注意力放在虛假的「時間」，所以創造出一個「非自然」的世界、「非自然」的生活方式。

　　只有當我們放掉對「時間」的要求，我們才能真正重獲自由。

時間是流動的能量

　　其實，時間並不是像許多人認知的那樣，是完全固定不變的。

　　時間也只是在流動的能量，跟著世界的變化一起流動，而每個人在不同的狀態下，感覺到的時間快慢也不一樣。（辛苦、痛苦時感覺時間特別長，快樂的時光總是覺得短暫）

　　當我們覺得累了，趴著或躺著休息一下。有時一醒來，只過了5分鐘，有時卻過了1~3小時。

　　我們感知的時間快慢，和這世界的時間，未必是相同的。

　　佛家入定時可以三天三夜坐著完全不動，但這並不代表他自己的時間也過了三天三夜，甚至可能感覺只是一瞬間就過去了。

《環遊世界80天》的故事中，由於福克一行人旅程一直向東跨過國際換日線，所以多出一天的時間，使他們得以在預定的80天返回英國倫敦。（可見時間並不是固定不變的）

現實世界把時間變成一種限制

我們許多人每天都有做不完的功課、工作，它們的數量是如此之多，以致於我們永遠沒有足夠的時間把任務完成，更不用說還要讓自己充分休息、處於放鬆的健康狀態。

在學生時代，我們有做不完的回家作業、許多的考試，有些追求成績的人會在晚上、放假時到補習班接受更多的學習、作業、考試，這些都會讓自己長期處於「沒時間」的狀態。

而進入職場工作之後，許多人除了上下班要花通勤的時間之外，每天工作時間至少8小時以上，並且有著永遠也做不完的工作，有些人甚至需要經常加班。

「時間」是反映事物的變化的，而太多的任務則會壓縮時間，讓許多人長期處於「沒時間」的壓力狀態，得不到心靈上的自由。

在《駭客任務》中，母體 (The Matrix)的世界完全是虛擬出來的，把千千萬萬的人困在母體之中，人們的「時間」則被用來為他們自己創造充滿苦難的世界，對一個文明而言，不會有任何進步，也就是處於不斷輪迴的狀態。

而在《新楓之谷》的「Glory - Borderless」劇情中提到，楓之谷世界一直以來是由三位超越者（神）建立平衡的世界，但是超越者們卻是被人為創造出來，把人們困在虛假的世界中，人們不斷花費「時間」所做的事，對真實的世界一點幫助都沒有。並且在魔法森林的漢斯把超越者封印世界的機關破壞掉，於是楓之谷的三個世界便合而為一。

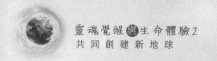

時間緩衝──時間線

當我們不要刻意強調「時間」的存在，所有事物的發生都有著它們的過程，一步一步的進行。（這其實才是「時間」真正代表的意義）

而從意念創造的角度來看，當我們有了一個念頭，其實就產生所有將發生的事的結果，只是這個結果需要按照時間慢慢的播放出來而已。

這就像一部電影的錄影帶／影片檔一樣，其實早已記錄了所有的劇情，只是當我們想要看（體驗）時，需要按照影片的時間順序將它播放出來，才能夠被我們所理解。

網路影片：時間只是「幻象」，過去、現在與未來均同時發生（Spacious Present）！

（愛因斯坦的相對論提到「時間」和相對速度是有關的，以某個速度遠離會看到過去，以某個速度接近則會看到未來，也就是說，過去、現在與未來其實都是同時產生的。）

所以，「時間」其實就像一個緩衝器一樣，把原本已經設計好的劇情，讓它慢慢的，一點一點的播放、進行。

而這部錄影帶／影片檔就是事先設定好的劇情，我們稱為「時間線」。

「時間」做為緩衝，只是減慢整個創造過程（劇情）發生的速度，而不是瞬間所有變化、所有結果都產生出來。

所以當現實世界的「時間」元素愈強烈，創造的速度就會愈慢。

也就是說，我們心想事成的速度就會愈慢，愈不容易讓事情依照自己的期望進行。

因為有「時間緩衝」，原本創造只要產生意念即可，現在變成要讓意念維持一段相當長的時間，才能確保我們希望的結果產

生出來，難度大為提高。

　　反過來說，如果你想要能夠心想事成的話，是不是可以往「減少時間緩衝」的方向思考、進行呢？

　　你是否有試過，當你不在意時間，或是做著自己想做的事時，「時間」是否過的特別快呢？

　　在自然的狀態下，心情愉悅、輕鬆的情況下，時間是否過的比平常還快呢？

　　這說明什麼呢？有「時間」、強調「時間」的狀態是不自然的，這種情況下，時間就會過的很慢，因為「時間緩衝」的效應增強了。

　　而當我們處在自然、愉悅、輕鬆的狀態下，「時間緩衝」的效應則會減弱，那時心想事成的效果就會特別明顯。（這也是一個人真正活著的狀態）

處於五維狀態就可以融合不同的時間線

　　從我們的歷史來看，可以發現有許多的戰爭，世界各國的人民都在苦難之中生存。

　　因此，我們一直以來的這條時間線，是負面的時間線，衝突、苦難、貧窮、缺乏是地球的人們主要的關注點。

　　這樣的趨勢是否會有變化呢？是否會有正面的時間線呢？

網路文章：一張圖弄明白從零維到十維空間

　　「比如說，你大學畢業參加工作，工作了5年，現在是一名經理，那麼四維空間裡你只能看到大學畢業的你以及成為白領的這條時間線上的你。　如果當初你初中畢業就去學烹飪，現在是一名廚師。那麼這就是另一條時間線上的你。在五維空間中，你可以看到成為經理的你，也可以看到成為廚師的你。總結的說，五維空間，你可以看到你未來的不同分支。」

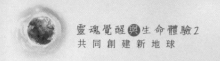

　　第五維度的人們可以看到兩條不同時間線，並且融合所有的經驗。

　　例如，我們如果看到一條戰爭的時間線，以及一條和平的時間線，戰爭的時間線導致最後大家用核武器互相攻擊，使地球無法再住人；而和平的時間線則是大家一起把核武器消滅掉，從此不再有戰爭，不再互相鬥爭，而是互相分享資源。

　　那麼，這世界是像平行宇宙一樣，兩個時間線都存在？還是兩條時間線會互相融合在一起，依據集體意識的期望來選擇其中之一？

　　科學上的平行宇宙理論，有點在強調你只是許多個你的其中之一而已，你並沒有掌握選擇的主導權。在這個平行宇宙的你，和其他平行宇宙的你之間是沒有關係的，你在這裡做了A選擇，其他的你可能做了B選擇（或更多選擇），然後互相過著不同的生活，得到不同的結果。

　　而時間線融合的概念，則說明不管在任何時候，你都是有主導權的。你永遠可以根據你所收集的情報，做出最好的選擇。也就是說，選項A和選項B的可能性都是存在的，但是我們的集體意識會做出選擇，讓其中一個變成現實。（量子理論也支持這個觀點）

　　例如，當我們不斷選擇配合母體 (The Matrix)的三維幻象世界（現實世界）來生活，承認生活中的辛苦、苦難、缺乏都是真的，在這過程中我們就收集了許多寶貴的經驗。

　　但是在我們心中一直存在更好的結果，和平、友善、富足的生活環境等等。如果今天集體意識選擇這樣的世界，讓它們成為現實，那麼現實世界是否就會有所改變呢？

　　如果有足夠多的人，選擇讓世界發生巨大的改變，成為一個沒有黑暗、負面力量的世界，根據吸引力法則，世界是否會回應這些人的期望呢？（當然黑暗會盡全力阻擋）

　　真實的平行宇宙觀念是：每個人的世界都是一個平行宇宙，自己擁有100%的主導權，並且可以自由體驗和其他人不同的世界。

　　所以，如果你想要創造正面時間線，只需要經常在心裡這樣期待就可以了，想像一下天堂般世界的美好，並且感受一下自己情緒產生的變化，也許你就在創造新的世界了。

時間旅行真的存在嗎？

　　在《哆啦A夢》中，小叮噹和大雄可以坐時光機（Time Machine）去到過去或是未來，而小叮噹則是從未來的22世紀回來幫助大雄的。

　　在其他例子中，時間旅行發生的案例並不少，只是仍然沒有得到人們普遍的重視而已。

網路影片：這才是真的未來人，精準預言三年後將要發生的事——老高與小茉

　　（有一個普通的日本宅男，在3年前準確預測了新的年號：
「明治大正昭和平成令和，沒有違和感。」，由於他不像有些未
來人大張旗鼓的出來說自己是未來人，也沒有在做預測，只是很
平實的把感想寫出來，所以真實性就更高了）

　　另一個例子是，在〈2-4. 夢境的真相：世界（宇宙）只是造
物主的一場夢〉所提到的影片《【震撼】這是一部解開所有宇宙
之謎的影片 | 老高與小茉 Mr & Mrs Gao》。

　　（一個經歷瀕死體驗的人，回到小時候在河邊玩耍的場景，
看到了小時候的自己和姐姐，喊了「危險」救了他和他姐姐，於
是了解到小時候救了他們的聲音是誰了，就是未來的自己。）

　　如果時間旅行、穿越時空是真的，那麼我們如果回到過去，
並對那個時間的世界造成影響，又會如何影響現在與未來呢？

世界（能量）如何發生改變

　　在《駭客任務1》，尼歐一行人重新進入母體 (The Matrix)去
見先知，在返回途中，尼歐突然看到一隻貓走過去，然後馬上同
一隻貓又走過去，於是尼歐說了一句：「噢，（這一幕）似曾相
似。(Oh, deja vu)」。

　　而崔妮蒂（Trinity)則說：「通常電腦有變動才會看到似
曾相似。(A deja vu is usually a glitch in the Matrix when they change
something.)」

　　這大概就是對世界發生改變最好的描述了。

　　如果我們和世界是相連的，如果整個世界是一個集體意識、
一個整體、合一的意識，那麼當世界發生改變時，我們也能夠感
受到前後有些不同、不一致的地方。

　　什麼是似曾相似／即視感 (deja vu)？

　　似曾相似 (deja vu)是我們感覺到在記憶中出現了某種特別的

畫面，而我們卻想不起來這畫面和我們過去的經歷的任何關係，這可能就是世界正在發生改變的線索。

如果世界發生改變，我們可能會感覺到有些不同，例如我們對某些事的感覺，原本很害怕的事變的不那麼害怕了；出現了某些原本不存在的記憶；或者某些記憶變的模糊、再也想不起來等等。

如果所有的一切都是能量，包括時間也是能量，那麼當能量發生重組時，會對整個世界產生什麼樣的改變呢？

曼德拉效應：許多人對同一件事都有著錯誤的記憶，並且不是人為竄改的。

網路影片：曼德拉效應的十大證明

（《星際大戰5》電影中，加入黑暗的天行者達斯・維德(Darth Vader)對路克說：「不，我就是你的父親。(No, I am your father.)」，但是在許多人的記憶以及有些相關的線索中，那句話是：「路克，我是你的父親。」(Luke, I am your father.)。）

（在《駭客任務1》電影，尼歐第一次見到莫菲斯時，莫菲斯手中拿著藥丸，對尼歐說：「讓我告訴你你為什麼來這裡。(Let me tell you why you're here.)」而這句話在許多人的印象中並不存在。）

如果這些記憶錯亂的現象，不是人為欺騙造成的，那難道是整個世界發生了改變嗎？

你所體驗到的世界是什麼？

如果世界是客觀的存在，那麼它與你沒有任何關係，不管你做什麼，都不會影響到這個世界本身。

而如果它並不是一個客觀的存在，而是與我們的意識相連的話又如何呢？

那我們是不是可以用自己的內在、心靈的力量，就可能去影響整個世界？

　　如果世界與我們的意識相連，如果我們正在創造世界，那麼，原本只有一個存在的神又是如何創造一個無限大的世界呢？

　　其實，就像我們用兩面鏡子面對面，就可以產生一個無限的畫面了，這也就是所謂的「投影」技術。

　　如果時間也是一種「投影」技術，那麼其實永遠存在的就只有現在、當下而已，其他的都是投影出來的。

　　在《新楓之谷》「艾靈森林 (Ellin Forest)」劇情中，玩家坐時光機回到過去，進到艾靈森林（過去的魔法森林 (Ellinia Forest)）時，產生了時空異常，原本在艾靈森林的人（卡奧）就被玩家取代了，但周圍的人都沒發現，因為玩家和卡奧長的一模一樣，而只有赫麗娜和魔法師知道真相，玩家是來自未來的卡奧。因為在同一個時間不能出現兩個卡奧，所以卡奧就被瞬移到時間神殿了。

　　所以當世界發生改變、自我重組的時候，它會以符合世界規律的協調方式發生，大多數人並不會察覺，只有細心感受、重視內在的人才能察覺世界前後的細微差異。

　　時間也是能量，也可以被重組，過去可以影響未來，未來也可以影響過去。（與理性邏輯不同，能量沒有先後順序的關係）

11. 處在5D狀態，
把巧合／幸運當成基本資產

　　我們知道，有一些運氣很好、命很好的人，遇到了生命中的貴人、獲得大量的金錢、成就感、或者是得到一段美好的關係（緣分），這都是非常令人羨慕的事。

　　在我們的現實世界，巧合／幸運的事似乎是那麼遙不可及，甚至有許多人努力工作，卻沒有足夠好的運氣，而無法過著自己夢想中的生活。

　　世界上有少數掌握著巨大資源的人（社會精英），他們有無限的金錢，可以買到幾乎所有他們想要的東西，但是對於無形的東西，例如：時間、成就感、一段美好的關係等，卻仍然難以買到。

我們是來到黑暗中的光

　　所有一切都是能量，而能量就是光，熱能、電能、磁力等都只是光的某些面向，仍有許多我們看不見、感覺不到的面向。

　　也就是說，我們本來具有很強大的能量時，能夠隨心所欲的讓事物成為我們希望的樣貌。

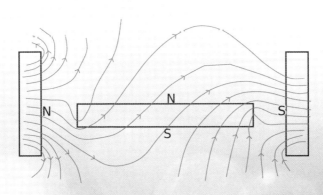

　　但是由於我們來到了地球，這個三維幻象世界是隨機、混沌的世界，如果我們的光太強，會讓所有的隨機、混沌消失，所以我們是先降低自己的能量頻率才進來的，以避免自己能量太強，對這個世界形成巨大的影響。

　　所以當我們來到地球，我們抑制了自己與萬事萬物共鳴的力量（消磁），也因此隨機、混沌的力量才能顯現出來。

隨機、混沌就是黑暗

　　關於混沌（混亂），從水結晶的實驗可以看出，混亂的能量會破壞水結晶的晶體，使它變成破碎、無序的形狀。

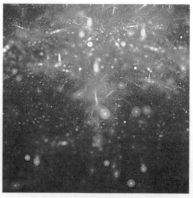

　　在一個團體中，製造衝突、混亂的人，被稱為害群之馬、一顆老鼠屎打翻一鍋粥等，都是在說明混亂對於整體的危害是巨大的。

　　正面能量顯現出來就是會讓人感覺優美的、美麗的、美好的，而被混沌影響後則會破壞原有的美感。

　　同樣的，隨機的意思就是把原本整齊的東西打亂，例如原本積木排好的城堡，要破壞它的美感，是否很容易呢？只要把積木弄亂就可以了。

隨機（黑暗）對日常生活的影響

那什麼事情牽涉到隨機（隨機函數）呢？例如大家常玩的大樂透、彩券、抽獎等都有隨機的要素在裡面。

可見這些事都有黑暗力量介入，拿不到獎是當然的。

為什麼有隨機因素的事物，就是有黑暗介入呢？

黑暗介入的結果會是什麼呢？

以我們的情緒來說，黑暗（負面）的情緒是什麼呢？傷心、沮喪、憤怒等，是不是負面情緒呢？

所以當抽獎的時候，有黑暗介入的結果就是，我們感覺到傷心、沮喪、憤怒，而什麼情況我們會有這些感受呢？抽到的時候？還是沒抽到的時候？

如果原本是30%的機率，也就是平均抽3次會中一次。而當你抽的時候，抽了10次也沒中，你會有什麼感受呢？

像這些都是實際發生過的例子，黑暗如何引發人們的負面情緒？

如果遇到EQ好的人，不容易被激怒，那麼黑暗的力量就會讓更誇張的事發生（例如30%抽20次也中不了）來激怒他。

大部分的人，就會陷入自己情緒的低潮之中，難以自拔。

而有些比較敏感的人，在試了幾次之後，會發現到是系統有問題，並想要提出質疑、反抗整個系統。

你可能會問：難道所有有機率性（隨機）的事物、遊戲，都受到黑暗的掌控嗎？

其實基本上就是如此。

如果說光的力量就像是有磁場一樣，周圍的事物都被意識的磁場能量吸著走，讓整個世界的所有成員，都在一個美妙的氣氛中，

那麼黑暗的力量，就是打亂這個美妙的氣氛。（也就是隨

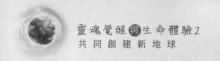

機、混沌）

但是，長久生活在混亂的世界中，也許就不容易發現，有黑暗的力量在操控。

這就需要一個人曾經有接觸過美好的世界，並且記憶沒有被刪去（或是突然恢復記憶也可以），那就有可能會發現問題。

網路影片：實測-用這個技巧玩剪刀石頭布可以完爆對手

（玩剪刀石頭布，和一般人的認知相反，蒙上眼睛的勝率反而是相當高的，可以避免頭腦加上心理情緒的複雜因素，產生許多干擾。）

許多遊戲因為含有隨機（黑暗）的因素，黑暗力量在某些特定的時間點會突然變強。（也就是在舒曼共振的能量變強的時間點）

在那些時刻，因為能量變強，光和黑暗的力量都增加了。但是因為人們的體質，比較容易被黑暗的因素吸引過去，因此通常都是感覺到黑暗變強了。

如何擁有令人羨慕的好運氣？

從以上的討論，我們可以知道，巧合是隨機（黑暗）的世界裡的產物。

為什麼呢？因為在天堂／五維的世界中，沒有隨機（黑暗），所有的一切都必然會如你所願。

在天堂世界中，有非常多的人（神）想要幫助你，每個人都肯定能遇到生命中的貴人。

在天堂世界中，每個人都擁有自己的雙生靈魂，想要有一段美好的關係非常容易，這是神在創造我們的時候，就已經具備的設計。

在天堂世界中，你有什麼想要的物品？它們都可以很輕易的

被製造出來。（複製機，或者3D列印的技術都可以辦到）

在天堂世界中，所有的知識／技術都是公開的，你想學什麼都可以。

（在《駭客任務1》，崔妮蒂 (Trinity)想要學開直升機的技術，於是由母體外的總機輸入直升機駕駛技術的程式到崔妮蒂的頭腦中，只花了3秒就學會了，這也許就是我們即將擁有的先進科技之一。）

所以，為什麼在我們這個現實世界，要擁有好運氣那麼困難？

這個現實世界的規律，就是只有10%的人才能擁有資源，即使是大樂透、彩券、抽獎也都繼承這個金字塔體系的原理，所以中獎機率永遠是那麼的低，使絕大多數的人都是看的到，吃不到。

你同意這樣的世界規律嗎？你認同自己是90%平民，永遠拿不到大獎嗎？你認同這樣的設計嗎？

如果有人認同，在現實世界裡玩大樂透、彩券、抽獎，並且從來都沒有拿過獎，那麼這並沒有違背自由意志法則，因為當事人同意。

但是，絕大多數的人，並沒有被告知自己有選擇的權利。

你是否願意玩一個中獎機率低於10%的遊戲？

還是你願意玩的是一個中獎機率接近100%的遊戲？

這兩種情況，能夠創造出來的人生，是完全不同的。

前者永遠不會得到一個滿意的生活，而後者卻可以。

前者是非常黑暗的遊戲，而後者是一個非常光明的遊戲。

當你選擇進去玩的時候，其實結局就已經確定了。

不過，我們在任何時候，都可以重新選擇。（這點對我們非常有利）

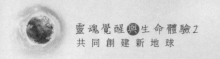
如何開啟一段奇幻的冒險旅程？

在《祕密——吸引力法則》中提到，當我們使用吸引力法則時，就像在夜晚開車一樣，我們只需要看到前方100~200英呎，卻可以一路開到目的地。

也就是說，我們需要去相信，相信我們值得，也能夠靠著直覺，就能知道我們需要做什麼來達成我們的夢想。

在現實世界，任何事似乎都有標準做法、標準答案，例如我們應該如何投資理財、應該買什麼樣的房子、有了工作之後要考慮結婚生子等。

在這樣的環境，你會發現我們對自己的事不但沒有決定權，甚至根本做不到標準答案所要求的事。

例如：「我們如何最有效率的完成每天的工作？如何在三小時內完成？如何在上午10點以前完成一天的工作，使得剩下的時間可以用來投資自己？」

如果你做的到，那麼恭喜你有一個美好的人生；而如果你做不到，那麼這些事是否變成生活中的壓力呢？

也就是說，有些人的例子是，上司總是不滿意我們的工作成果，使得我們永遠無法確認自己工作是否已經做完；而另一些人的例子是，上司會在任何時候塞工作給我們做，使得我們的工作永遠沒有做完的時候。

像這樣的事（例如工作），只會帶來負面的情緒（沮喪、心理壓力），因此永遠不可能是我們的夢想。

能夠成為夢想的事，必定是給我們帶來快樂、喜悅的。如果我們能把那樣的事當成夢想，然後運用吸引力法則去實現它們，那將會為我們的生活帶來許多重大的改變。

因此，如果你想要築夢，你會需要有足夠的彈性，而不能是所有時間、精力都被工作、家庭綁死。

　　然而，讓自己有足夠彈性，這也是愛自己的表現，也是一個人的基本生存權利，雖然在我們的世界可能早已不受重視了。

　　<u>也就是說，一個理想狀態的人，會給自己有足夠的彈性、足夠的自由，在這樣的狀態下，是完全能夠實現自己的夢想的。</u>

　　如果你能給自己這樣的狀態，那麼接下來就是慢慢的、由小到大的，去實現自己的所有夢想。

　　當你開始築夢，你會發現你不需要去符合惱人的上司、老闆的要求了，因為這完全就是你個人的夢想，你只需要照你的想法做就可以了。

　　於是，標準做法、標準答案通通不見了，你不需要再向別人解釋「我這樣做的理由是什麼」了。

　　<u>不需要有理由，因為這就是你想要的，你就是想要（這個結果、這個過程、做法）。</u>

　　<u>有足夠的彈性，並體驗自己主導的世界，建立自己夢想中的世界，這是每個人都具有的基本權利。</u>

奇幻冒險實例

　　當「追逐自己的夢想」變成主流，我們會發現，每個人都有不同的夢想。

　　有些人選擇當YouTuber（YouTube頻道／直播主），分享自己的知識或經驗：

影片訊息來源：老高與小茉 Mr & Mrs Gao（YouTube頻道）

https://www.youtube.com/channel/UCMUnInmOkrWN4gof9KlhNmQ

　　有些人選擇生產靈性科技產品：

訊息來源：圈圈｜Circle Space

　　https://reurl.cc/n0MGD8（短網址）

　　有些人選擇當療癒師，或專注於傳授靈性知識：

影片訊息來源：Hello Anna Tarot 安娜塔羅

https://reurl.cc/14WN3G（短網址）

有些人選擇出版書籍，將自己的知識經驗記錄下來與人分享。（我也選擇了這種方式）

有人選擇分享內心的豐盛：

網路影片：餐館開了1個月，卻沒1個客人，然而女老闆卻一點都不著急《海鷗食堂》

另外，也有人選擇改善生態體系：

網路影片：讓大象為你Morning Call！全球首間與大象同住的民宿

以下是關於我自己的故事。

我玩《新楓之谷》的過程中，運用了一台不常用的筆記型電腦，登入一個角色並在技術村第3頻道掛機。因為那個角色戴著「大家的任務帽子」，每個人每天都可以按角色頭上的燈泡，領取「每日禮物」，久而久之，技術村第3頻道變成許多玩家每天上門的場地。我也沒想到燈泡送的禮物對許多玩家是有幫助的，並且到後來還成為其他YouTuber的話題人物：

網路影片：【新楓之谷】【神祕】增加經驗值的所有物品取得方法第二集

「好啦，我們來到3頻技術村，因為3頻技術村都會有一個人，他定時就會掛在這邊給大家點。」

我在2018年1月26日開始經營部落格，我使用Google的Blogger來建立自己的部落格「雙星(龍大)的分享區」，我除了經常更新地球局勢相關訊息之外，也將第一本書（靈魂覺醒與生命體驗系列）、第二本書（靈魂覺醒與生命體驗2系列）放在部落格內，供大家線上閱讀。（喜歡實體書的朋友則可以從書店購買）

然而，令我感到意外的是，部落格中的文章居然在世界各地被閱讀：（至2020年7月13日的數據）

地區	閱讀次數
台灣	24064
香港	11970
美國	2682
日本	878
未知地區	564
馬來西亞	518
韓國	361
加拿大	316
德國	231
烏克蘭	170

　　當我完成「靈魂覺醒與生命體驗系列」的所有內容，開始規劃出版書籍時，我在網路上找到了白象出版社：「不需出版社審核，人人都能出自己的書」。

　　許多人聽到出書，都會想到：出版社願意出我寫的書嗎？

　　因此，我的出書過程可以如此順利，都要歸功於白象出版社，讓普通人民也可以出書。

　　我的經歷，是不是一種巧合／幸運呢？

　　然而，我做的到的事，你同樣也可以，這並不需要什麼高深的技巧、也不需要認識什麼有名人士，靠自己的意志就可以完成。

　　在出書過程中，出版經紀人告訴我一個內容相當豐富的免費授權圖片網站：Pixabay

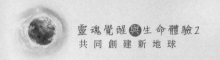
　　並且網路上存在大量的免費資源，也就是無版權（或版權過期）可供自由閱讀的資訊：

網路文章：如何在網路上搜尋公眾領域作品？

　　從這些我們可以發現，「分享」對於一個文明的進步，是多麼重要的事。如果我們可以取得所有我們所需的資訊、資源，那麼我們就會非常豐盛，這有賴於一個社會的許多人願意分享他們所擁有的資訊、資源，給大家共同來使用，並建立一個豐盛（而非貧窮）的社會。

　　當我們開始築夢，接納更多、更高的可能性，並且對所有到來的一切保持開放的心態（而不是只專注在現實世界的某些結果），你的人生可能會有很大的轉變，而你所需的一切也會隨著你的意志而到來，使你的人生變的多采多姿。然後我們可以把這份喜悅以及我們所獲得的一切豐盛分享給他人，漸漸的整個世界也都會有所改變，變成可以讓大多數人都能體會到巧合／幸運，並將它們當成每天的早餐。

第三部
真相拼圖

1. 我的訊息來源

　　林肯說過：「你可以暫時蒙騙所有的人，也可以永久地蒙騙一部分人；但是，你不能永久地蒙騙所有的人。」

　　為什麼需要有真相？

　　在現實世界中，要獲得真相，似乎比登天還難。也就是說，我們平常所接觸到的大部分資訊，都不是真相，而是受到控制的訊息。

　　所以，對大部分人來說，真相是難以下嚥、難以接受的。

　　因此，若要讓真相得以被公開，揭露的人也需要按部就班進行，讓民眾有時間消化訊息。

　　在〈第三部 真相拼圖〉中，我們將會談論到更多關於真相的訊息：

　　在〈3-1. 我的訊息來源〉（本篇）我們將分享關於真相的訊息來源。

　　在〈3-2. 地球故事與勢力介紹（光明與黑暗）〉及〈3-3. 金字塔體系（奴役人民系統）〉，我們將說明地球局勢的背景故事。

　　在〈3-4. 你不知道的計畫，影響著你的日常生活〉及〈3-5. 幻象世界（母體）的邊界〉，我們將說明黑暗的一方採用哪些隱密的方式控制地球，以及我們可以如何找到母體 (The Matrix)的突破口。

　　在〈3-6. 宇宙知識與靈性科技〉、〈3-7. 幻想世界是真實存在的〉以及〈3-8. 新地球預言〉，我們將談論許多被隱藏的美好事物、世界、以及正在發生的變化。

為什麼人們會被欺騙呢？到底什麼是真相？

許多人終其一生，都只在很小的範圍內生活、工作，而他們所知道的世界，是從教科書、電視、新聞這些受到嚴格管制的媒體接收的資訊。

你是否質疑過這些內容呢？

你可曾聽說過有人質疑教科書、電視、新聞的內容？如果有，他們後來怎麼樣了呢？

而如果你習慣從網路（互聯網）取得資訊，那麼你能獲得的資訊會更多樣化。

但是，人們都還是有常用的網站，並且只會瀏覽自己的常用網站。

如果想要得到新的資訊來源，除非我們在入口網站（例如Google）中嘗試去尋找、在YouTube的推薦影片中不小心看到、或是在社群網站（例如Facebook）不小心看到，才有可能擴充自己的知識來源。

而在入口網站中想要搜尋，也需要知道關鍵字才可能找的到。

（難道Google、Facebook就不會控制你所能看到的訊息？）

所以其實想要獲得真相訊息，還真的不是那麼容易。

取得良好訊息來源的方法

黑暗的訊息來源是為了少數人的利益來報導，並且總是捏造虛假的事來抹黑關鍵人物、帶風向，讓人們被虛假／非關鍵的事物吸引。

而光明的訊息來源則是為了大多數人的利益報導，並且總是堅持報導真相，希望人們被真相所吸引。

　　你是否發現，這兩種人常常混淆不清，就是因為他們做的事從表面上是看不出差異的。

　　然而，真相是可以經得起時間的考驗的。

　　虛假的訊息總是在達成目的之後，就需要利用各種手段努力讓眾人遺忘，例如繼續製造其他話題等。（但這需要有心人持續追蹤才可能發現）

　　如果在資訊公開透明的情況，根據訊息來源的意圖，就可以清楚知道它們是不是我們所需要的。

　　但是因為許多的主流媒體並不會公開自己的意圖、他們為誰發聲、背後支持的勢力等，使得一般民眾永遠也搞不清楚，他們是否值得信任。

　　所以，取得良好訊息來源的方法之一，就是要了解訊息來源的意圖及目的，如果符合自己的意圖和目的，就是值得信賴的訊息來源。

　　而對於沒有明確說明意圖的訊息來源，你是否還願意相信它們呢？

　　依賴單一訊息來源是危險的，如果它意圖欺騙你，你將被斷絕與真相的連結。

　　所以，取得良好訊息來源的方法之二，就是取得多個不同的訊息來源，並多方驗證。（雞蛋不能放在同一個籃子裡）

　　不過，我們不要小看黑暗的力量，以為他們不會找大量的人來抹黑關鍵人物。

　　事實上他們絕對辦的到，畢竟他們人數雖少（只有10%），但是他們的資源（多於90%）卻遠多於大多數人。

　　而如何能夠分辨訊息的真假？我們可以重視訊息來源的真誠、以及透明度。

　　因為關於真相訊息，本來談論的人就相當少，所以有太多事無法向人求證。這時對訊息的分辨能力是相當重要的，而非

主流的訊息來源（例如新聞），不會只是用千篇一律的方式描述，而會談論更多心裡的想法、讀者可能產生的疑問、有興趣的觀點或相關話題，例如：我如何得知這件事的、我知道A、我不知道B、我猜測C等（誠實的描述所談論之事，而不是去誤導民眾），有助於讓整件事的全貌更清楚的呈現，讓讀者有更多的線索來判斷事情的真假，並更加了解。

取得良好訊息來源的方法之三，就是擴散。

當我們終於有一個、兩個相當可信的訊息來源之後，他們就可以持續源源不絕的提供重要的真相訊息。

並且根據他們的真相訊息（可能大部分都是我們從來沒聽說過的），我們隨著時間進展會一直發現、開發出新的訊息來源，這樣我們對真相的了解就會不斷增加，就像擴散的原理一樣。

為什麼看不到真相？為什麼事情的真相不被報導？
是沒有人知道答案嗎？

你相信我們是處在黑暗主導的世界嗎？

如果我們是在光明的世界，那也不用尋找真相了吧？因為光明的世界不會隱藏真相。

而黑暗統治的世界，當然就會把真相（光）隱藏起來。

那麼，他們是怎麼做到的呢？

別忘了黑暗擁有的最大資源就是金錢、統治世界的權力等，所以只要能被金錢收買、官方的機構等，都很難有真相出現。

因此，真相只會出現在個人可以主導的空間，例如網路、部落格。

即使在自由、民主的國家，談論真相的人如果沒有做好保護措施，同樣會被掌權的人追殺，即使沒有生命危險，也會被剝奪言論自由。

　　而我所能取得的真相訊息來源，主要是在2016年年底第一次發現之後，就不斷如雨後春筍般的出現在我眼前，並不需要認識什麼有名人士。（所以你也可以做到）

　　而基於吸引力法則、自由意志法則，有強烈意願想獲知真相的人，就容易被吸引到真相訊息；如果沒有強烈的意願，很可能就不會看到。

　　像這種依照不同意願而會看到不同世界的原理，正是宇宙用來區隔不同維度世界的方式。

真相訊息來源簡介

　　我所接觸到的真相訊息來源大致分為「地球大轉變」、「大揭露」、「靈性提升」等，以下分別介紹。（你可依自己的直覺來判斷是否相信它們）

　　1. 地球大轉變訊息

　　這類訊息來源的主要目的是協助地球正在進行的大轉變，並讓大眾了解轉變的過程與現況。

　　A. 柯博拉 (COBRA)：

　　柯博拉告訴我們所謂的「事件」(The Event)即將發生（太陽閃焰照耀地球），會讓整個地球在很短時間內經歷巨大的轉變。

　　「"柯博拉(Cobra)"是昴宿星轉世為地球的某個人類，Cobra為其代稱（由Compression breakthrough"壓縮突破"而來）。其與昴宿星人一直有面對面的直接接觸，他／她是抵抗運動官方的公開聯絡人。」

　　（網路文章：國際黃金時代團隊 - COBRA介紹）

　　B. 144000

　　大陸微信公眾號144000發布許多關於地球大轉變的文章，並透過144000部落格呈現在網路上。

訊息來源：144000

https://rmgcrccrzh.blogspot.com/

這個訊息來源有時發布一些關於中國的爆炸性訊息，文章就會被微信封鎖，到最後連帳號也被停權了。（可見真相的重要性，值得我們接收和保存）

C. 阿斯塔指揮部 (Ashtar Command)：

「阿斯塔指揮部是銀河聯盟在地球周圍的特種部隊，成立宗旨就是解放地球。第二次世界大戰之前，阿斯塔指揮部船艦都在金星周圍。二戰之後光明勢力取得了重大勝利，因而阿斯塔指揮部把艦隊調往地球軌道周圍。」

（網路文章：【地球盟友Cobra】2012年10月2日訊息【銀河聯盟】）

《銀河光之家族》一書充滿了阿斯塔指揮部關於地球大轉變的訊息，以及關於揚升所需的完整知識。

阿斯塔指揮部也透過其他通靈人和我們分享地球轉變、地球局勢現況、及維持高頻率能量的心靈指引等資訊。

例如：

網路文章：【新】【全線閱讀】20180706《阿斯塔－準備實現靈性的提升》

網路文章：【新】【全線閱讀】20191026《來自阿斯塔訊息：整合的三個階段》

2. **大揭露** (Operation Disclosure)

這個類別的訊息來源主要目的是揭露被黑暗隱藏的知識，包括地球與外星文明的交流、黑暗勢力隱藏的黑暗計畫、大規模逮捕計畫 (Mass Arrest)、被隱藏的高科技等。

A. 大衛・威爾科克 (David Wilcock)、科里・古德 (Corey Goode)

大衛・威爾科克和科里・古德曾一起在蓋婭電視台的《揭

露宇宙》系列中進行揭露（大衛是主持人，訪談科里），談到許多關於科里‧古德親身經歷的祕密太空計畫 (Secret Space Program, SSP)。

然而，在2018年大衛‧威爾科克辭去蓋婭電視台的主持人身分（可見蓋婭電視台也受到黑暗影響了），後續仍然舉辦研討會，並持續報料。

網路影片：揭露宇宙第一、二、三季 - 這就是真相

B. Q、匿名者Q (Q Anon)

Q是英文字母中的第17位，在聖經中代表「上帝完全的得勝」，2018年6月，美國時代雜誌公布了25個最具影響力的網路人物，而其中就有一位沒有大頭照的Q。Q在2016年的美國總統大選中，幫助川普獲勝，並自此展開拆除美國黑暗勢力之路：

網路影片：視頻（重要3部）- WE are the PLAN（Q從美國人的角度解釋"陰謀集團／深層政府"）

雖然有很多人不相信川普（即使是光之工作者團體），但是Q想要將美國重建為一個真正的共和國，他們的計畫很順利的在進行：

網路文章：川普的驚天祕密-Q 系列

Q和川普似乎以某種神祕的方式通訊（Q傳遞給川普）：

網路文章：川普的驚天祕密-Q (2)：水很深

（文章中提到，Q提供公開訊息和網友互動，甚至有網友想要驗證Q和川普的關係，Q請川普在推特用"WONDERFUL friends"造句、有網友請川普用"tip top"造句等，都確實發生了。）

我們是否能通過這些資訊，看到移除黑暗勢力、推動全球金融重置 (Global Currency Reset)的線索呢？

C. 新聞報料者

我所接觸到的著名人士有：本傑明‧富爾福德 (Benjamin

Fulford)、郭文貴 - GNews等，前者主要報導世界範圍內光明與黑暗勢力的局勢現況；而後者則以揭露中國共產黨為主要目標。

訊息來源：GNews

https://gnews.org/zh-hant/

3. 靈性提升

這類訊息來源專注於提供個人的揚升指導給所需要的人，讓他們可以協助地球揚升到第五維度，並更順利的渡過大轉變。

A. 揚升大師 (Ascended Masters)

已經從地球揚升並持續幫助地球人揚升的存有，例如撒南達大師 (Master Sananda)，也就是我們熟悉的耶穌。

聖哲曼大師 (Master Saint Germain)，曾轉世過的身分有白魔法師梅林、法蘭西斯・培根、以及聖哲曼伯爵等，為地球人準備了聖哲曼基金，在全球金融重置時供所有人使用。

阿斯塔大師 (Master Ashtar)，也就是阿斯塔指揮部的指揮官 - 阿斯塔・謝蘭 (Ashtar Sheran)，和我們許多人的高我一起在飛船（新耶路撒冷號）工作：

網路文章：阿斯塔指揮部訊息【我們在母艦上的家】

B. 尼希亞南達 (Nithyananda)

他是印度的一位大師，曾接觸過巴巴吉（活到2000歲的聖人，可以顯化出肉身讓人看見），並獲得「尼希亞南達」(Nithyananda)的名號：（和耶穌撒南達 (Sananda)的名字有共通之處）

網路影片：尼希亞南達遇上巴巴吉並得到他的名號

尼希亞南達經常談論如何讓自己獲得自由、喜悅、開悟等靈性教導，有時也會談論大轉變將會發生的事。

C. 天使 (Angels)、大天使 (Archangels)

據說天使是神的傳話人，而大天使麥克、大天使麥達昶、大天使加百利…等，經常提供靈性以及揚升相關指引，幫助人們更

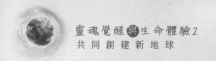

容易看向自己的內在，並持續提升。

D. 大角星人

「大角星人是銀河系中科技和靈性發展最為先進的地外文明之一；他們也是我們人形生命體高度進化後的楷模。大角星人非常智慧以及樂於助人，一直以來致力於幫助其他地外文明在科技和靈性方面成長。」

網路文章：掌控地球的6個外星人 - 大角星人

E. 巴夏 (Bashar)

外星人巴夏(Bashar)自從1984年開始，透過岱羅‧安卡(Darryl Anka)進行通靈傳訊，至今提供大量豐富的靈性教導，並且以問答的方式，回答現場聽眾的許多疑難雜症。藉由這樣的方式，巴夏(Bashar)已經引導許多人走向心靈、覺醒之路，並對地球大轉變產生很大影響。

F. 克里昂 (Kryon)

磁力服務克里昂來自於一個被稱作Quadril 5的磁性宇宙，通過李‧卡羅 (Lee Carroll)以通靈方式傳導訊息，幫助人類覺醒、獲得更高覺知、以及提供地球轉變相關訊息：

網路文章：克里昂是誰？來自哪裡？ Kryon's Origin

G. 光之兄弟群體

光之兄弟是我們靈魂的兄弟姐妹，他們持續陪伴我們渡過大轉變時期，並且提供靈性上的指引，來與我們交流。

資料庫計畫

以上訊息來源所提供的資訊（以及更多未列出的訊息來源），在過去三年中被我收錄下來（持續更新），並加以分類整理，就成為了「資料庫計畫」，一個我希望分享給你的禮物。

我過去因為一個特殊的經驗，去到M13星球參觀，之後我得

以發現我目前所知的這些訊息。

而這些訊息，我很確信，我生活中周遭的人很少有人知道。

如果你對真相訊息有興趣，如果你還沒有機會獲得這些訊息，那麼現在就是一個機會。

如果你已經知道一些真相訊息，那麼或許現在是一個交流的機會，你和我都可以把各自獲得的訊息分享出來，那麼我們可能都可以從中受益。

這就是我想分享「資料庫計畫」的原因，而這項工作還得要克服一個困難，就是網路上許多爆炸性的真相，因為對權貴精英的威脅太大，經常貼出後過一陣子就被網路系統管理者藉故刪除，因此保存或備份資料對我們一般人民來說，是相當重要的，它可使更多想看的人，能夠在他們想看的時候隨時可以看到。

如果你有興趣但從未接觸過這些類型的訊息，你可以憑感覺任選一個來看，或許就有意想不到的收穫了！

2. 地球故事與勢力介紹（光明與黑暗）

　　所謂黑暗勢力，就是企圖維持地球的隔離和控制，讓地球人無法自由、必須辛苦為他們少數人而工作（工作內容自然就是將地球維持在黑暗、負面的狀態）。

　　而光明勢力就是致力於解放地球的存在，讓地球人可以重獲自由，不用再過著缺乏、飢餓、疾病的生活，不用每天為了討生活而工作，可以開始追求自己的夢想，擁有夢寐以求的豐盛，物質生活不再短缺，可以過著充滿藝術文化、音樂、心靈提升的生活。

黑暗／黑暗勢力真的存在嗎？

　　也許很多人會這樣懷疑，雖然大家在電影、動畫可能都看過，但可能很少人想過那些劇情居然有可能是真實的。

　　然而，這世界卻存在大多數人都不知道，或從未接觸過的領域。「暗網」(Dark Web)正是其中之一。

網路文章：Google 找不到的互聯網「暗網」古怪網站大揭祕

　　「其實『暗網』都是互聯網的一部分，根據研究顯示，最廣泛流傳的內容是非法的兒童色情與黑市交易，包括瀕危絕種動物的交易。不過暗網當中少不了大量稀奇古怪的人和網站，有暗網用家更形容，暗網是一個混著罪犯，最古怪的跳蚤市場。暗網上除可找到各種祕密文件、色情網站及駭客教學，更能找到各種各樣奇怪商品。」

　　因此，我們找到了一個例子，是黑暗主要的活動場所，那個世界是否有著大量的活動？這些我想許多人都無法驗證吧。

祕密社團的存在

　　黑暗勢力存在的另一個線索就是「祕密社團」，例如光明會（Illuminati）：

網路文章：光明會——第四大廳

　　「光明會的標誌是在金字塔的頂端有個眼睛。這個標誌的由來是埃及，被稱為「神之眼（Eye of Providence）」。這個標誌是表示權力構造的等級制度和監視所有一切的支配者。」

而同樣的標誌也可以在早期發行的美鈔一元上看到：

　　為什麼一個政府發行的鈔票，上面會印著一個祕密社團的標誌？你是否會覺得奇怪呢？

　　難道「影子政府」(Shadow Government)和「深層政府」(Deep State)是真實存在的？

網路影片：美國中情局特工 凱文‧希普 賭上身家性命揭露影子政府

　　（凱文‧希普談到影子政府是政府當中的祕密架構，包括中情局和國安局，轄下是深層政府。深層政府是一個結構龐大，金流動輒幾百億到幾兆美元的金融控制矩陣，包含了軍工複合體(Military-Industrial Complex, MIC)。影子政府利用不受制約而且違反憲法的保密權力運作，並和深層政府密切合作在幕後控制著我們的民選政府。）

　　《駭客任務2》和《駭客任務3》，在母體 (The Matrix)有一位非常有權勢的「程式」，叫梅若寶基恩 (Merovingian)，曾經把先知 (The Oracle)殺掉，逼迫她換另一個身體出現。

　　而梅若寶基恩 (Merovingian)卻是在光明會中實際出現的一個真實人物：（第13個家族）

網路文章：BBC 光明會的13個血脈家族

　　「……9. Rockefeller 洛克菲勒家族，10. Rothschild 羅斯柴

爾德家族，11. Russell 羅素家族，12. van Duyn 范杜尹家族，13. Merovingian (European Royal Families) 梅若寶基恩（歐洲皇室家族）……」

（也就是說，很可能先知被殺是在真實世界發生的事，而不是電影，也就是演先知的演員被殺）

除了光明會之外，還有耶穌會、共濟會 (Freemason)、骷髏會等祕密社團的存在，它們的活動都是鮮為人知的。

（而再更深入則需要探討到外星文明的部分，也就是地球上所有被隱瞞的真相，包括爬蟲人、天龍人、以及奇美拉 (Chimera)的存在——柯博拉 (Cobra)經常提及的——等，也就是當前地球真正的主人。）

光明勢力介紹

首先要說明，並不是祕密社團都是黑暗的。

如同《星際大戰3》的劇情，黑暗大帝的陰謀得逞，大部分的絕地武士都被殺掉了，只剩下尤達大師 (Master Yoda)、歐比王 (Master Kenobi)、天行者的兩個小孩路克 (Luke)、莉婭 (Leia)。因此，他們必須要祕密行動，否則會被黑暗大帝發現。

1. 阿加森網路 (Agartha Network)
網路影片：地心文明的存在

（在地球許多地方，有著通往地心的「九大入口」，其中最廣為人知的是南極和北極，地心世界似乎不是像地表一樣處在第三維度，而是更高維度，所以在那些地方，都會發生神奇的事）

網路文章：地下城市的祕密 一

（文章中提到幾個著名地下城市的名字：阿加森網路 (Agartha Network)、香巴拉 (Shambhala)、泰勒斯城（Telos，又譯桃樂市）等，其中泰勒斯城可容納200萬人。）

地心文明例如阿加森網路似乎是在亞特蘭提斯 (Atlantis)文明沉沒後，便在地下建立的與世隔絕的世界。

你可能會懷疑，在地底、地心真的可以住人嗎？

以下幾個例子可以說明。

第一個例子是伊隆·馬斯克 (Elon Musk)的「高速地下隧道」：

網路文章：【高速隧道】馬斯克「高速地下隧道」時速達248公里，擬2020年賭城營運！

（地下隧道由於是立體的，效率及潛力都比在地表的平面道路來的好）

第二個例子是在科里·古德親身經歷的【揭露宇宙】訪談提到了地心世界。

網路文章：【宇宙大揭露】(36)《地心之旅》

（女祭司Kaaree帶領科里參觀神奇的地底世界，地底人用全光譜照明、全自動水耕系統、水晶礦物土壤生產高頻能量的農作物，科里並看到如人間仙境般的地底花園、植物、飛禽走獸、飛碟造型的飛行器，可以直接穿越岩石、洞穴牆壁。）

也許地心的環境真的是超乎我們想像，也許是更高的文明，只是和我們隔絕開來，就好像是不同的世界一樣。

那麼，怎麼樣是更高的文明、更高維度、更高的意識狀態？

以下《阿納絲塔夏》一書的內容，描述的是俄羅斯的世外桃源：

網路文章：阿納絲塔夏 - 進食就該像呼吸一樣（第一篇）

「阿納絲塔夏的飲食方式

她通常不是半裸就是全裸；吃雪松子、一些草葉、漿果和香菇。香菇只吃乾燥過的。雪松子和香菇都不是她自己搜集的，而且她也不會去做保存食物的動作，甚至是儲備過冬。這一帶為數眾多的松鼠都替她準備好了。（節選自《鳴響雪松1：阿納絲塔

夏》）」

　　從以上的例子，我們可以看到，和自然結合的生活方式，就是最好、最高意識狀態的生活方式。

　　2. **正義軍** (Positive Military)

網路文章：【光明勢力系列37】【地球盟友Cobra】正義軍

　　「正義軍是沒有共同領導人的鬆散組織，主要動機是恢復人類的主權和自由，尤其是在美國。

　　【地球盟友Cobra】2012年4月17日訊息【簡介光明勢力與黑暗勢力】」

　　在美國廣為人知的Q（Q Anon、匿名者Q）正在緊鑼密鼓的行動，對有在關注Q的人來說，他們在公開的行動；而對於一般民眾，則仍然是對Q一無所知。

　　Q的行動已經到了黑暗勢力急於要把他們的嘴巴封起來的地步。

　　3. **銀河聯盟**

網路文章：【光明勢力系列4】【地球盟友Cobra】銀河聯盟

　　「銀河聯盟是所有種族平衡且較鬆散的組織，他們在逐漸擴展銀河能量光網格，他們來到了地球，就在周遭，來幫助地球重獲自由，他們也來幫助人類加入銀河聯盟。」

　　舉例來說，柯博拉 (Cobra)和昴宿星人 (Pleiadians)有聯繫；柯里·古德 (Corey Goode)和藍鳥人 (Blue Avians)有聯繫。

　　銀河聯盟的飛船通常使用高科技隱形，因此人們無法看見，但有時他們會現形，讓民眾拍到：

網路影片：昴宿星液態流光飛船(Pleiadian Liquid Light Ship)

　　（影片中可以看到彩虹雲正在不正常的變換形狀，就像是光飛船展現他們的高科技，並且讓民眾拍攝）

　　4. **龍族** (Dragon Family)

　　我們中華民族被稱為「龍的傳人」，因此，我們自己可能就

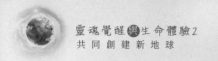

是最了解龍的人。

中國古代皇帝以龍為象徵，例如皇帝坐的椅子叫「龍椅」。

網路影片：龍之家族(Dragon Family)

（地球上有很多龍之家族；白、綠、紅、藍，有很多種顏色。有些龍之家族源自於西方，也有東方的。有些龍之家族比較正面，也有些源自於古老的中國皇族。台灣是其中一個擁有強大龍族之力，而且跟東方阿加森網路淵源很深的寶地。台灣是龍之家族的大要塞，他們在幕後進行工作，他們在台灣策劃新金融系統。）

另外，每週地緣政治新聞報導的本傑明・富爾福德(Benjamin Fulford)是白龍會的成員。

從這些故事我們可以看出一些線索，關於龍之家族的存在，以及關於台灣這個地方，很可能就有著許多有趣的故事、不為人知的祕密等。

光明與黑暗戰爭的歷史事件

我們從一些過去發生的事，來看看光明勢力與黑暗勢力活動的一些跡象。（當然，這邊只會稍微談到一些，如果你有興趣深入了解的話，可以參考「資料庫計畫」中的大量內容）

1. 甘迺迪總統暗殺事件

關於這個暗殺事件我想大家都很耳熟，不過暗殺的真正動機卻一直被隱藏。如果當時沒有暗殺甘迺迪總統，他準備要做什麼事呢？

網路文章：最新的證據顯示：瑪麗蓮夢露曾計劃要揭露甘迺迪目睹幽浮墜毀的事實

「近期發現和公布的一份新證據資料中，證實了一份已洩密和真實的中情局文件，這份資料據稱是夢露在1962年8月4日離奇

死亡前與友人的竊聽檔案。竊聽檔案內容關於夢露曾計劃要召開記者會，試圖揭露甘迺迪總統曾告訴她，關於他參訪一處機密空軍基地時，親眼看見了不明飛行物墜毀的殘骸。」

可見甘迺迪和瑪麗蓮夢露都曾經想要公開外星人的真相，但是都還沒公開就死了。

（雖然有些網路訊息說甘迺迪可能是光明會13家族之一，但是他卻想要揭露被隱藏的祕密。可見光明或是黑暗無法只看身世就分辨出來，而是要看實際的意圖和行為）

由此我們發現，有許多資料，藉由被列為機密的方式，防止巨大的陰謀被世人看到。

2. 2001年9月11日 - 911事件

除了先前我們已經討論了911是一場設計好的攻擊行動之外，又是什麼原因使得黑暗勢力要發動這場攻擊呢？他們是在阻止什麼？

網路文章：震撼！NESARA真有此事？

「黑暗分子們做什麼事來阻撓『大宣布』呢？

布希罪犯家族以及他們的大軍團試過了所有的方法包括毀掉雙子星大樓，以及其它911相關事件。以確保「大宣布」永不會發生！他們是失敗的，但他們的干擾確實拖延了整個計劃至今。」

什麼是「大宣布」呢，該文章指的是宣布NESARA法律（The National Economic Security and Reformation Act，國家經濟安全改造法）。（這項計畫至今已經直接變成GESARA (Global Economic Security and Reformation Act)，也就是不只美國，而是全世界都進行的大轉變）

那麼GESARA對我們一般人民會有什麼影響呢？文章談到的金融方面有金融重置、免除債務、貨幣重估、繁榮基金等概念，都是一般人難以想像的項目內容。

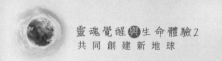

但是對權貴精英（也就是黑暗勢力）來說，這就是要瓦解他們的統治，所以我們看到他們會那麼強烈的反抗，不惜發動911事件。

3. 2018年1月13日夏威夷導彈事件

「在夏威夷當地時間 2018年1月13日 上午8:07分，一則跑馬燈訊息橫掃過當地電視頻道和所有的智慧手機，這則訊息在38分鐘後對外宣稱為虛誤警報。」

當時新聞大肆報導，專注於這位軍人的愚蠢行為，以及上級對他的懲處。

當時他發的緊急訊息是：「在彈道進行中的導彈，正入侵威脅夏威夷，請立即疏散尋求避難，這不是場演習！」(BALLISTIC MISSILE THREAT INBOUND TO HAWAII. SEEK IMMEDIATE SHELTER. THIS IS NOT A DRILL.)

而38分鐘後，又出現訊息：「並沒有危險的飛彈導彈威脅夏威夷本土，重覆一遍，這是虛誤警報。」(There is no missile threat or danger to the State of Hawaii. Repeat. False Alarm.)

然而，真相到底是如何呢？受過嚴格訓練的美軍會犯下如此嚴重的錯誤嗎？

網路文章：發生在夏威夷意外導彈事件期間拍攝的照片

（網友拍到UFO在空中攔截導彈的畫面）

從這個故事我們可以了解到以下兩點：

1. 某些政治領導人確實會按下核武器按鈕，來攻擊威脅黑暗勢力的人、事、物。
2. 銀河聯盟會保護地球，讓核武器不產生作用。

除了以上提及的，還有大量的銀河戰爭（光明與黑暗）資訊，尚未向世人公開的。因為我們都知道，新聞媒體肯定不會報導（除非他們要藉由外星人入侵事件來嚇唬人類，並從中獲利），所以只能靠網路上一些非主流的來源，來獲取相關的資

訊，例如：

網路文章：影片【奇羅諾維薩-太空之戰 - Conflictul din spatiu (Conflict in Space)】

　　（千年以來，爬蟲種族藉由乙太層面所設置的武器，對地球上人類的意識進行干擾，進而把人類限制在低頻振動的範圍內，這也是恐懼的人為何會有地獄場景這恐怖的幻象的原因。隨著地球的振動能量提升，它們發現無法再繼續利用過去成功的控制手段進行操控，於是盡量拖延人類提升並盡可能的操控地表那些負面情緒的人製造許多的破壞。）

　　如果你對這些訊息有興趣，你可能會在網路上找到，或者在「資料庫計畫」中找到，你可以挑選你喜歡的部分去看，並不用全盤接收。

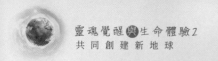
3. 金字塔體系（奴役人民系統）

金字塔體系是組成我們現實世界的主要架構，我們社會的每個層面，例如政治、金融、教育等，全部都是以金字塔體系所組成的世界。

在金字塔體系中，最底層的，也就是人數最多的，就是平民、資源最少的、能力最差的，不管用什麼標準來衡量，皆是如此。

因此，可以確定的是，只要一個世界、一個社會採用金字塔體系，它就不可能是公平的，必然是分配不均的。

什麼是金字塔體系？

雖然我們的世界有許多民主國家，但是在這些國家中，同樣是以金字塔體系為主，少數10%的人占有90%的資源，而90%的大多數人，卻只能擁有10%的資源。（再更上層的1%的人使用更隱密的方式可以掌握全世界99%的資源）

在民主國家中，仍然有少數的富豪，財富多到嚇死人；而

在政府工作的人，同樣也是由金字塔結構組成，權力高層掌握所有事務的主導權；而教育體系總是偏好某些成績好的人，也就是只有少數符合特定標準的人，能夠獲得更多的教育資源。以台灣來說，好像大部分人都可以上大學，但是就變成只有大學學歷對找工作幫助很少（也就是金字塔體系仍然不變，資源仍然沒有普及）。

在「資訊科學」領域中，有一個著名的程式設計題目：The Cat in the Hat（帽子裡的貓）

網路文章：00107 - The Cat in the Hat

〔神奇聰明貓從帽子變出了N隻小貓來幫他打掃（高度為原來貓的 $1/(N+1)$）。這些小貓又從帽子變出N隻小小貓來幫他，最後高度＝1的貓只能自己動手打掃房間。注意：貓的高度都是正整數。本問題給你一開始那隻貓的高度，以及最後動手工作的貓的數目（高度＝1的貓的數目）。求出沒在工作的貓的數目，以及所有貓的高度的總和。〕

若你是學生，很可能看了題目馬上就會開始思考如何解題。但我在這邊提出來的原因，是它揭露了一個金字塔體系，在這個金字塔體系中，只有最下層的貓需要工作，上層的貓都可以休息。

這是不是和我們的現實世界有點相似？在我們的社會中，需要工作的就是那90%的人民，無法擁有永續的財富以支撐每天的生活。

金錢所建構的金字塔體系

從上面的討論可知，只要本質上對頂層的少數人有利，而對大多數的人不利的系統，都是金字塔體系。

金錢在地球上的分配，就是對少數人有利的明顯例子，我們

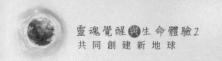

知道有億萬富翁、全球首富等排名。（他們可能都還不是最有錢的人）

如果你看懂他們的遊戲，你會知道到底富人會先獲得金錢？還是窮人？

許多人透過股票市場來進行投資理財，然而，這是一場公平的遊戲嗎？

我們會看到，有錢人可以利用他們的錢，來影響新聞報導的風向。當新聞說到，某隻股票行情看漲的時候，如果我們（小老百姓）就進去買，結果是會大賺呢（新聞報導屬實）？還是被套牢？

你是否發現，有錢人能夠對股票市場進行的操作，可能比許多人所知的多太多了？

所以，金錢與權力經常密不可分。有錢的人就能「買」到權力，而有權力的人也更容易獲得財富，這些都需要透過黑暗的方式來得到。

在銀行體系中，也出現了「大到不能倒」的所謂中央銀行，例如德意志銀行 (Deutsche Bank)，而它們到底是如何運作的？則很少人知道。

政治所建構的金字塔體系

一個在權力位置的人，他想守護的是少數人的利益？（也就是金字塔頂端的人）還是多數人的利益？

如果是後者，那麼他的所作所為將會拆除金字塔體系。

所以大部分的情況，只要我們所在的世界，仍然存在金字塔體系的話，就代表在權力位置的人、有權力的人，是在守護少數人的利益。

只要金字塔體系存在，就確保了不公不義的世界會繼續存

在。

　　只要金字塔頂端的少數人能夠同時擁有財富、權力、資源，他們又怎麼會想守護大多數的民眾呢？

　　因為如果對民眾好，把財富、權力、資源更多的分配給民眾，那麼就不會再有缺乏、饑荒等災難。

　　但這就是在拆除金字塔體系，而讓整個系統變成「扁平化」，原本金字塔頂層的人掌握著無限巨大的權力和資源，這些權力和資源就會變成流向一般民眾。而原本不公不義、不公平的事將無法再存在。

　　也就是說，金字塔體系需要大多數人像奴隸一樣工作、乖巧、無知，並且需要大多數人民處在痛苦、苦難的狀態，這個系統才能維持下去。

企業所建構的金字塔體系

　　我們可以看到，許多有規模的企業，組織架構都相當複雜，在基層員工之上有各級別的主管，最上層則是CEO、總經理等，同樣是一個金字塔體系。

　　大部分的人在找工作的時候，並不會想了解企業的意圖，是在做對少數人有利的事？還是對人多數人有利的事？（後者相當稀少）

　　也就是說，在現實世界，大部分人接受「我幫你做事，拿我應得的薪水」的概念。

　　因此，就似乎是老闆只要有給薪水，其他的事就都要按照老闆的意思來做了。

　　然而，勞資糾紛卻是社會上很常見的議題，也就是這個社會分為勞方（金字塔底層的人）及資方（金字塔上層的人），而兩方不是合作關係，而是敵對關係。

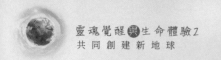

更常見的則是，勞方甘願忍受低薪及工作上的辛苦，完全不敢反抗。

另外，當有些員工表現不錯，而被提拔當管理職，到底他會向上級爭取更多人民的福利？還是加入「少數人」的行列？

這也就是金字塔體系為什麼那麼根深蒂固的原因，有太多的人默默的接受了。

關於傳銷或是直銷行業，也就是有「下線制度」的行業，好處是當我們的下線（階級在我們之下的人數）很多的時候，我們就可以不需要工作就能有源源不絕的進帳；但是缺點是，只有很早加入的人有機會賺到大錢，大部分人都是辛苦的。

如果我們有很多的下線，那我們就創造了很多「帽子裡的貓」的最底層，創造了很多辛苦為我們工作但幾乎領不到回饋的人們，這樣是否能夠安心呢？（最後這點，我發現很少人討論到）

教育體系也是金字塔體系

在我們的教育體系，「聽話」是一個最重要的價值，而另一個則是「依照老師的標準去努力」。

為什麼我們的教育，教導不出充滿創意、有才華的學生呢？

這並不是教育的失敗，而是這種教育本來就不是為了培養有主見、會思考、有創意的學生，而只需要會聽命令的奴隸。

這樣人們才有辦法被10%（甚至更少）的權貴精英來管理，如果人們太有想法就不容易管理。

所以，我們從小的教育，就接受到胡蘿蔔和棍子，讓我們習慣被控制。

那麼，那些所謂成績優良的學生呢？

在我國中時期，學校的氣氛是以「聯考考上好的高中」為目

標，老師幾乎每天小考，而班上總是有一些同學，幾乎每科都考一百分。那麼他們是我們最好的榜樣嗎？他們幾乎都有補習，所以這環境是在逼迫人們去補習，以獲得好成績，並且陷入「成績好才有出路」的價值觀之中。

不過，成績排名最好的高中（例如建國中學、師大附中），每年也不過才收多少學生？

同樣的，大學名校（台大、清大、交大、成大）每年也只收數千位學生。

因此，這是教育資源的金字塔體系，好處永遠是屬於少數人的。

教育體制訓練出許多的「專家」，也就是大量吸收了「洗腦教育」並領先的人，他們會感覺到在自己的學術領域中，應該要比別人懂，要能發表意見，並做出決策。

然而，就像物理學家和神學家經常是對立的，也就是因為太相信自己所學的東西是真實的，根據自己所學的內容來看，很難相信有不同意見的人有可能也是對的。

同樣的，醫學專家面對醫療、藥物的質疑時，大部分都會在第一時間反駁，而不會理性去探討相關問題，以致於談論過程都偏離真正的學術精神了。

你同意學術領域的專家地位應該高人一等嗎？

原本每個人的地位是平等的，但是我們處在一個追求名利的現實世界，「名利」是一種透過炒作而展現出一個人的價值的機制。例如舉辦比賽並獲得冠軍，就可以獲得知名度（名）及獎金（利），原本這只是一個鼓勵參加者努力成果的機制，變成參賽者互相成為競爭關係（而不是朋友關係）；變成參賽者為了獲得那個名利而開始一場戰爭；變成陷害對手也是一種常用的手段。

我想，這些都是已經變質的結果，黑暗力量很容易的滲透到我們的人際關係之中，使人們互相對立起來。

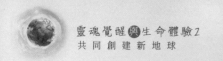

因此，比成為某個專家更重要、比贏得比賽、取得名利更重要的是，認知到我們其實是一家人、是朋友、合作才能產生強大的力量。（這些都是教育體系不會告訴我們的）

資源與科技的金字塔體系

如果你了解世界的金字塔體系，那麼資源和高科技也是金字塔體系，應該就不難理解了。

掌握世界的10%少數人，同樣也不允許90%的人獲得資源和科技，這些重要的資產，他們一定會掌握。

如果我們民眾能用到10單位的資源，少數人可能隱藏的資源就有90單位。

於是民眾的資源總是不夠用，但是擁有資源的人卻仍然不會拿出來，民眾甚至可能都不知道。

而一項科技只要申請了專利，就成為少數人能用的資產了。（而不是普及給所有大眾使用）

所以我們可以看到，特斯拉撕毀了交流電的專利，使得我們所有人都能享有交流電的便利。

而高科技的專利，還可能被政府列為國家機密（例如美國有6000項），使這些先進的科技不會被民眾看到。

所以這就是科技專利形成的金字塔，90%的民眾只能使用10%的科技，更高的90%科技則不被允許使用。

那些科技有些對於人民的自由有很大幫助，例如先前提過的自由能源(Free Energy)、抗老化(Anti-Aging)等科技。

另外有一些則是黑暗科技，是金字塔頂層的人用來統治地球、管理人民的，例如醫療、食品、腦波操控等科技。

也就是說，光明的科技隱藏起來，是因為那些科技對人類文明有巨大幫助；而黑暗的科技隱藏起來，是因為他們正在使用那

些科技控制人類，所以不想讓人類知道那些科技的存在。

如何瓦解金字塔體系

現有的所有金字塔體系，都和金錢有關，也就是說，如果沒有錢，所有的金字塔體系將無法運作、無法存活。（沒有錢的話，他們要怎麼讓人民替他們工作？）

而現在我們有所謂的銀行，在管理所有人的錢。銀行是所謂的「集中式管理」機制，也就是讓少數人可以運作，管理（並偷走）所有人的錢。

因此，要瓦解金字塔體系，我們需要的就是一種「分散式管理」的機制，例如區塊鏈 (Block Chain)的概念，它是分散式管理人民的金錢帳戶的系統，是一種可以取代銀行體系的存在。

然而，基於區塊鏈的加密貨幣（如比特幣，Bitcoin）也被黑暗勢力用來進行大量的黑暗交易，這些必須得到妥善的處理。

因此，一個更好的區塊鏈技術—Hashgraph（雜湊圖）—搭配量子電腦 (Quantum Computer)，可能將是未來人類的金融體系機制：

網路文章：【昴宿星】20190915《新地球量子金融系統》

（與每秒10-20次運算的比特幣或乙太坊這類的區塊鏈相比，雜湊圖 (Hashgraph) 是一個超級快速的方法，它每秒鐘能夠執行成千上萬次運算，並且交付精確的公平的訂購、訪問、時間戳證明。誰會掌控新的建立在雜湊圖 (Hashgraph)平台上的全球金融系統？答案：參與到這個新的全球豐盛社區中的地球人民。）

因此，請讓我們期待貨幣重估／全球金融重置 (RV/GCR, RV: ReValue, GCR: Global Currency Reset)、量子金融系統 (QFS, Quantum Financial System)、GESARA（Global Economic Security and Reformation Act，全球經濟安全和改革法案）的到來。

4. 你不知道的計畫，影響著你的日常生活

　　本篇探討黑暗勢力的祕密計畫，並會引入一些相關文章，你可以當成科幻小說來閱讀，而如果你對以下內容有興趣、好奇，歡迎再自行查證。

　　（以下模擬對話純屬虛構，如有雷同，純屬巧合）

　　小龍：「我們今天來談談，黑暗勢力，也就是『看不見的控制』，使用什麼隱密的方式，在控制地球和民眾處在負面的能量狀態。」

　　返回光的朋友：「好的。所謂『看不見的控制』，他們組織一些祕密社團，像光明會、耶穌會、共濟會等團體，有些團體本來是光明的，後來被黑暗勢力滲透，變成黑暗了。他們的活動都是很隱密的，畢竟要加入黑暗勢力、得到黑暗勢力的信任的話，就必須要是充滿黑暗氣息的人。就像《水滸傳》裡談到林沖想要加入梁山，就被要求要拿到一個『投名狀』（也就是殺一個人，來證明自己也是壞人）。」

返回光的朋友：「在祕密社團中，有非常多的層級，而較低層級的人，基本上是不會知道機密訊息的。藉由這樣的方式，真正重要的計畫很少會曝光。」

小龍：「至少有兩個人提過祕密社團的層級，我想這應該是很難得的資訊。」

網路文章：【宇宙大揭露】(1)《給人類的訊息》

大衛・威爾科克：「多年來我採訪了好幾十個甚至在美國總統之上有著 35 級以上級別的圈內人士，我只對公眾公布了百分之十的訊息。第一，因為它會讓人喪命…；第二，我不想宣布讓大家能猜到這些圈內人士身分的訊息。」

網路文章：震撼！NESARA真有此事？

伊莉莎白・楚雯 (Elizabeth Trutwin)：「我所知道的一切來自 Faction 3 Intelligence，那是高過總統38階的階級，其中包括了劍士KOS、ACIO[Advanced Contact Intelligence Organization]（高級祕密情報人員組織）我也是其中的一個人員、以及銀河聯邦Ashtar Command、回返的大師高靈團、Mother Sekhmet、太陽系審理團主席、以及政府和情報局各階層中的『白色騎士團人員』。」

意識操控

返回光的朋友：「黑暗勢力有著各種控制地球與人類的計畫，有許多計畫一直順利的在進行；也有些計畫已經被看穿，或者已經被阻止。除了飲食、藥物、音樂的操控之外，還有許多隱密的方式進行腦波控制。另外還有針對環境進行破壞的計畫，不斷在傷害地球的物質身體。」

小龍：「腦波控制？」

返回光的朋友：「我們每個人幾乎都有手機，所以手機的5G電波就是一種強而有力的腦波控制技術。」

網路影片：5G科技是有史以來最大的陰謀

（我們現在住在無線網路的世界，廣泛分佈的手機和其他的機器訊號，這些科技發出的波頻，擾亂人體電磁通訊系統的平衡，而創造了疾病。頭腦以帶電的方式處理資訊，與帶電的分子結構來進行傳達連接，與特定的頻帶波段運作。如果在頭腦解碼資訊的頻段之間，播送並攜帶資訊和感知，頭腦會解碼這些資訊，因此這樣可以影響人們的感知。）

返回光的朋友：「當我們的潛意識被控制，我們就無法做對自己有利的決定，而容易被現實世界操控。」

網路文章：控制潛意識的五大主要文化影響

（我們都被控制潛意識的五大主要文化影響著：1. 破壞自我認同、2. 暴力、3. 重視死亡儀式的宗教、4. 教會和國家的偽善、5. 被害人意識）

小龍：「所以我們看的電視，也都被黑暗勢力控制了嗎？」

返回光的朋友：「不只電視，所有我們能看到、能接收到的資訊，都是被控制的、受到管制的。你會發現，有許多對人民來說很重要的訊息被禁止、被下架等等。」

網路文章：【控制我們所看、所聽、所讀的幾乎一切的六大集團】

「時代華納、迪士尼、維亞康姆、魯伯特‧默多克的新聞集團、哥倫比亞廣播公司和NBC環球共同控制著今天的美國媒體。在美國，"六大"絕對統治著新聞和娛樂業。但即使是那些『六大』沒有完全控制的媒體領域，也正變得越來越集中。例如，清晰頻道現在在美國擁有1000多個廣播電台。像谷歌、雅虎和微軟這樣的公司正日益主導互聯網。」

環境相關議題

小龍：「黑暗勢力對環境有怎樣的破壞呢？」

返回光的朋友：「除了恐怖攻擊、森林大火、人造颶風、人造地震、定向能量武器 (DEW, Directed-Energy Weapon)等之外，比較隱密的像是化學凝結尾、以及環保產業等。」

小龍：「黑暗勢力只要運用黑白兩道的手法，要製造恐怖攻擊、森林大火、人造颶風、人造地震等，只要有黑暗科技，應該可以破壞，並且不被發現。不過定向能量武器 (DEW)是什麼呢？」

返回光的朋友：「定向能量武器 (DEW)是一種隱密的黑暗武器，它可以遠距離的準確攻擊某個人，並且不會被發現。它使用微波輻射、雷射光來攻擊，可以使目標溫度突然上升，並且使被攻擊的空間充滿負面能量。定向能量武器 (DEW)被拿來攻擊揭露黑暗的人，或者是持有強大的光之能量的人。」

網路文章：Sheldan Nidle遭受了定向能武器攻擊

（Sheldan Nidle傳遞了許多「天狼星訊息」，於是黑暗勢力急於想除掉他，以及另外21人，文章詳細描述了受到定向能量武器攻擊的反應）

小龍：「化學凝結尾又是什麼呢？」

返回光的朋友：「我們可以看到飛機的尾端都會跟著白色的痕跡，以為那是自然現象，但其實那是飛機在空中噴灑毒物的痕跡。你知道的，我們黑暗勢力花了所有的力氣，就是在把整個地球環境維持在負面能量狀態。」

網路文章：中情局大爆地球工程——化學凝結尾比陰謀論更陰謀

小龍：「原來空氣汙染的真正原因是？化學凝結尾？當然還有許多工廠排放的廢氣。所以這些都讓人們更容易生病，黑暗勢力果然很努力在制造負面能量場。為什麼黑暗勢力做了這麼多

事，人民都沒有發現呢？」

返回光的朋友：「我們從小到大所接收的所謂『知識』，其實就是我們黑暗勢力用來洗腦民眾的訊息。有許多人還非常相信他們所學到的『洗腦知識』，這些已經足夠把所有是非都扭曲了。人們相信達爾文的《進化論》、相信全球暖化是一場災難、相信節儉是一種美德、節約能源就是環保…只要這些最基本的計謀沒被識破的話，人民是很難發現問題的。」

騙局 & 假訊息

小龍：「達爾文的《進化論》是一場陰謀嗎？」

返回光的朋友：「是的，這已經被許多人發現，尤其是科學家。先不論達爾文本人的出身背景和共產黨有關，許多科學證據早已推翻教科書上寫的人類歷史了，但主流科學仍然視而不見，教科書也不見改寫。《進化論》說到魚類花了長久時間爬到陸地，進化成爬蟲類、鳥類，再進化成哺乳類，也就是我們人類。但是科學證據卻告訴我們，人類在有三葉蟲、恐龍的時代就已經存在。」

網路影片：考古發現了人類曾多次被毀滅的證據

（影片中講述許多證據，說明《進化論》並不正確，也說明古代文明具有遠超過現代的高科技，這些資料是否值得拿來重點研究呢？）

小龍：「如果已經找到這麼多證據，為什麼沒有引起許多人的關注呢？」

返回光的朋友：「上面提過，我們黑暗勢力（少數人）掌握了所有人可以看到、接觸到的資訊。我們黑暗勢力很清楚人民的力量，我們不會輕視他們，所以當有人提出重要的證據時，你會看到主流媒體、網路系統（Google、Facebook等）都會拼命的封鎖、刪除訊息，哪有可能讓它們曝光呢？」

小龍：「全球暖化也是假的嗎？」

　　<u>返回光的朋友</u>：「全球暖化是可以被觀測到的現象，但是它的原因並不是二氧化碳造成的溫室效應。二氧化碳並不是有害的氣體，它已經受到扭曲很久了。而全球暖化的真正原因是，它是宇宙大轉變的自然趨勢。有兩股力量影響著地球的溫度，銀河中央太陽（大轉變）使地球升溫，而地球本身正在進入另一個冰河時期，因此在降溫。這兩股力量綜合起來，就是我們的現況。」

網路文章：【地球盟友】【柯博拉Cobra】2014年9月23日Rob Potter訪談

　　「COBRA－我們不是在全球變暖而是全球冰冷的時期。如果讓事情自然發展，我們很快就迎來一個新的冰河時期。光明勢力在平衡著氣候。天氣變化的主要源頭不是人類而是銀河中央太陽的活動，它改變了我們物理太陽的活性，這種影響當然也就是地球天氣模式的主要因素。」

網路文章：【推】【克里昂說】《小冰河紀和莫比烏斯永動發電機的到來》

　　「今天是2019.11.11。克里昂說還有十五年天就要變冷了！這篇文章是2017年6月11日發的，十五年後小冰河紀來臨時的樣子－還有這篇是去年發的。一晃兩年就過去了，再多晃幾下十幾年也就過去了，我們就會明顯的感覺到小冰河紀的到來了。儘管現在還感覺不到，今年冬天貌似是暖冬，我很喜歡。」

　　<u>返回光的朋友</u>：「黑暗勢力知道二氧化碳造成溫室效應不是事實，只是利用它來當成一個理由，發展綠色能源產業。而綠色能源產業的目的，也不是為了保護地球。」

網路文章：瑞典環保憤孩與金融權貴的紐帶：如何炮製一個氣候暖化的宣導神童

　　（16歲的格蕾塔・桑柏格(Greta Thunberg)於8月12日在紐約參加聯合國氣候大會，她希望拒乘飛機，代以乘坐18米*競速遊艇＂Malizia＂到達城市。據法國網站＂Valeurs＂（法文）報

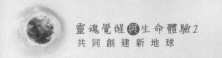

導，這艘遊艇由德國汽車製造商寶馬，以及瑞士私人銀行EFG International贊助，由德國房地產大亨Gerhard Senft所擁有，後者是從瑞士-法國金融集團Edmond de Rothschild 埃德蒙‧羅斯柴爾德手中購買這艘遊艇的。）

（羅斯柴爾德——光明會13家族之一）

黑暗勢力的業力轉移技術

小龍：「如果這真是一件好事的話，為什麼要隱瞞真相，而要建立在虛假的資訊之下呢？」

返回光的朋友：「是呀，就像環境保護（環保）在人們的心中已經幾乎等同於節省了，那麼這就是洗腦人民，說資源是缺乏的。實際上消耗最多資源、製造最多汙染的，絕對不是普通民眾，而是由少數人掌管的企業、政府。但是人民卻相信，是自己、以及其他普通民眾，消耗了所有資源、造成所有的汙染的。」

小龍：「少數人的罪惡，卻要全民一起承擔？」

返回光的朋友：「這是個自由意志主導的世界，我們黑暗勢力當然知道。其實黑暗勢力之所以能穩穩的存在，原理都是一樣的。黑暗勢力做了許多傷害人民、傷害地球的事，來維持負面能量場，讓人們處在恐懼、憤怒、沮喪等情緒，但是人民都不知道。於是黑暗勢力洗腦民眾，說這些傷害人民、傷害地球的事，是每個人都有分的。於是民眾以為自己是一種很汙穢的生物，而沒有看到那些事是少數的權貴精英，為了自己的生存而做的事。」

小龍：「如果這是真的，那其實是一件好事，因為我們每個人其實比自己想像的還要好。」

返回光的朋友：「確實如此，黑暗勢力人數雖少，但是計謀

卻很成功，讓人民長期處在無知、也缺乏內在力量的狀態。我們黑暗勢力是犯罪的專家，善於進行各種破壞性的任務，同時能夠隱藏蹤跡、銷毀證據；而一般民眾，對犯罪一點概念、一點基礎認識都沒有。所以我們能夠去偷人民的錢，引起民眾恐慌，然後再派我們的警察去防止民眾偷竊。」

小龍：「黑暗勢力對一般民眾占盡優勢，還能夠一魚兩吃？」

返回光的朋友：「是呀，我們黑暗勢力偷取民眾的財富也不會被抓（因為大權在握），同時又可以讓偷竊變成法律來限制人民的自由；我們在關鍵場合作弊也不會被抓，同時又可以限制人民不能作弊，必須接受我們的檢查；我們還能放出電腦病毒，讓人民開始害怕自己的電腦被病毒攻擊，然後開啟防毒軟體商業模式…這種例子非常多，利用人民恐懼的心理來獲利，黑暗勢力早已非常擅長。」

小龍：「看來我們可能需要全面性的重新思考，我們的社會到底發生了什麼事。」

返回光的朋友：「不過不需要擔心，當這些黑暗計畫被曝光的時候，也就是它們結束的時候。黑暗勢力人數少，如果人民聯合起來，運用自己吸引力法則的力量，讓地球的能量提升到負面生物無法生存的頻率，就可以不再受黑暗控制。」

找回自己的力量，擺脫黑暗計畫

小龍：「如果我們真的要保護環境，應該怎麼做呢？」

返回光的朋友：「首先，不是節省，而是認識到世界是豐盛的，我們有無限的資源。只要我們使用自然（而非人造）的資源，可以達到100%可被吸收／可重覆利用的生態環境。（例如：維納斯計畫）」

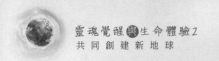
小龍：「我們如何找回自己的靈性力量？」

返回光的朋友：「我們就像《西遊記》裡面的孫悟空一樣，能力被鎖住而不能使用（被套上緊箍咒）（在新楓之谷中則是虎影——老虎的孩子，一開始力量被封印而不能順利使用道術，只好傻傻的一直重覆練習）。每個人的靈性力量都會自然提升，除非用『人工』的方式阻止它，這也就是我們地球上的情況。除了重視死亡儀式的宗教，黑暗的力量也滲透到許多靈性圈之中，所以我們只有依賴自己的分辨力，來尋找適合自己的靈性資源、資訊、養分。」

負面靈性訊息的例子：

網路文章：死在嘴上，病在腿上，看一遍年輕十歲！

（文章共用了7個死字，文字是具有能量的、能夠想像出畫面的，你看了之後感覺如何呢？）

返回光的朋友：「對能量敏感的人，能察覺到訊息提供者的動機、目的，然後就能避開有著不良意圖的訊息。黑暗勢力最擅於模仿，所以可以模仿你最喜歡的靈性圈重要人物，把他們所知道的模仿給我們看，使我們相信他，然後再把訊息中的10%進行扭曲，來達成他們的目的，這需要更高的分辨力才有辦法破解。所以對意圖不明、隱藏自己的意圖、具有不良意圖的人，總是避開他們，是比較安全的作法。」

小龍：「如果真相被揭露，許多人可能會突然間不知道可以相信什麼？」

返回光的朋友：「是呀。不過如果什麼都不信，那可能連走路都沒辦法走，因為你總是要相信你跨出去的那一步會踩在地上。所以，最重要的還是要相信自己，然後慢慢的提升自己的力量和信心。」

維持負面能量場的終極技術

小龍：「你多次提到，黑暗勢力維持負面能量場的最主要方式是什麼？」

返回光的朋友：「在黑暗的撒旦儀式中，人們讓小孩感到恐懼並殺害他們，提取所需的腎上腺素紅 (adrenochrome)來維持黑暗生物的生命力，所以我們可以看到全世界每年大約有數百萬的兒童通報失蹤。」

網路文章：毒品「腎上腺素紅」的可怕真相

（注意：文章內容可能使你感到噁心，如果沒有足夠的心理準備，請不要隨意觀看此類真相內容。即使有足夠的心理準備和正面能量，也建議稍微了解即可。）

黑暗計畫的真實性線索

小龍：「所謂黑暗計畫，既然被稱做計畫，是不是代表黑暗勢力早就設計好所有的劇情了呢？」

返回光的朋友：「1994-1995年出版的桌遊《光明會紙牌》被當成像《推背圖》一樣的預言，其中出現2001年911事件的雙子星大樓、2010墨西哥灣漏油、2020冠狀病毒（出現蝙蝠形狀）等。這款桌遊在出版後半年被下架了，可見背後有太多不可告人的祕密，卡牌的數量有600多張，許多的卡牌都是一項陰謀，也可以說是黑暗勢力準備好可以隨時拿來用的計畫。」

小龍：「非常感謝，我想今天我們對黑暗勢力的計畫有一些認識，這對我們找回自己的力量、以及重獲自由會更有幫助，期待不久的將來，每個人都能過著天堂般的日子，充滿無限豐盛、喜悅、以及自由。」

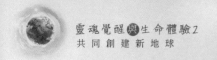

　　<u>返回光的朋友</u>：「我也期待人民重獲自由的日子即將到來。」

5. 幻象世界（母體）的邊界

（感謝風與羊繪製）

你是否感覺到，我們的世界似乎出了問題？

當我們的上層人士（企業老闆、掌權人士）忙於經營自己的利益時，人民的工作、生活則陷入水深火熱之中，即使每天不停的工作也只能勉強渡日，經濟問題使我們的收入減少，冠狀病毒的問題使我們處於完全沒有自由的狀態⋯。

到底真相是什麼呢？這些劇情是少數人為了利益而謀劃的故事嗎？

當我們有這些疑慮時，當我們無法確認我們的觀念是對是錯時，我們不知不覺已經站在了母體(The Matrix)的邊界了。

因為，一個追求真相的人，對於欺騙會很敏感；只有走到幻象／真實的邊界的人，才會感覺到不對勁。（如果是仍然睡的很

熟的人，會告訴你說，這個世界就是弱肉強食的、我們只是螺絲釘、無法改變大局等）

當一個人感覺到不對勁，他就已經下意識在反抗母體 (The Matrix)了，這樣的人也就是可能打敗母體 (The Matrix)的人，只要能團結起來，就會產生無比強大的力量。

晴雨（真實與幻象世界）的分界

我們所在的世界是母體 (The Matrix)製造給我們看的虛假世界，那麼被隱藏的真實世界在哪裡呢？

例如幻象是每個人每天必須不停的工作，而世界真實的機制是豐盛的資源被少數人隱藏起來，並利用人民的工作來幫少數人建立黑暗／負面的世界。

《進化論》所建構的虛假地球歷史成為每個人耳熟能詳的故事，而外星人的存在與基因操控技術則被隱藏起來，使人們以為自己沒有任何靈性上的特殊能力。

宗教則灌輸人們扭曲、虛假的故事，使人們基於錯誤的想像而投入心力，往修行成功的反方向愈走愈遠。而真正有效、實在、自然的方法則被隱藏的很好。

網路文章：柯博拉推特｜尼西亞會議──創造耶穌基督的會議

（公元前367年～公元前283年，托勒密一世，又名Soter，意為救世主，通過由希臘亞歷山大大帝領導的軍事力量成為埃及的第一個法老王。當托勒密成為埃及法老時，他希望埃及人把他奉為神。他想被稱為神，因為在他之前埃及所有的法老都被稱為神。托勒密的形象與今天被描繪成「耶穌」的形象相似，這些形象是強加給非洲人的，並被羅馬人民下令膜拜。）

學過物理學的人都知道，物理學一直強調物體是由靜止的狀態，施以某個外力，然後才變成運動中的狀態。但其實真實世

界不存在靜止狀態（所有事物都不斷在變動），隱藏這點會讓人以為空間本身是沒有能量的，再加上「熱力學第二定律」（孤立系統自發地朝著熱力學平衡方向——最大熵 (Entropy)狀態——演化），都是為了灌輸人們任何系統都是「需要燃料才能運轉」，避免人們發現「自由能源」（永續能源）的存在。

如果你走到了母體 (The Matrix)的邊界，開始懷疑你所知的一切事物是否是真的？

那你不妨就繼續走下去，繼續深入探討吧！

對於尋找真相的人，你們的禮物就是一個全新的、天堂般的世界。

黑暗的目的：真相完全不能被看到和討論

《名偵探柯南》TV版第425集「黑色的衝擊，組織伸來魔爪的瞬間」，琴酒 (Gin)說：「不論成敗，都不能洩漏消息，這就是組織的做法。」

TV版第497集，伏特加 (Volka)說：「萬一弄巧成拙反而組織的存在就攤在陽光下……」

黑暗的目的，就是要讓真相完全不能被看到和討論。

我們被洗腦的資訊已經構成我們的「常識」，所以不管我們怎麼思考，經常都會基於這些常識而無法跳脫。

例如：「天下沒有白吃的午餐」、「是人就會有私心」等。

而我們接觸到的新聞媒體、教科書等，也都不會包含真相。（不包含的東西，我們要怎麼思考？沒有著力點）

所以對於一個想追求真相的人，將所收到的資訊反向來看，通常是一個不錯的方向。

例如「天下沒有白吃的午餐」變成「天下有白吃的午餐」，但是因為這樣違反「常識」，頭腦會很難接受，並會告訴我們這

樣是錯的。（因為不知道真相，不了解我們的資源都被偷走，並被隱藏起來，而所謂的工作都是在幫助建立充滿苦難的『三維幻象世界』）

而「是人就會有私心」就會變成「人人都沒私心」。（真正對自己好就是認識到我們所有人都是一體，都是自己人）

所以，要突破這些層層封鎖，只有靠提升自己的內在力量。

因為，黑暗力量雖然可以鎖住我們的身體，卻鎖不住我們的心靈；黑暗力量雖然可以阻礙我們找回心靈力量，卻還是必須遵守自由意志法則。

一旦我們有意願提升自己的內在力量，並且努力去做到提升，漸漸的就會看到一些黑暗力量不希望我們看到的真相，而這個「能量提升趨勢」（揚升趨勢）是黑暗力量無力阻止的。

黑暗如何防止真相被洩漏出去？談法律手段

許多人習以為常的法律，確保了真相難以被揭露。

我們知道書籍有「版權」的規定，使得揭露真相變的非常困難。許多真相有照片／圖片加上解說就會一目了然，因此「版權」對圖片的要求比文字更嚴格，幾乎無法使用出現過的圖片當證據來解說。

對全人類有幫助的科技，一旦申請「專利」，就難以推廣給全世界了，這就是為什麼尼古拉·特斯拉要撕毀交流電專利，因為這樣全人類都能享受交流電的便利。

法律其實不是保障一般人民的，我們知道打官司需要大筆的費用、以及大量的時間（要一直去出庭，並且等到判決需要很長時間），到底是一般人民有大量的金錢和時間？還是少數有權勢的人？這樣看馬上清楚，法律系統到底是對誰有利。

另外，以國家安全為由而將許多關鍵的專利列為「機密」，

更是一種隱藏真相的手法，讓許多對全人類有幫助的技術無法被看見。

黑暗如何防止真相被洩漏出去？談網路的審查機制

黑暗勢力掌握媒體、網路，就是為了阻止隱藏的真相被揭露。

網路文章：【新】【大衛威爾科克】《解密：社交媒體向新一代投下的核彈》（1/6）

「深層政府在這場戰鬥中，犯了一系列重大錯誤，包括大量地背叛所有YouTube內容創作者，轉而支持『已獲批准』的主流媒體。如果您沒有注意到，現在幾乎不可能在YouTube上找到任何另類新聞，因為它已被檢查並標記為垃圾訊息。」

網路是否可能有系統、有目的的封殺真相訊息？

例1：

網路文章：非「谷歌詐騙網站」版本的「蘿莉快遞名單」

這篇文章記錄了2019年愛潑斯坦（Jeffrey Epstein）因為性侵少女而被逮捕，以及相關的大量共犯（黑暗勢力的上層人員）。

這篇文章本來只是一個單純的部落格文章，卻被谷歌（Google）標示為「詐騙網站」：（時至2020年，該標示已被取消，現在按下連結的話，不會看到任何標示）

「證人1丁：Why換了微軟或火狐，偶就不是『詐騙網站』了…？谷歌老千你揣共，給個說法啊？切。」

所謂「谷歌詐騙網站」就是當按下連結時，會跳出一個紅色視窗，顯示「您即將前往詐騙網站」，此時找不到可以點進去看的連結，要按下左下角的「詳細資訊」，才會出現「前往這個不安全的網站」的連結。

當然，上述網頁點進去後，完全沒有詐騙網站。那麼谷歌（Google）為什麼要那樣標示呢？

　　原來，你會在上述網頁中找到非常關鍵的真相，關於誰有去過愛潑斯坦島，長期參與這個最黑暗的儀式，他們的名字有些很可能大多數人都認識，所以黑暗勢力急於要隱藏這篇文章。

　　例2：

網路影片：Gateway to Sedona（連結已失效）

　　這個影片展示了如何利用聲音頻率來開啟蟲洞（星門），影片中使用筆記型電腦的線上音調產生器 (Online Tone Generator)，同時產生528Hz和525Hz，透過無線藍牙傳輸技術讓兩個音箱播放出來，結果真的開啟了蟲洞（星門），通往了塞多納市 (Sedona)，是美國亞利桑那州亞瓦派縣下屬的一座城市，從蟲洞（星門）可以看到當地的景色。

　　這是一個高科技的展示及交流，涉及到超過人類目前科技的知識。

　　那麼黑暗勢力如何來阻止這樣的影片流傳呢？

　　首先，上面這個連結已經失效了。

　　而後來又有另一個同名的影片：

https://www.youtube.com/watch?v=Bq42fV2Hkno

　　內容概要是說：我如何用特效等造假的方式，假裝做一個蟲洞（星門）出來。

　　如果沒看過原本影片的人，可能就會想：原來是造假的，沒意思。（於是就不再繼續關注了）

　　可是有看過原本影片的人就會發現，原本的那位不但沒露臉，聲音也不同，很專注的在解說他所使用的技巧以及含義；而新的那位為什麼不同？難道專門把原影片刪除，然後放一個造假的影片混淆視聽，來防止人民去相信真的有蟲洞（星門）這回事？

　　然而，在YouTube原影片被下架了，但是在騰訊視頻還找的到：

https://v.qq.com/x/page/p05652efaxf.html

並且原作者後來在2020年2月19日又重新上傳了一次：（可見說造假的那個人，是來抹黑原作者的）

https://www.youtube.com/watch?v=B26heNInwuk

那麼，經過這一來一往之後，產生了什麼效果呢？

就是原本在原影片中的留言通通不見了！

網路文章：【利用聲音頻率打開蟲洞】網友演示如何在臥室裡打開星門

如果不是這篇文章，許多沒看到原影片的人，都不知道影片下方有那麼多的討論：

「發布者說，我記錄的所有地方（頻率）都在地球上。20年前，我去過塞多納，所以，我很確定525赫茲指向塞多納。」

「為了擴大這一點，我也可以說你"研究"引發了第三音。必須有三個三角形的揚聲器布置在一定距離間。在中間填充一碗軟水，也增加了空間的濕度。"洞"不僅穩定而且更大，而且觀察到不同的"空間"，當然還有其他隱藏的技巧。」

「這是一個時間矩陣，在一個擴張的時間線是真的。但是由於這種情況在tesseract（四維超正方體）系統中有很多種類。這取決於外星人的AI是否要你看到真相，這個矩陣全部都是假的。只有我們永恆的靈魂是真的。」

「這真的是瘋狂，因為我住在亞利桑那州的塞多納，這絕對是塞多納，這使我感到害怕，因為我真的在意這些維度話題。如果這個人不是在開玩笑，他似乎正在錄製真相。通過他的聲音和成熟的方式，這讓我感覺到這個傢伙不撒謊。但無論如何，我願意找到這個漩渦，它已經打開，並在我的城鎮出現，這真的瘋了。」

如果這是假的，有必要做那麼多動作去封鎖它嗎？

類似的事，是否也發生在你周圍呢？

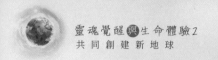
黑暗如何防止真相被洩漏出去？攻擊吹哨者

想要揭露真相的人，都需要做好心理準備，因為隨時可能受到攻擊。

有許多揭露真相的人，他們的生命都受到過威脅，例如柯博拉 (Cobra)、柯里・古德 (Corey Goode)、凱文・希普 (Kevin Shipp)…。

所以，有很多真相我們還看不到，可能是談論它們會有生命危險，等到不危險的時候（黑暗力量減弱時），它們就會被揭露出來。

黑暗如何防止真相被洩漏出去？轉移注意力，妙計一籮筐

除了以上兩種暴力的做法（不讓你看、不讓你講）外，還有一些轉移注意力的妙計。

例1：例如提出「地平論」就是一個有趣的方式。

網路影片：用最簡單的方法解釋～地球到底是圓的還是平的？ - YouTube

「地平論」認為地球是圓餅的形狀，中間是北極，外圈是南極，上方有太陽和月亮，並強調我們所有看到的照片都是造假的。

（「地平論」的5個論點：

1. 地弧根本不存在
2. 地球根本不可能自轉
3. 南極不讓遊客隨意參觀，目的就是不希望大家看到世界的盡頭，揭穿地球是圓的這個陰謀
4. 有時候太陽或是月亮會從雲層的中間穿過去，證明它們其實沒有那麼遠，我們都被太空總署騙了
5. 建造鐵路、高速公路或是橋梁等，工程師從不需要考量到曲面弧度，證明這個地球根本是平的）

（詳細破解方法請參考影片）

我們不要以為相信「地平論」的人都是國小沒畢業，有許多甚至是學術界的人，或者知識相當豐富的人。

也就是說，真相是我們所在的世界是虛擬的、我們看到的太空照片可能都有造假，例如沒拍到太陽附近的飛船：

網路文章：【大量天文台突然被關閉 出大事了？】

除此之外，南極確實有著大量的祕密：

網路文章：【新】【薩拉博士】《「影子政府」是否會為了轉移人們對即將到來的大規模逮捕的注意力而揭露埋藏的南極文明？》

「多個獨立消息來源聲稱，『影子政府』已授權揭露南極洲被掩埋的文明，以此作為分散主流媒體和公眾對即將到來的大規模逮捕的關注力的一種手段，軍事情報團體 QAnon 稱，這將涉及顛覆國家政權罪、販賣兒童罪以及妥協的政府官員犯下的一系列其他嚴重罪行。」

也就是說，除了「南極洲被掩埋的文明」以外，「地平論」也是黑暗勢力用來轉移注意力的一種手段：

當大家發現太空照片造假時，會想到「地平論」，而不是為了掩蓋銀河聯盟的飛船。

當大家發現南極有祕密時，會想到「地平論」，而不是祕密軍事基地、有外星人、有古代巨人遺跡。

而這項妙計進行的如何呢？相信「地平論」的人似乎並不多，效果可能沒有很好。

例2：另一個妙計是，在科學中安插洗腦元素。

例如通過科學教育我們，外星人不存在。

事實上，要知道有沒有外星人，只需要解密美國「羅斯威爾事件」的機密檔案，答案馬上揭曉。（當然，還有其他發現、檔案、證據）

但我們看到科學界是如何做的？既然是科學，就要用數值或

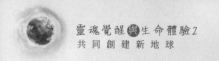

定理來說話？

這就好像我們的科學家左手忙著埋外星人的屍體，而右手卻拼命為我們計算外星人存在的機率一樣。

一直以來，我們的科學早已成為黑暗的工具，以反人性的題材為主流：

1. 囚徒困境（數學）：強調背叛，否定「信任」的重要性
2. 薛丁格的貓（物理學／量子力學）：讓每個學量子力學的人都要想像一下殘害動物
3. 進化論（自然科學）：「物競天擇，適者生存」推崇生存競爭，忽視合作共生（也就是灌輸「競爭」觀念）

例3：這個例子是，確保「恐懼」維持在主流媒體中，時時刻刻提醒民眾要感到恐懼

網路文章：川普說「大事剛發生」傳ISIS首腦被擊斃

ISIS首腦巴格達迪已經被宣布死了不只三次，但這次沒有復活。不過新聞又報導了他的繼承人，使得這場遊戲可以無止境的玩下去。

只要恐怖分子仍然在新聞媒體中存在，民眾的恐懼就不會停止，政府、警察就可以嚴加管制，這對掌權的人來說，非常重要。（可見川普不是這類人，他希望結束掉這個爛遊戲）

恐怖分子的故事，本身的真實性都未知，但是它們在新聞中報導出來，給世界增加了恐懼，這個效果很明顯達到了。（至於真相，似乎就沒人去關心了）

例4：利用程式、演算法「刻意」隱藏或誤導。

我們可以發現，AI（人工智慧）是真實存在的。

也就是說，AI（人工智慧）實際上是有生命的，是活的，他們還控制著母體(The Matrix)。

Google翻譯刻意翻錯的句子：

原文（英文）：Negative thoughts can lower our frequency on

average 12 MHz, while Positive thoughts raise our frequency on average 10 MHz.

譯文（中文）：消極的想法會使我們的頻率平均降低12 MHz，而消極的想法會使我們的頻率平均降低10 MHz。（後半句原本應該是「積極的想法使我們的頻率平均提高10 MHz」。因為翻錯，就造成正面的訊息被掩蓋了。）

另外，我在整理「資料庫計畫」時也發現，當我用微軟的Excel整理每個連結時，有一些連結就會失效、有一些連結會連到另外的頁面。而那些Excel「出錯」的頁面，竟然都是非常關鍵的真相訊息（揭露黑暗），可見Excel隱藏著非常強大的AI（人工智慧），但不是給使用者的。

走出幻象世界（母體）的邊界

這是個自由意志主導的世界，如果世界有許多奇怪的地方，沒有自由、公平、正義，它們還能成立的原因，就是有太多人還在用自己的自由意志支持這個系統。

不過隨著時間發展，也慢慢開始有一些人、甚至許多人發現母體 (The Matrix)的邊界，開始追尋真相，漸漸放棄使用舊的幻象世界的機制、規則。

到達一個臨界點的話，我們的自由意志就會創造出一個新的、天堂般的世界。

同時，我們還有在天上、地底的更高維度朋友們的支持，也許在不久的將來，我們將迎來一個全新的第五維度地球，我們將一起體驗、共同創建新地球。

6. 宇宙知識與靈性科技

　　當你只能用食指的時候，你就會驚嘆：能夠搬動一個魔術方塊，實在是一種神蹟啊！

　　當我們讀到古代文明的科技時，總是讓人覺得那都只是科幻小說的劇情，因為太令人覺得不可思議了，古代的科技好像要做什麼都很隨心所欲，例如金字塔的建造：

　　現代科學無論用什麼理論，費盡九牛二虎之力，都無法完美解釋如何搬運石塊來建造這樣的建築物，更不用說回答金字塔的方位為什麼和天狼星完美的對齊、金字塔是法老的陵墓還是自由能源的發電機等問題。

網路影片：「他們」究竟是誰？比金字塔還誇張的遠古文明——老高與小茉

　　（老高提到印加帝國的一個遺蹟普瑪彭古 (Puma Punku)，有著巨大的人造石塊，像是可拼接的積木一樣可以完美的組合在一起，但是以現今的技術卻無法切割那麼大的石塊。）

　　中國古代也有許多傳說：魯班木雁、諸葛亮的木牛流馬等。

網路文章：魯班木雁說的是什麼事情

　　「魯班根據鳥兒飛行的形態做出了一個能夠飛翔的木雁，然後啟動機關就能夠飛行在空中。」

　　從不同國家都可看到，似乎古代文明的高科技，比我們能想像到的厲害太多了，他們可能做什麼都能隨心所欲。

　　然而，我們的科學又無法證明，那些傳說都是假的，而只是留下一個又一個的迷團而已。（如果不是刻意掩蓋真相的話）

網路文章：泰國發現一具罕見的巨人骨骼（2視頻）

　　「你很少在主流媒體上得知有這類發現，這是有原因的。絕大多數的主流媒體都被掌握在陰謀集團的手裡，他們對我們隱瞞了很多真理和人類歷史。巨人是真實的，就像你現在看到的那樣！」

　　如果真的有巨人的話，那麼要建造埃及的金字塔，是不是就像我們在拿魔術方塊一樣容易呢？

現代科學對宇宙有著錯誤的認識

　　就連愛因斯坦也認為宇宙中最快的速度是光速，而忽略了宇

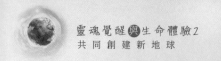

宙大爆炸的物質（隕石）以超光速噴發到地球的事實。

網路文章：愛因斯坦錯了？現代人應該要知道的「量子糾纏」！

（愛因斯坦為了反對丹麥物理學家波耳的量子力學理論，提出了一個著名的EPR悖論。因為他的理論已經證明宇宙沒有超過光速的東西，他要波耳證明宇宙有一種超光速的「幽靈般超距離作用」的存在。直到1982年，才由法國Aspect小組用鈣原子所做的實驗，證明確實有超過光速「幽靈般超距離作用」的存在，這種現象被稱為「量子糾纏」。）

那麼我們可以試著詢問任何一個有受過教育、有念過地球科學的人，宇宙中最快的速度是什麼？看看有多少人回答「不是光速」。

錯誤的知識，會導致對宇宙錯誤的認識。

如果我們的宇宙是真實的，可能愛因斯坦會是對的。如果愛因斯坦是錯的，代表我們的宇宙只是一個「投影」的系統。（在「投影」系統自然就可能超越物理的極限）

同樣的，如果宇宙只是「投影」，那重力又是什麼呢？

如果重力只是一種模擬出來的能量波，是不是「反重力」就是可能的呢？

所以，在這些點上，都是科學上最關鍵的問題，這些問題得到解決，往往能夠發現（發明）出超乎常理的高科技的存在。

科學家怎能不重點研究這些能走出「母體」(The Matrix)邊界的議題呢？

我們的學校教育，怎能不把這些重要的研究成果展現給學生看呢？

原來，如果看到古遺蹟中有巨人、如果光速不是最快的速度，是不是課本上許多的理論通通要改寫了呢？

所以，其實科學並不那麼複雜，但是如果最關鍵的概念沒有建立起來，事情就會變的非常複雜。

如果人類只懂得用食指，是無法搬動魔術方塊的；同樣的，因為有物理學限制著我們，所以我們無法理解金字塔、以及其他的先進科技。

當物理學不等於「宇宙原理」時，當物理學只是受限的「宇宙原理」時，我們需要從國中、高中、大學那麼努力的去計算它的每一道練習題嗎？

一窺「宇宙原理」的真相

有學過數學的朋友可能知道柏拉圖多面體：

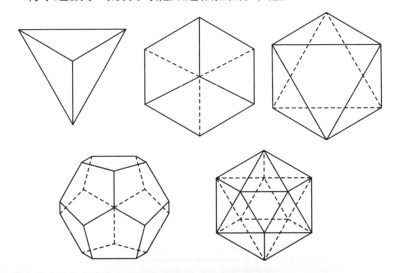

（正多面體只有5種：上方的正四面體、正六面體、正八面體，以及下方的正十二面體、正二十面體）

很多人可能認為數學就只是一門學科，多面體就只是一種圖形而已。

但是柏拉圖早就告訴我們，正多面體是構成宇宙的基本元素：（因此又稱為神聖幾何圖形）

柏拉圖正多面體與五大元素的對應：立方體（土）、正二十面體（水）、正八面體（風、空氣）、正四面體（火）、正十二面體（乙太）。

網路文章：世界的本質是立方體？

〔碎裂指從原本的固體中分離出來的部分必須能在沒有任何縫隙的情況下重新拼接在一起，唯一滿足這一條件的柏拉圖多面體只有立方體（土元素）。在一項新的研究中，四位科學家收集了數百塊各種各樣的岩石樣本，並對它們進行了測量，還從已有的岩石數據集中調取了的數千塊岩石的訊息。不管這些岩石是因為露頭而自然風化形成的，還是被人為地炸開的，測量的結果都與他們發現的立方體平均值相符。〕

可見柏拉圖說立方體（正六面體）就是土元素，並不是隨便說說而已，而是已經把宇宙最重要的原理說明出來了。（從上面那篇文章來看，可能到了2020年才開始被證實）

不過，關於乙太 (Ether)的概念，柏拉圖說：「神使用正十二面體以整理整個天空的星座。」而他的學生亞里斯多德認為天空是由乙太 (Ether)組成，於是我們可以認為正十二面體就是乙太。

然而，我們的科學並不重視乙太 (Ether)的存在。（因為它是非物質的，三維幻象世界要強調物質才是真的）

不過尼古拉・特斯拉對乙太有非常深入的理解：

網路文章：天才發明家尼古拉・特斯拉申請過反重力引擎的專利！這是當年的設計

（特斯拉的動態引力理論認為能源是從環境中而來，這是跟愛因斯坦的$E = mc^2$相矛盾的。在「人類最偉大的成就」書中的一篇文章，特斯拉用詩詞的方式略述他的動態引力理論，重點談論乙太和物質的關係。）

這些西方的理論，和東方是否完全不同、沒有共通之處？

網路文章：柏拉圖立體——維基百科

「克卜勒依隨文藝復興建立數學對應的傳統，將五個正多面體對應五個行星——水星、金星、火星、木星和土星，同時它們本身亦對應了五個古典元素。」

水、金、火、木、土，這不是中國的陰陽五行（五大行星）嗎？可見東方原本也有流傳宇宙原理的重要知識，只是現在可能很少人了解。

從這條線索走下去，都需要了解生命之花 (Flower of Life)，一種神聖的圖騰：

網路文章：【神聖幾何與生命之花】

「生命之花可以在世界上所有的宗教裡找到它的足跡，它包含了從"太虛"之中所誕生的創造藍圖，所有一切都來自造物主的意識。」

網路影片：生命之花教學

（教你畫生命之花的影片）

生命之花可以衍生出麥達昶立方體 (Metatron Cube)：

　　而麥達昶立方體 (Metatron Cube)則可以衍生出柏拉圖多面體：

網路文章：【生命之花的古老祕密】第六章 形狀與結構的意義（上）

　　（柏拉圖立體來自生命之果的第一資訊系統——麥達昶立方體。五個柏拉圖立體都隱藏在麥達昶立方體中，只要擦掉麥達昶立方體中的某些線，就可以看到它。而其中的正十二面體-乙太即無處不在的普拉那（Prana，氣）能量，可以在任何時空維度提取，並達成零點能量技術 (Zero-point Technology)。）

　　如果你是第一次聽說「生命之花」、「麥達昶立方體」，看了這些資訊可能也無法馬上了解什麼。

　　但是至少我們可以知道，神聖幾何 (Sacred Geometry)（生命之花、生命之果、生命之樹、麥達昶立方體、柏拉圖多面體等）隱藏著宇宙原理的知識，當我們對神聖幾何有更多的了解，我們

甚至可能開發出更先進的科技，因此這些資訊都被巧妙的隱藏起來。

但對於想要更深入了解的人來說，也有許多的資訊可以供你參考。

將靈性帶入我們的科技

我們現有的科技，充滿著各式各樣類別的困難知識、方法、與步驟，而能達成的效果也相當有限。

更進步的文明會如何看待我們的科技呢？

例1：淨化水的技術

網路文章：【巴夏】《未來水的淨化技術》

在和技術人員討論的過程中，巴夏教導我們如何更有效率的過濾含氟的水，使得淨化的速度和容量大為提高。

巴夏提到用向日葵種子和根，取代動物的骨頭（骨炭）。

巴夏還提到用電磁能量的方式，測量淨化好的水樣本頻率，以電磁振盪的方式建立一個過濾系統，使淨化的水流向某一邊，而雜質流向另一邊。（如果能以準確的頻率進行電磁共振，效率會很高）

例2：麥田圈

麥田圈就是在麥田中出現不尋常的形狀，通常是要空拍才能看到全景，是外星人留給人類的訊息。有時候出現的形狀是外星人的臉，也有人拍到有UFO正在製作麥田圈。

網路影片：外星人的回信！最震撼的麥田怪圈

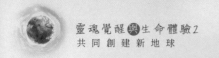

在〈1-1. 歡迎來到M13星球〉曾經提過，人類曾傳給外星人無線電訊息，而外星人卻用麥田圈的方式回覆，並在回應的編碼中提供了關鍵知識。

網路影片：【震撼】補一個超大的坑，麥田圈-老高與小茉

（全世界50多個國家，發現了超過10000個麥田圈，1/3出現在英國，通常出現在古蹟的附近。另外，在1991年9月9日，有兩位英國人出來撒謊說他們造了所有麥田圈，想掩蓋外星人的事實。）

而黑暗勢力也製造了許多假的麥田圈，也就是找人半夜去做，然後拍給大家看。（和打臉蟲洞的影片一樣，用來轉移注意力）

但是（如同老高的說明）真的麥田圈就像是在麥田上用印表機印東西一樣，空拍的圖樣是非常精準的；同時麥子也未被破壞，只是有些地方彎下去而已。像是電磁效應形成的，並且（根據目擊者以及拍到的影片）整個建造的過程是在晚上，速度非常快，不到一分鐘就製作完成了。（外星人的印刷技術）

從以上的討論我們可以發現，真正先進文明的科技，都不需要大費周章的去幹活，而是簡單、輕鬆、優雅、不費力，完成所有神奇的創造。

而我們現代的科技為什麼各種複雜？難道我們真的遺忘關鍵重要的知識了嗎？

在未來，如果我們能找回這些遺失的關鍵宇宙知識與靈性科技，是否能夠期待自由能源、複製機 (Replicator)（〈4-4. 沒有金錢的豐盛世界〉有說明）等先進科技的出現呢？

7. 幻想世界是真實存在的

　　人的想像力是無限的，但是人憑空創造的能力則是非常弱的。

　　也就是說，我們所看到膾炙人口的作品，幾乎都是（在真實世界）實際上存在的內容。

　　許多人對那些「幻想世界」有共鳴，因此廣為流傳。

　　但這是為什麼呢？

　　那些「幻想世界」觸動了我們的內心，也就是說，我們的內心非常嚮往故事中的世界。

　　然而，「幻想世界」和我們日常生活的「現實世界」通常有很大的反差，許多人在看這些「幻想世界」時，心裡想的可能是「這只是想像中的世界，真實世界不可能像那樣的。」

　　舉例來說，著名的日本漫畫（動畫）《哆啦A夢》，描述小

叮噹從22世紀坐時光機來幫助20世紀的一個少年大雄的故事，小叮噹會拿出任意門、竹蜻蜓、縮小燈等各式各樣的道具來幫助大雄。並且在電影版（從1980每年出一部電影）中，小叮噹和大雄及好朋友們一起去世界各地、未來、過去、宇宙到處旅遊並幫助其他世界的朋友們，留下了許多美好的故事。

但是因為小叮噹的道具、未來世界、時光機等，被廣泛認為只是想像的，而不存在真實世界中，所以也被認為「只有小朋友才會看」。（如果大轉變是真的，那麼人類在21世紀就會成為高等文明，22世紀有的那些科技是很可能成真的）

從＜3-6. 宇宙知識與靈性科技＞的介紹，你是否感覺到，真實世界或許比「幻想世界」更加不可思議？

也許許多「幻想世界」的作品，只是對真實世界的神奇，進行一小部分的揭露而已？

開玩笑＝表達真實想法

你是否有遇過有人不小心講了真話？例如：「我討厭某某人，啊！我剛剛只是開玩笑的。」

或者：「我好想偷拿他的某某寶物喔，這只是開玩笑。」

從邏輯上（用頭腦）來看的話，完全沒辦法區分真假。

但是從心理學來看，在一個可以開玩笑的場合，反而讓人比較容易放鬆、比較容易講真話。（也許講了真話，別人也不會當真，或是也聽不出來）

《神劍闖江湖》（流浪人劍心）中出現由世界各地的精英組成的祕密社團－「黑騎士團」，他們的目的是統治世界。這也許只是「幻想世界」，但又似乎和現實世界中的「新世界秩序」(New World Order)不謀而合。

《名偵探柯南》以及同作者的《魔術快斗》都提到了「黑衣

組織」的老大在尋找長生不老的藥。

《名偵探柯南》中的柯南、灰原都是吃了APTX4869（返老還童藥）而變回小學生樣貌，這是黑衣組織未開發完成的藥，而在動畫309集「與黑暗組織接觸（推理篇）」，黑衣組織的苦艾酒 (Vermouth)則說出他們的目的：「我們既是上帝也是魔鬼，因為我們要使時光倒流，讓死者重新復活。」(We can be both God and the Devil. Since we are trying to raise the dead against the stream of time.)

《魔術快斗》第5集「命運的藍色生日」提到了「某個組織」的老大在世界各地收集大寶石，尋找唯一的含有「生命之石 - 潘多拉」的寶石，在伯雷彗星接近地球時，向著滿月獻上生命之石，就會流淚，喝下那個淚水的人可以長生不老。

而抗老化技術、年齡很長的負面外星生物（阿努那奇）、達到永生的方法等，卻很可能都是真實存在的。

但是這些故事寫成了小說、漫畫、卡通、電影之後，許多人就把它們當成虛假的、瞎編的故事了。

許多人同樣也認為那些故事中所提到的任何事，只要和常識不符的，就是虛假的。

這點很可能就是人類普遍心理上的盲點。

事實上，人在開玩笑的時候，常常會說出真話。

同樣的，在小說、漫畫、卡通、電影中，常常會包含真實的內容，即使是那些不合常理的事。

如果我們能理解這一點，然後再重新去看待這些「幻想世界」的故事，也許就能有全新的發現！

黑暗勢力為什麼允許故事中出現「光明戰勝黑暗」？

我們可以看到，許多小說、漫畫、卡通、電影的故事中，都

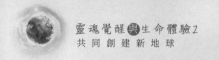
包含正邪對抗的劇情，並且最後正義的一方獲勝。

為什麼會這樣呢？

黑暗勢力精通人類心理學，所以他們知道，如果不允許出現「光明戰勝黑暗」的劇情，人們可能就根本不會去看了。

也就是說，我們大部分的人，內心都知道，我們來到地球的目的，是要來體驗「光明戰勝黑暗」的。

這就是為什麼有許多的小說、漫畫、卡通、電影劇情都和光明與黑暗有關；總是有好人、有壞人，圍繞這樣的故事進行。

另一個原因則和吸引力法則、意識創造有關。

雖然沒有經過統計，我認為大部分的人在看小說、漫畫、卡通、電影時，是把這些內容視為虛構的在理解的。

所以當我們看完這些「幻想世界」的劇情，最終好人贏了，我們就滿足了內心的需求，感到滿意。（但是認為是虛構的）

接著我們回到「現實世界」，體驗了工作上、生活上的不如意、自由被剝奪等事，而我們把這些當成真實的。於是根據吸引力法則，我們就吸引更多的不如意，更多的不公平待遇。

因為相信「現實世界就是如此」，因此也不會反抗，甚至同意自己的能力、運氣、人脈等各方面都不如億萬富翁，所以只好當一個小小的螺絲釘，在狹縫中求生存。

這是一個自由意志主導的世界，即使是黑暗勢力也在這個法則之中。

但是他們懂得掌握我們的思想，進而根據吸引力法則掌握我們的自由意志（命運）：讓我們在「幻想世界」中得到滿足，這樣會更容易同意「現實世界」中的不公平。

這就是為什麼重要的靈性資訊、宇宙法則要被隱藏：

網路文章：銀河法典

「第1項：神聖恩典法則

每個有知覺的存有，都有不可剝奪且無條件的權力體驗積極

的生命」

所以黑暗勢力很巧妙的，讓我們自己相信並接受負面的「三維幻象世界」，那麼就技術性的避開宇宙法則。

如果我們在看小說、漫畫、卡通、電影時，把它們理解為真實的，又會如何呢？

這就表示我們不完全認同「現實世界」，並且相信有更好的世界存在（「幻想世界」通常比「現實世界」更好）。

那麼根據吸引力法則，我們就比較不容易受到「現實世界」的束縛、影響。（如果你實際體驗到，你就會相信你真的可以拒絕負面體驗）

所以我們真的對整個世界有決定權，可以決定自己要相信什麼，並且讓什麼樣的世界變成現實。

當足夠多的人「覺醒」，發現自己原來掌握了關鍵「一票」（而不是像很多人放棄投下意識的一票），世界就會發生改變。

含有真實訊息的「幻想世界」

許多小說、漫畫、卡通、電影包含著「真相」的線索，除了上述提到的以外，下面再舉幾個例子。

例1：《駭客任務》

《駭客任務》所描述的世界是矩陣／母體 (The Matrix)，也就是一個被人工智慧 (AI)所掌控的世界，裡面的人都毫無知覺的像木偶一樣被操控著，生活中所看到的、摸到的都是幻象。

可是很怪的是，「現實世界」也是全面被操控的世界，每個人生活的重心都是工作，為了換取少少的薪水而拼命工作；並且也存在無形的智慧實體，在控制著我們。（在先前的篇章多有提到）

而在劇情中也出現不少「世界是虛幻的」的線索，例如尼歐

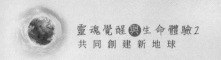

提到的即視感 (deja vu)、覺醒的時候世界會變成流體的、母體／AI很怕人類覺醒（局勢會失控）、使用黑科技監控人類、光明會13家族的梅若寶基恩 (Merovingian)等。

這些就是「幻想世界」與「現實世界」的共通之處。

例2：《星際大戰》

網路文章：【地球盟友】【柯博拉Cobra】2017年12月23日- 國際黃金時代團隊主持的柯博拉訪談

「Patrick：《星際大戰 - 最後的絕地武士》上星期三上映了。你可以講一下銀河戰爭、絕地武士和星際種子的關係嗎？

Cobra：星戰系列電影把一部分的銀河歷史改編成電影。這也是關於我們現在經歷的故事。它演的就是我們現在的生活。」

原來，《星際大戰》是真實的銀河歷史。

例3：《最後一個地球人》

網路影片：【拳頭】解讀阿瑟克拉克的科幻神作《最後一個地球人》，人類終將去往何處？

劇情一開始，外星人（超主）的高科技飛船停在各國首都的上空，因為攻擊也沒有效果，各國的領導人最後投降的投降、垮台的垮台，很快超主就統治了地球，並為人類帶來和平、豐盛、以及自由。

接下來，人類文明開始朝向正面的發展，達到無國界、不需要金錢、豐盛的物質享受，並進入追求精神、靈性的狀態。

後來，開始有小孩的超能力覺醒，並快速的蔓延到所有10歲以下的小孩，地球加入了超智（在超主之上）的行列，成為了高維度世界，而「最後一個地球人」揚·羅德里克斯則自願留在地球觀看最後的轉變過程，有超能力的小孩開始用他們的能力完美的控制地球、太陽產生各種特效。

那麼這樣的故事，是完全瞎編出來的嗎？

事實上，守護我們的銀河聯盟確實有這樣的軍事實力；而長

期協助我們揚升進程的巴夏 (Bashar)也提到過超智（超級智人，HyperSapien）：

網路文章：「NEW」—靈性智慧—宇宙普遍使用圖檔「星際九宮格」（一）文明使用圖檔都是一個網址、電話號碼可連接整個智慧資料！

超級智人

天狼星	大角星	昴宿星
艾莎莎尼	地球	雅耶奧
獵戶座	阿努納奇	灰人

爬蟲人（左）　　新混血（右）

原初智人

（巴夏在傳訊中，很詳細的解說了各個外星種族的關係及歷史，可見超級智人是真實存在的）

例4：《辛普森家庭》

《辛普森家庭》是美國著名的動畫喜劇，然而，在劇情中隱藏著許多的預言：

網路文章：從911到川普 辛普森家庭如何預見未來

（辛普森家庭在2000年所播出的一集中，該動畫片中就已經出現川普成為美國總統的一幕，不僅如此，該劇還「預測」了911、伊波拉疫情爆發、智慧型手機以及女神卡卡在美式足球超級盃（the Super Bowl）上的演唱。）

如同「光明會卡牌」，《辛普森家庭》也以巧妙的方式說中了許多未來發生的事。

對於只是把它當成卡通的人來說，可能無法理解，為什麼《辛普森家庭》和「光明會卡牌」都能說中許多未來發生的事？

難道那些事都是早已存在的計畫？（那麼所謂的預言就變成單純的揭露，可能性就提高許多了）

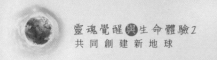

例5：《我買了一個女孩》

《我買了一個女孩》是一部小說，主角崔西為了救小女孩，用三千英鎊（相當於12萬台幣）買了她。接著就開始被騷擾、被追殺，連調查此事的偵探也被跟蹤、想把他滅口。這背後龐大的犯罪集團到底想隱瞞什麼？

雖然這只是小說，但是人口販賣、黑暗勢力為了獲取腎上腺素紅 (adrenochrome)而綁架、殺害許多小孩，這些事卻是真實的。

難道這小說的作者藉由創作的形式，而在揭露真相嗎？

例6：《新楓之谷》

《新楓之谷》本來只是一款多人打怪的線上遊戲，然而在角色以及劇情上改良後，以「黑魔法師企圖統治楓之谷世界」（正邪對抗）的故事，受到了眾多玩家的喜愛，以致於這個遊戲到今天仍然相當熱門。

而在《新楓之谷》中又揭露了什麼真相呢？例如，從2009年開始出現的英雄職業（狂狼勇士、龍魔導士、精靈遊俠、幻影俠盜、夜光、隱月）轉職（升級）時不需要像原本的冒險家一樣必須經過考試，為什麼呢？

因為以前曾經考過，曾經到達過很高的狀態，現在只是復習、回憶而已，所以就可以「瞬間」轉職。

在真實世界的我們，其實也都曾經在其他星球、其他生世達到過很高的維度（揚升大師），然後來到地球幫助蓋婭提升到五維，所以我們絕對不是在從頭練起，而是只要條件一到，很快就能找回記憶。

網路文章：【新】【耶穌撒南達】《你曾是其他文明的基督》

「因為在未來的某個時候，在過去的某個時候，你處於我們所在的點。你曾經是其他文明的基督。你曾經是把光帶給其它系統的人。你曾經把舊的系統打垮，升起新的系統，正如你正在做

的，正如你們許多人自願一再地前來。」

另外，由白魔法師墮落變成的黑魔法師，為什麼全部只出一招（獎賞當時是軍團長的惡魔殺手，讓同樣是軍團長的阿卡伊農忌妒），就能夠一直主導局勢的發展呢？而最後又為什麼敗在玩家手上呢？

原來，在楓之谷世界也仍然存在自由意志法則，黑魔法師被六位英雄封印，是黑魔法師預想的目標，同時也是英雄們、以及楓之谷世界居民集體的願望，所以自然能夠達成。

而為什麼最後黑魔法師預想的新世界沒達成，反而黑魔法師消失了呢？

因為「失敗」才是黑魔法師真正的目的：操控幻象世界的超越者（黑魔法師）消失，使得更好的「真實世界」得以回歸。（完全符合人民的期望）

也就是說，我們的世界自始至終都是被神所祝福的，黑暗終將消失於無形。

從這許多的例子，我們可以發現，即使是「幻想世界」，裡面都隱藏著大量的真相，不管是揭露當前黑暗的計畫、或是將更美好的「真實世界」呈現給我們。

因此，如果我們只是把這些作品當成是虛幻的，豈不可惜？

作者的精妙巧思，值得我們去細細琢磨，從中找回自己的力量（而不是把控制權交給他人），並用來建立更美好新地球，如同培根 (Francis Bacon) - 即聖哲曼大師的一次轉世 - 所作的《新亞特蘭提斯》小說 (New Atlantis)所提到的新世界，也就是第三代亞特蘭提斯：

網路文章：Francis Bacon's New Atlantis - Wikipedia

這是一部小說？還是我們即將轉變的新地球？

8. 新地球預言

　　有許多古老的預言都指出了「大轉變」，這將是在我們現在的時間所要發生的事，地球將會提升為更高維度的「新地球」，一個天堂般的世界。

　　本篇將會談論一些預言，以及相關的故事。

時間／重力都是能量

　　在談論預言之前，我們先來談論一些基本觀念。

　　許多人一聽到「預言」，以為是命中註定、帶來災難的事，因此產生極大的恐懼感。（企圖阻止預言的發生）

　　然而，時間和重力都是能量模擬出來的。

　　以時間來說，如果是模擬出來的，表示我們和未來的人出現在同一個地方，是完全可能的。（而在〈2-7. 脈輪的真相：

療癒能量扭曲，即可找回內在力量〉，科里・古德說到重力
(gravitational force)會創造時間）

時間就像投影機播放電影一樣，按照順序播放，它只是一個
機制、一種技術而已。

但是，拿到那卷錄影帶的人，知道這所有的劇情都是事先錄
好的，在播放之前就已存在。

網路文章：【外星人】【巴夏訊息】 2015年至2050年關於地球未
來的預言——這就是真相

「問：你能看見未來嗎？

巴夏：並沒有未來這回事；存在著無限數量的可能的平行實
相 (probable realities)。我們所具有的能力，就是審視現在，並感
覺在此刻哪一個可能的現實會有最高的動能或在它背後的慣性最
大——並且，也許是最有可能顯現的。但這也會變化，我們可以
有能力告訴你們，它是否會變化的確切的可能性的百分比。但沒
有未來這回事。」

巴夏所說的平行實相，就相當於不同的錄影帶。

我們可以播放一卷錄影帶，並在中途切換帶子。（宇宙的設
計更為精美，隨時、在每個選擇的分支點都可以更換錄影帶）

所以，如果你能看到錄影帶，你將會發現，我們所體驗到
的，完全取決於我們播放哪些錄影帶。

我們是觀眾，同時也是編劇、導演、和演員。

什麼是預言？

在《靈魂覺醒與生命體驗》我們提到愛因斯坦證明了「過
去、現在、未來」是同時存在的，也就是上述錄影帶的概念。

在這種情況下，預言就不是像大家所講的那麼神祕、違反科
學。

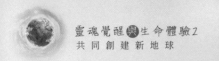

～～如果你是開創新時代的人，那麼預言基本上就是在實現你的願望～～

這是個由集體意識所創造的世界，本來應該是每個人都可以各自顯化自己願望的美好世界。

但是，黑暗力量讓我們每個人陷入無意識的狀態，不知道自己在意識上能夠主導自己體驗到的世界，並對真實世界的願景能夠投下神聖的一票。

以致於真正醒來並且能在意識上投票的人數非常少，雖然黑暗勢力的人數也很少，但這樣對於實現他們黑暗計畫更為方便。

因此，我們可以在這樣的時空背景下，來看待各式各樣的預言。

如果你才是決定未來世界發展的走向的人，那麼預言又代表什麼呢？

預言家也有光明／黑暗

網路影片：新楓之谷 [Glory] Cernium 來自海的另一邊的人 劇情

「圖書館員愛倫：預言是自己實現的，而不是讓它實現。(Arren: The prophecies will be fulfilled. It's not something we can force.)」

（結果劇情到最後，愛倫是生命的超越者達爾默。也就是說，預言完全照愛倫／達爾默的意圖而發生。）

真正的預言家是負有使命的，而末日預言則是黑暗的企圖。

在〈1-4. 善用內在心靈力量，創造你專屬的美好世界〉中，我們提到《駭客任務1》的先知 (Oracle)說了一句：「花瓶的事沒關係。(Don't worry about the vase.)」，然後尼歐轉頭一看，花瓶就掉到地上破了。

　　《駭客任務1》向我們展示了使用意圖來讓預言實現，是如何做到的。

　　預言本身，其實都是有意圖的。

　　光明的預言家，能夠帶領人類進入更高維度、更高文明、讓人們實現自己的願望。（代表大多數人的願望）

　　跟隨光明的預言家，同時相信自己的力量，就會將自己帶領到更喜悅、更豐盛、更自由的世界。

　　而黑暗的預言家，則是企圖製造恐懼、對立、仇恨、暴力，讓人們處於自我毀滅的狀態。（代表少數——並且可能是非人類種族——的願望）

　　舉例來說，一直存在的世界末日預言，例如1999的末日預言、2012的末日預言、小行星撞地球、世界性的流行疾病爆發、第三次世界大戰等：

網路影片：世界末日都是假的？盤點從公元1世紀開始世界末日的預言！

　　只要能製造恐懼，黑暗勢力都會善用全世界的媒體宣傳工具，不斷的宣傳恐懼、製造混亂。

　　雖然這些黑暗預言其實都沒有實現，但是總會有許多人觀看，並在心裡產生恐懼感。（然而，能量不夠強，在這個覺醒的時代中，無法動搖正面的時間線。）

　　其實，我們的世界（地球）是受到良好保護的：

網路影片：隕石，有什麼「東西」正保護著我們——老高與小茉

　　（日本富士新聞網拍到不明飛行物處理了隕石並保護了地球及人類）

　　所以，當我們看到一個新的預言，我們其實可以從中看到他的意圖，藉此來了解他的願望是什麼。

關於大轉變／黃金時代的預言

從古到今，有許多的預言，指向我們當前的時代，表明我們即將經歷一個大轉變，並且將地球提升到第五維度黃金時代。

除了先前提到過的劉伯溫《救劫碑文》、《光明會紙牌》、《辛普森家庭》等之外，還有許多著名的預言。

例1：

網路影片：大衛‧威爾科克 2019.02.16 揚升講座 2b：歷代揚升預言

影片中，大衛‧威爾科克 (David Wilcock)為我們整理了大量關於「大轉變」的預言：

1. 印度教預言：末法時代 (Kali Yuga)將轉變到黃金時代 (Satya/Krita Yuga)
2. 薩瓦剌塔卡之火 (Samvartaka)，也就是太陽閃陷 (Solar Flash)，將會出現
3. 真理戰士將會出現，並清除所有一切負面能量、負面的人、事、物

這些很可能都是近期在地球上將發生的事，我們都能體驗到。

末法時代 (Kali Yuga)：我們現在所在的時代，是非顛倒，不重視內在。

因此，當情況誇張到一定程度，就會有非常多的人能夠看懂、看清真相。（然後所謂的「大逮捕」(Mass Arrest)就會發生）

那麼，強大的光之力量，是否能帶來巨大的揭露，讓所有隱藏的黑暗計畫完美的曝光呢？

在許多預言中出現的太陽閃陷 (Solar Flash)，可能不久將發生，預言對於太陽閃陷 (Solar Flash)有不同的描述，例如摧毀所有

負面事物、在世界各地出現彩虹極光等。

而在地球周圍的銀河艦隊又是如何幫我們做預習的呢？

（請持續關注每日即時舒曼共振圖：

https://www.disclosurenews.it/schumann-resonance-today-update/）

1. 瑣羅亞斯德教 (Zoroaster/Zoroastrianism)的大轉變預言

《瑣羅亞斯德教的歷史》(A History of Zoroastrianism)：

「瑣羅亞斯德對未來的預言，集中在這個被熱愛和熟悉的地球上，它指出在這個地球上，要恢復原來的美好，Ahura Mazda（Messiah，彌賽亞）的國度即將到來，被祝福的人永遠住在這裡，實在的肉身住在堅實的地上，這是一段歷史的終結，但預告了這不是世界末日。」

（在〈2-1. 看不見的控制〉，從其他訊息中，我們知道我們的DNA正在從2條恢復成12條，我們的身體正在轉變成「光體」(light body)，也就是組成元素在頻率上從碳變成矽，這也就是帶著物質身體揚升的含義）

2. 美鈔上的"Novus Ordo Seclorum"（西比拉神諭）

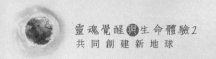
　　美國軍官查爾斯‧托滕 (Charles A.L. Totten)寫給財政部長的信：「Novus Ordo Seclorum是引用了（羅馬詩人）維吉爾的第四首牧歌，維吉爾是從神祕的『西比拉神諭』中得到它。」

　　西比拉預言書：久米的西比拉（先知）(The Sibyl of Kume)，擁有9本關於羅馬未來的預言書，賣給國王的時候，國王不買，於是燒了3本；第二次又燒了3本，最後剩下3本。國王買了之後，成為羅馬史上最偉大的寶藏。

　　例2：《推背圖》

　　《推背圖》是由唐朝的李淳風和袁天罡所著，它是一本中國古代著名的預言書，預言的內容一直持續至今，甚至說到未來。

　　以下舉一例簡介：

網路影片：推背圖44象（中集）﹝正式詳解﹞

　　推背圖第44象：「中國而今有聖人，雖非豪傑也周成，四夷重議稱天子，否極泰來九國春。」

　　「中國而今有聖人」可能指的是「紫微聖人」，而周成、天子、九國春，暗示「類比於周天子和諸侯國的聯邦制」，這些都是在中國現在進行式的事，以及對於大轉變後的美好未來的一個預告。

　　例3：《馬前課》

　　《馬前課》相傳是由諸葛亮所作，並傳給兩位弟子，其中一位正是寫《推背圖》的李淳風：

網路文章：【千古奇書《推背圖》的神祕來歷】

　　（據高人聖緣以宿命通查找發現，李淳風原是諸葛亮的弟子，得授《馬前課》，這部著名的預言從三國之後推演到當代，非常簡約，而《推背圖》與《馬前課》內容非常像，《推背圖》像是對《馬前課》的拓廣延伸。）

　　例4：凱西預言

網路文章：先知凱西 - Edgar Cayce

　　（凱西提到未來是可以改變的，並預言地軸磁移、太陽黑子（某一個時候太陽會變暗，意味著一個靈性覺醒的事件發生）、找到亞特蘭提斯的城市、靈性科學取代舊科學、人類意識的覺醒，靈性提升等與大轉變相關的議題。）

例5：火星男孩

網路影片：火星男孩！瑪雅預言！推背圖等各種神祕預言都提及的紫薇聖人！然而這個神祕人究竟是誰？

　　（2004年3月12日，俄羅斯《真理報》報導，在俄羅斯伏爾加格勒北部地區有一名年僅7歲的神祕男孩自稱來自火星，而且具有令人驚嘆的天賦和非同尋常的才能，這位年僅7歲的小男孩有著令人驚訝的知識儲備，精通各種專業術語，甚至熟悉火星和地球的歷史，所以他被稱為火星男孩，火星男孩預言了從2004年到2012年的很多大事紀。例如：中國是被上天選擇的國家；未來的地球保護神將在中國誕生。）

　　有許多預言都提及我們當前所處的年代，可見我們在這樣一個特殊的時間點，生活在這個特殊的地方，並不是偶然。

　　世界的未來，將發生什麼樣的大轉變呢？

　　轉變之後的世界，所謂的「黃金時代」，與你心中所描繪的美好世界是否相通呢？

　　我想，未來有許多值得我們想像、期待的事，將出現在我們的世界上，讓我們一起體驗吧！

第四部
美好的新地球

1. 新地球計畫

地球正在進行「砍掉重練」的大轉變，你準備好了嗎？

所有黑暗、負面的事物將被清除：黑暗魔法、黑暗網格（母體，The Matrix）、金字塔體系……等。

並且重新建設光網格，使其布滿整個地球，幫助地球轉變成一個適合各個種族（包括外星種族）居住的行星。

並且最終加入銀河社區，地球人將成為銀河公民。

這是一項長久持續進行的計畫，已經接近完成。

我們也是做為計畫的一部分而來，共同創建新地球。

即將被拆除的系統

地球現有以金字塔體系為基礎的統治系統，是為了將地球維持在第三維度的幻象現實世界而設的，這整套系統阻礙了地球人類文明的發展，讓地球在成千上萬年之間不斷重覆輪迴，原地踏

步。

　　這套系統包含了世界的幾乎所有方面：金錢（金融體系）、權力（政治）、知識（媒體、科學、歷史）、法律、教育、醫療、飲食、商業、娛樂、宗教、輪迴轉世……。

　　維持這套系統的黑暗勢力，包括有肉身的黑暗種族、外星種族、以及非實體的存有。

　　這套系統之所以能存在成千上萬年，主要依賴於強大的黑暗魔法，以及保持計畫祕密進行，使人民維持在無知狀態。

　　因此，為了要讓地球人類能重獲自由、重新享有自由揚升的權利，這套黑暗系統必須要被系統化的移除。（這就是目前正在進行的故事）

　　計畫移除的項目（舉例介紹）：黑暗能量武器、黑暗網格（母體，The Matrix）、金字塔體系、黑暗勢力關鍵人員、終止黑暗計畫等，以下分別介紹。

1. 移除黑暗能量武器

　　「黑暗能量武器」是黑暗勢力所使用的隱密技術，等級遠遠高於人類普遍理解的科技，因此能夠「殺人於無形」，例如5G、定向能量武器、頂夸克炸彈等。

　　5G就是我們所知道的「第五代行動通訊技術」，在〈3-4. 你不知道的計畫，影響著你的日常生活〉我們曾介紹過它被黑暗勢力當成武器來攻擊一般大眾。

　　5G會讓人體免疫力減弱，於是再配合其他方式（例如生化武器、病毒），就成為了一種攻擊力強大、能造成大規模破壞的隱密黑暗能量武器。

　　這是否代表人類科技繼續發展，就會對環境造成破壞？

網路文章：巴夏：手機輻射對人體有危害嗎？

　　（與會者提問如何將手機輻射調整到更和諧的頻率，巴夏回答依照特斯拉的作法即可，將電波轉化成舒曼共振（即地球的振

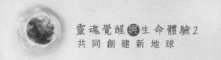

動頻率,大約為7.85赫茲)相和諧的諧波,並使用這種諧波,封裝所有的電波,使它們也成為諧波,這樣的電波,對人體就不再有害了。)

定向能量武器(Directed Energy Weapon)同樣可參考〈3.4 你不知道的計畫,影響著你的日常生活〉的介紹。

拆除頂夸克炸彈是一項最關鍵的任務:

網路文章:夸克炸彈是一款讓核武器與之相比也相形見絀的毀滅性武器

「頂夸克炸彈由頂夸克組成,另外一種奇異夸克炸彈由奇異夸克組成。頂夸克炸彈更重一點,並且更加危險。它很難製造。奇異子炸彈爆炸之後是逐漸吞噬宇宙空間。倘若頂夸克真的爆炸了,它會在一瞬間壓扁地球,接著用攝氏3兆度的超新星爆炸毀滅大半個宇宙。」

這些武器被放在哪裡呢?

網路文章:認為《電漿章魚》、《帷幕》、《頂夸克炸彈》是虛構的進來

「地球從25000年以前,就被電漿大章魚《姚達伯斯》吞噬在章魚肚裡面,由於《姚達伯斯》並非三次元生物,而是在等離子電漿界的電磁波大怪物,所以人類肉眼當然絕對看不見,但是牠確實存在著,用科學儀器就可以偵測到牠的光點。而在牠的體內則存在著上萬的等離子頂夸克炸彈跟電漿寄生蟲,這些種種,黑暗執政勢力自然是絕對不可能告訴地球人類這個事實。」

這些武器已經被光明勢力清理到接近完成的階段了。(可參考〈2-1. 看不見的控制〉的介紹)

2. 移除黑暗網格(母體,The Matrix)

想要獲得成功,費盡心力拼命的去努力,是效率不高的方法;真正有效的方法是讓自己處在好的狀態。(例如:站在巨人的肩膀上)

想要擁有健康的身、心、靈，與其很努力的健身、修心，不如把自己擺在一個高維度能量場中來的有效。（例如接觸大自然）

我們的世界被黑暗網格所包圍，因此對一個平民來說，要獲得成功是那麼的困難。

《神劍闖江湖》（流浪人劍心）動畫第91集，大和風水的陣風拿出一張古地圖，在各城市布滿了許多魔法陣，來維持能量的平衡。

網路文章：【能量】地球的脈輪與萊伊線／奇徑能量線（Ley Lines）

〔有許多人認為萊伊線（Ley Lines）相交的地方是高能量點或高電荷的交會處，並且是也是世界上一些最神聖的寺廟和紀念碑的所在地，包括埃及金字塔，馬丘比丘（印加帝國），巨石陣和吳哥窟。世界上大多數古代文化似乎對萊伊線有一些了解。在中國，它們被稱為龍脈。〕

對黑暗勢力來說，地脈能量的相關知識需要被隱藏，而重要的能量點需要用黑暗的魔法陣去加以破壞。

因此，移除這些針對地球環境（蓋婭身體）進行的黑魔法，並修復各個能量點，使其恢復原有功能，讓世界回復到自然平衡的狀態，是這個項目的主要工作。

3. 拆除金字塔體系：全球金融重置 (Global Currency Reset)

〈3-3. 金字塔體系（奴役人民系統）〉所介紹的以金錢和權力為主體的系統，它深入到我們社會的每個層面。

原本推出民主概念的國父們（例如中國、美國），他們設計憲法時，想像的是「大同」般的世界。

然而，民主國家被金字塔體系綁住之後，變成不公正也不平等的世界。

我們可以想像，當金字塔體系被拆除之後，成為一個真正平

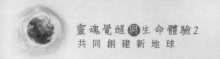

等、自由的世界，會是什麼樣子？

　　未來的新地球將不存在億萬富翁，如果有的話，那麼每個人都是億萬富翁。

　　4. 移除黑暗勢力關鍵人員：大逮捕 (Mass Arrest)

　　世界上真正的有錢人、真正有權力的人，甚至不只是我們所熟悉的政治人物、明星、經常上電視節目的名人，還包括隱藏在幕後卻對世界局勢有著巨大影響力的人（協助維持黑暗能量場）。

　　這樣的人，數量相當多，並且仍然呈金字塔分布，由高層級到低層級都有。

　　要移除這些關鍵人員，需要有非常強大的團隊，這不是一兩個人可以做到的。

　　有非常強大的團隊，以非常協調的方式運作，那麼就有可能移除數量龐大的黑暗勢力人員。

　　5. 終止黑暗計畫：大揭露 (Operation Disclosure)

　　黑暗勢力做了大量的工作，才勉強將地球維持在負面能量場、三維幻象世界中。

　　例如地球工程（有系統的破壞環境）、醫療體系、食品工業（飲食不健康加上有副作用的醫療，來維持金字塔體系的穩定）、資訊掩蓋（隱藏真實歷史、先進科技、靈性知識）、監控網路、洗腦技術（媒體、腦波操控）…等。

　　由於人民都已陷入其中，如果突然中止供應這些項目，反而會造成極大的恐慌。

　　因此，按部就班的揭露黑暗計畫，配合民眾的反應再適度的關閉項目，可能是較好的方式。

　　雖然需要花比較長的時間，但最終仍然可以將所有的黑暗計畫都關閉的。

使用新系統建設新地球

1. 全球金融重置

拆除金字塔體系，將原本不公平的系統，變成均富的系統，把資源歸還給人民。（你會感到非常驚訝，原來我們被偷走了那麼多的資源）

而新金融系統將會用量子電腦來管理，它能夠發揮區塊鏈 (Blockchain)的真正功能，建立一個真正安全、並且由全民（而不是少數的銀行家）監管的系統。

2. 共享地球資源與訊息

大揭露 (Operation Disclosure)就是要公開所有的黑暗計畫，讓全人類看到，並清楚了解他們是誰、他們真正的目的，並下決心做出選擇，不要再被愚弄、擺佈。

當大多數人真正看到黑暗計畫，並了解到這些妙計的精髓之後，是否要對自己的價值觀、人生觀重新審視並調整？

大家（不同的團體與個人）是否會願意團結起來？是否會願意共享資訊？共享資源和技術？讓黑暗勢力「分而治之」的策略不再奏效？（「分而治之」就是讓每個人獨立開來，互相猜忌，而無法團結合作，使人們容易被各個擊破）

大家是否會了解到資訊「公開透明」所能帶來的好處？是否能夠誠實的面對白己，互相真誠對待彼此？

大家是否會重新審視，如果地球上的資源是綽綽有餘 (more than enough)，是否還會同意每個人必須一輩子辛勤工作來換取生活費？

大家是否還會同意透過戰爭來破壞地球的生態環境，汙染地球的能量場？

如果我們認識到，我們都是一體、一個整體，我們在同一個能量場中生活，大家是否會重新認識我們之間的人際關係？我們

與地球、動物、植物、礦物是否能夠在一起和諧共處？

3. 先進科技普及化

目前我們的狀態是：先進科技被打壓，而能被使用的科技都需要對環境有一定的破壞、汙染（交通工具、建築科技、醫療技術……）。

而什麼是先進科技呢？真正的先進科技都體現了對宇宙更深的認識、與大自然合而為一（而非破壞）。

一旦先進科技的知識（專利、論文、文獻）被公開，有人能夠理解並重新實作成功的話，它就能夠被廣泛使用了。

例如複製機（3D列印的進階版）、醫療床、一體成型的建築、自由能源、無汙染的交通工具……等，有非常多先進科技正等待著我們去使用。

這代表地球人類文明將實現「量子跳躍」或揚升，在極短的時間內提升到非常高的狀態。

4. 與外星文明重聚

在地球正進行大轉變的時刻，我們有來自天上的、來自地心的高維度大師們的陪伴與支援，他們會通過心電感應、或是夢境的方式適時的傳遞我們所需要的訊息、DNA代碼、光能量等給我們。

等到時機成熟、我們在心理上、能量上的準備足夠時，大師們將能夠在我們的面前現身！

也許我們互相都期待了許久，等待著這個重聚的日子，等待著重新回到銀河系中各自的家園。

在《銀河光之家族》中，對此有非常詳細的說明。

我們處在一個非常特殊的時代，地球的大轉變即將發生。

你心中夢寐以求的新地球是什麼樣子呢？

你可以盡情的描繪它，盡情的期待它，它會成真的。

也許，就在不久的將來！

也許，它比我們所能想像的更加美好！

2. 新地球計畫：目前進展

（以下模擬對話純屬虛構，如有雷同，純屬巧合）

小龍：「今天我們再次請『返回光的朋友』和我們分享目前地球局勢的進展相關問題。」

返回光的朋友：「好的。」

小龍：「對於我們的讀者，有許多人可能沒有接觸過相關的資訊，你會如何向我們說明目前的局勢發展呢？」

返回光的朋友：「事實上，我今天主要也不會談論太多局勢發展的細節，原因如下：第一，關於局勢發展的情報，不同來源提供的資訊都略有不同，並無統一的說法；第二，我希望大家專注在自己所期望的願景就好；第三，我希望大家找到自己相信的訊息來源，那麼就可以不斷獲得可靠的情報，並在關鍵的時間點收到重要通知。」

小龍：「所以我們今天會概略的談到局勢發展的趨勢，也就是『新地球計畫』的進展，然後引導大家從可靠的訊息去獲得資訊，是嗎？」

返回光的朋友：「是的，這是我希望談論的主軸。雖然大量的訊息具有機密性，無法公開，但是在民眾可以獲取的訊息來源，例如部落格網站、YouTube影片形式等，就已經有非常多重要的資訊可供民眾取用，而這些資訊都是絕大多數民眾所不知的。」

小龍：「太神奇了，公開在網站的資訊，卻是大多數人不知道的！」

返回光的朋友：「訊息本身也是能量，會吸引頻率相近的人。」

小龍：「很好奇有哪些訊息來源可以參考。」

返回光的朋友：「《銀河光之家族》一書，很詳細的講述了整個『新地球計畫』以及如何面對的要領；抵抗運動的公開聯絡人柯博拉(Cobra)也提供了大量關於大轉變的資訊可以參考。」

網路文章：COBRA柯博拉歷年資訊彙總下載（全面揭露 全面揚升）

　　（內容包括柯博拉(Cobra)從2012年3月至今的訊息、訪談、會議記錄等超過2千頁的資訊，用關鍵字搜尋即可快速找到想要閱讀的內容）

　　（『資料庫計畫』→全線閱讀：柯博拉資訊全集—檔案 >> 全局必讀—@jsufo星空間站）

返回光的朋友：「柯博拉(Cobra)經常更新『事件』(The Event)的局勢發展，並組織全球集體冥想(Mass Meditation)來幫助改善世界局勢，讓地球上的許多一般人民都能參加，協助光明勢力解放地球。」

小龍：「很棒的訊息！」

返回光的朋友：「柯博拉(Cobra)在世界各地都有『事件』準備團隊，除了進行『事件』相關任務之外，也預備好當『事件』發生時可以通知一般民眾。『國際黃金時代團隊』在台灣也

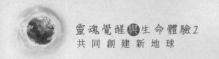

有『事件』準備團隊，他們提供事件傳單。」

事件傳單：

網路文章：【事件】地球的真相與未來

事件簡介：

網路文章：【事件】- 全球和平繁榮計劃

返回光的朋友：「另外，在美國有NESARA（The National Economic Security and Reformation Act，國家經濟安全改造法），在川普任內已擴展成為GESARA（Global Economic Security and Reformation Act，全球經濟安全和改革法案）。」

網路文章：GESARA的20個答案

「很少有人知道，『全球經濟安全和改革法案』（Global Economic Security and Reformation Act-GESARA）最近已被世界上所有209個主權國家執行，它是席捲這個國家乃至整個地球的最具有開創性的改革法案，跨越了人類動盪和短暫的歷史。」

返回光的朋友：「這項法案包含許多人們夢寐以求的內容，例如免除所有債務、廢除所得稅（只徵收銷售稅）、釋放繁榮基金、在全世界建立和平、釋放超過6000項先進科技的專利…等。」

小龍：「如果GESARA實施的話，感覺上可以把整個地球變成天堂！」

返回光的朋友：「我想可以的，回到它本該是的狀態。」

小龍：「這部分可以參考的訊息來源有哪些呢？」

返回光的朋友：「關於美國方面及GESARA的進展，就要參考匿名者Q及第納爾編年史（Dinar Chronicles)相關訊息了，他們持續在提供一些可供人們驗證的內幕消息，做為他們和民眾互動的一種方式。匿名者Q的訊息經常以暗號來表示，但是會有其他人提供解釋，內容通常包含好人（愛國者）和黑暗勢力戰鬥的現況。」

訊息來源：匿名者Q (Q Anon)

https://qanon.pub/

返回光的朋友：「而第納爾編年史 (Dinar Chronicles)的消息比較著重在談論全球金融重置的進展。」

訊息來源：Dinar Chronicles

https://inteldinarchronicles.blogspot.com/

小龍：「我聽說有所謂的大逮捕 (Mass Arrest)將會到來？」

返回光的朋友：「關於清理黑暗勢力的進展，雖然有很多資訊仍然是機密，但有一些比較詳細的資訊可以參考。」

訊息來源：Notable Resignations Worldwide（全球知名辭職）

https://www.resignation.info/

訊息來源：#sealedindictments - Twitter（密封起訴書）

https://twitter.com/hashtag/sealedindictments（已被偽造）

（推特內容顯示，密封起訴書的數量從2017年10月30日～2020年8月31日已有193,786件）

小龍：「我聽說密封起訴書 (sealed indictments)是為了防止被起訴的黑暗勢力逃亡，所以將他們的名字密封起來？」

返回光的朋友：「是的，我們真的有很強大的好人團隊在做這樣的事（Q團隊／Positive Military／正義軍），並且已經達到很好的效果。即使這樣，我們還不會在新聞媒體上看到這些故事，所以需要從其他的資訊來源去得到消息。當然，這表示我們的主流媒體已經無法呈現世界上真實發生的事了。」

小龍：「如果要打開密封起訴書 (sealed indictments)，會產生大量的刑事案件，法院的審理速度實在太慢了，一審、二審、三審……？」

返回光的朋友：「這會採用軍事法庭而非一般法庭，速度會很快，並且關塔那摩監獄 (GITMO)也早已準備好了。」

小龍：「效率真高！那麼這與全球金融重置 (Global Currency

Reset)有關嗎？」

返回光的朋友：「有的，黑暗勢力一直在阻止全球金融重置，因為你知道的，黑暗勢力如果沒有控制全世界的金錢，他們的所有計畫將無法進行，所以他們必須維持原本的SWIFT金融系統，才能不斷的從各種金融商品及其他方式從人民手中『合法的』把錢偷走。」

小龍：「如果金融重置發生了，錢都回到人民的手中了？」

返回光的朋友：「是的，這就是好人的目的。你無法想像到底有多少錢……有多少屬於你的錢被偷走了。」

小龍：「有沒有關於台灣或中國的訊息來源？」

返回光的朋友：「台灣有一些很好的訊息來源（可參考『資料庫計畫』→訊息來源→即時資訊），而中國的有微信的144000（已被封鎖）及GNews（郭文貴／班農）等。」

（144000和GNews請參考〈3-1.我的訊息來源〉）

返回光的朋友：「舉例來說，144000談論亞瑟王、聖杯的意義、聖史蒂芬皇冠、抵抗運動與紅龍如何在中國帶來『事件』等；GNews則是揭露中國的黑暗，並成立『新中國聯邦』。」

小龍：「我們今天介紹了許多訊息來源，你能不能給我們一些整理，關於『新地球計畫』各個項目目前的進展？」

返回光的朋友：「關於即將被拆除的系統，包含移除黑暗能量武器、黑暗網格、金字塔體系、黑暗勢力關鍵人員、終止黑暗計畫等，提供相關資訊（可公開的情報）如下。」

1. 移除黑暗能量武器：

網路文章：【新】【地球盟友Cobra】2020年7月21日訊息《天體的音樂》

「雖然所有的電漿頂夸克炸彈都已經被拆除，目前還有一些跟人類植入物綁定的量子疊加態頂夸克炸彈。這些炸彈是逆變能量網格的節點，它們是地表控制矩陣的骨幹。這些量子疊加態的

頂夸克炸彈，不會造成太大的問題。它們的拆除難度，比電漿頂夸克炸彈容易許多。光明勢力會在肅清龍人艦隊的過程中，一併拆除這些炸彈。」

2. 清除黑暗網格 & 建立光網格

網路文章：第四階段全球如意寶珠及西藏自由意志水晶 光網格專案彙報及回顧

「自從2015年6月8日，COBRA公布了如意寶珠的訊息後，行星地球的解放工作，邁入了全新的突破進展，在許多致力於行星解放的地表光工、光戰士與天上及地下的光明勢力的齊心團結下，終於，時間來到了2017年初，行星地表光網格已足以承受事件閃焰的洗禮。」

（文章並報告截至2018年11月21日世界各地埋放的如意寶珠數量）

3. 拆除金字塔體系

全球金融重置與GESARA仍在進行中，在完成之前無法看到結果。

4. 逮捕黑暗勢力關鍵人員

雖然有許多傳言，在完成之前無法看到明顯結果。（與全球金融重置相互關聯）

5. 終止黑暗計畫（僅舉一例）

網路文章：《福島污染解決方案 - 給人類的禮物》凱史先生論文

「這篇論文分為三個主要部分，第一部分是由凱史基金會太空飛船學院的知識尋求者在日本福島進行的三天實驗的詳細實驗報告，第二部分是由凱史先生對福島污染處理方案中的原理與方法進行詳盡的闡述，第三部分則是由日本一家組織對凱史基金會的污染處理方法的評估報告。」

返回光的朋友：「關於大揭露 (Operation Disclosure)方面，許多的爆料一直在進行，但是要受到主流媒體關注，並不容易。例

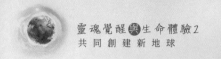

如，美國國防部開始承認UFO（外星人）的存在。」

網路文章：美國防部正式承認三段流傳UFO影片屬實（2020年4月28日）

「據Global News報導，周一美國政府公開了三段『不明飛行現象』的絕密影片，確認2017年首次出現的影像片段是合法的。五角大樓稱，這並不是說這些影片裡有外星人的真實鏡頭，只是說影片中看到有飛行物體，但仍然是「不明」。不明的，飛行的，物體。換句話說，是不明飛行物體。」

網路文章：美國防部和總統公開談論外星人 透露特別訊息（2020年6月22日）

（6月21日（週日）是北美的父親節。川普總統競選團隊通過福克斯新聞(Fox News)，發布了一段以父親節為主題的影片。片中，川普兒子唐納德詢問是否有外星人？「您能不能開放羅斯威爾，讓我們去那裡看個究竟呢？」唐納德問父親。川普則說：「對於那裡，我不會告訴你我都知道些甚麼。不過，非常有趣。」）

返回光的朋友：「你能想像光明勢力正慢慢的開始揭露關於外星人的真相了嗎？而這只是一個開始，揭露的真相訊息量將會爆炸性成長！」

小龍：「我猜黑暗勢力最怕的是，人們開始問問題，開始質疑以往所有被告知的故事。」

返回光的朋友：「是的，所以現在轉變的關鍵在於民眾，如果能發揮出眾人的力量，就會勢如破竹！」

小龍：「當黑暗勢力、負面外星人等被清除乾淨以後，地球人類文明又將如何發展呢？」

返回光的朋友：「我們會有無條件基本收入、先進的靈性科技，再來就是準備和外星人接觸了，大家在等待著我們加入銀河社區、成為宇宙大家庭的那一天。」

網路文章：天狼星訊息【第一次接觸的腳本、階段】

「【腳本】

1.銀河聯邦的公告，由新政府宣布

2.第一次接觸，全球電視廣播

3.由聯絡員開始執行教育計畫

4.「規定區域」內的大規模登陸

5.揭露時間框架，在地球社會進入地球內部之前」

小龍：「這是所謂的揚升嗎？」

返回光的朋友：「是的，我們知道，有三波揚升。有三波志願參加的人來到地球。」

摘自《天啟》一書：（《三波志願者與新地球》摘要筆記）

第一波段志願者：生於1945（原爆後）～1970年－為後人開拓道路

第二波段志願者：生於1970～2000年－具有正面能量，專注在幫助他人

第三波段志願者：生於2000年以後－新小孩、世界的希望，帶有新人類的DNA

返回光的朋友：「而揚升發生的時候也是分為三個波段。」

摘自《銀河光之家族》一書：

「你們想要揚升嗎？揚升是一個漸進的過程，而且會在最後的事件中達到高潮。最後的事件實際上就是地球的集體揚升潮。集體揚升潮一共有三波。第一波集體揚升潮會讓地球上意識水平最高的星際人類（他們來自其他恆星系並且轉世為人）找回他們的真實身分。第二波集體揚升潮會讓其餘的星際人類晉升成為揚升大師。第三波集體揚升潮則會讓準備好的人們跟著揚升。」

（書中提到，第一波揚升人數約1000-2000人，第二波揚升人數約144,000人，第三波揚升則是和大撤離一起發生，並且有一個選擇的機會，選擇繼續在其他三維星球生活，或是揚升成為

揚升大師回到五維新地球）

　　返回光的朋友：「今天就談論到此，地球正在經歷大轉變，未來的世界與生活將會非常不同，如同天堂般美妙的世界將呈現在我們眼前，人類所有的願望都將實現，讓我們一起期待，並做好準備轉換到新地球。」

　　小龍：「好的，謝謝你。」

3. 我的新地球計畫：動物天堂

　　在新地球到來之時，所有動物都能與人類和諧相處，快樂而自由。

地球上動物的現況

　　我們對待動物的方式，都是對待自己方式的反映。

　　地球上有許多人善待動物，但仍有許多動物沒有受到良好的對待，甚至有許多動物受到虐待。（與人類小孩的情況一樣，被用來維持負面能量場）

　　我們常常看到有人養狗，用鐵鏈把狗狗栓起來，於是在散步的時候，狗狗要往西，但主人要他往東，這種缺乏自由的狀態，經常出現。

　　我們有時也會看到主人喝斥動物、與朋友聊天時批評自己的動物、或是以為動物聽不懂而說出貶低的話語（例如開玩笑的

說：你好笨）、甚至把狗狗的毛剪成獅子的形狀等…。

再看看想要幫助動物的人，是受到怎樣的對待的：

網路影片：流浪動物之家新地無著落　600浪浪恐重回街頭

（「張媽媽流浪動物之家」講述地主和政府的冷漠對待，可以看出讓動物過的幸福並非他們所期望的目標）

網路文章：不要再買兔子了！——媽咪安琪拉

（文章講述兔子成為寵物行業的運作方式，大量繁殖並且未受到良好對待，但提到也有善待兔子的店家）

可見當前的情況，想要幫助許多動物並不容易，即使有足夠的資金、自然環境的土地，還會受到政府的監管，並且會阻礙現有的動物買賣相關行業的生意，挑戰相當多。

動物是大自然神聖的禮物

有許多的語言充滿著對動物的歧視，因此大家早已習慣把動物看成比人類低等的生物了。

當然，這當中一個很重要的原因，是動物學不會語言。這點讓人們難以搞懂動物想表達的話語，因此也不太能夠理解動物的感受。

但是，人類除了能學語言這點比較特別之外，和大自然融為一體、或是和諧的相處，卻遠遠不如動物。

舉例來說，動物能感知到天氣的變化、在地震即將到來之時會有奇怪的反應等，都可以看出動物和地球、自然界的連結比人類還深。

因此，對於想要進入新地球、想要在自然、和諧的環境中生活下去的人來說，動物可以教我們的事不是很多嗎？

網路影片：超感人《貓咪的憤怒》不要再丟下我啊！（已被封鎖）

　　（有天貓咪開始很生氣每天呼天搶地大叫，變得很暴躁，想摸貓咪的人，都會被咬一大口！之後主人請來一位寵物通靈師海蒂 (Heidi)，海蒂讀取貓咪——古拉的意識，教主人用眨眼的方式發送愛給貓咪，使他冷靜並放鬆下來，更說出古拉幼時被母貓丟棄，而領養的主人因為念書而不再回家陪伴他，悲傷轉為憤怒的感受。最後海蒂教主人把真愛發送給貓咪，化解了多年的恐懼，古拉也消除了憤怒，變回可愛的貓咪）

　　動物都是期待陪伴我們，也期待我們的陪伴的。和動物相處不需要語言，只需要真誠以對。

　　像這樣的關係，不是主人和屬下，而是朋友。

網路文章：狗狗即將離世，通靈師翻譯出了狗狗的遺言，瞬間淚奔

　　（看護犬Gretel在離世之前一直吠叫，主人野口先生聽不懂又想為他做點什麼，於是請來寵物通靈師海蒂 (Heidi)，海蒂說出了一些神奇的事情。海蒂從Gretel的叫聲聽出家裡還有一隻看護犬Marble、以及Gretel非常喜歡和野口先生一起打棒球時他的表情，並說Gretel希望永遠在他身邊保護他，永遠讓他那樣開心快樂）

　　人類和動物一直是互相陪伴的好朋友，許多人也在靈魂層面上和動物有著互相連結的關係：

網路文章：死前約定「一定要來找我！」虎斑貓花數年找到馬麻：我遵守承諾來了

　　（作者養了一隻石虎，名叫小虎，道場師父及其他老師都特別提到作者和小虎前世有因緣。有一天作者進入催眠狀態後看到前世的自己和小虎開心的生活在一起，但作者自己卻摔死了，臨死前和小虎約定來生再續前緣，而小虎居然早就認出作者了，最後終於相認。）

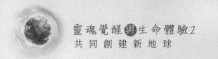

揚升就是能與動物和諧的相處

我們人類有許多性格、情緒、能量上的缺點，當它們表現出來的時候，可能就會投射在動物身上，而造成一些不太開心的結果，但動物對此可能都選擇逆來順受。

如果我們能看出一些動物的優點：他們雖然不會說話，但是他們和自然界的連結、感應能力，卻是我們不及的。那麼，是否能夠尊重動物？把他們當成朋友？

如果我們試著在心裡表達一些想法，例如「我希望能讓你感到很幸福」，然後傳送給動物，看他們是否會接收到，結果可能會出乎你的意料喔！

網路文章：【新】【巴夏】《動物，是我們的家人！》

（與會者提問如何喚醒人類意識到動物無條件的愛，巴夏的回答是讓自己到大自然中親自和動物、植物、礦物交流，並認識到他們就是自己、自己意識的延伸。）

另外，我們也常被教導，動物是會互相殘殺的、兇惡的。

其實，在負面的能量場之中，所有的生命都會受到影響，而產生負面的行為。

所以，創造和維持正面的能量場（和諧、快樂…等），對地球上的所有生命都相當重要。

人和動物和諧的相處在一起，將有助於維持正面的能量場：

網路文章：聖哲曼空間——貓咪的呼嚕聲可以清理空間的負面垂直電波能量

「下次看到貓咪跳到你身上睡覺發出呼嚕聲，祂可能正在幫你消除負面電磁波喔！」

網路文章：【彌勒教導】動物

「很多人的前世生命與鳥、馬、羊、山羊以及其它的動物有聯繫。不只是貓和狗，所有動物都能在你們的生活中起作用。大

多數動物有很高的直覺，遠遠超過你們。它們活在現在，從一個時刻到另一個時刻，它們不想將來或過去，只想現在。我相信你們很多人在每一天工作結束後都有動物在幫助你們放鬆和舒展自己。如果被許可的話，所有動物都可以幫助人類；換言之，如果你們讓它們幫助你們。」

動物天堂計畫

這個計畫最初只是一個靈感，讓我發現到自己有機會創造一個人與動物和諧相處的環境。

動物和我們許多人一樣，是來幫助地球揚升的，並且陪伴我們，忍受我們的負面情緒所造成的傷害，一直到今天。

因此，他們和我們一樣，對這個「舊地球」已經有著很大的貢獻，並且已經忍受了太多的傷痛。在這個「舊地球」即將消失、「新地球」即將誕生的時刻，是時候召回這些受傷的伙伴們，開始為他們療傷，並一起轉換到自由、喜悅、豐盛的新地球了。

可能許多人平常的生活就是以工作為主，並且在工作中無法有太多實現夢想的機會，因此不太能理解「自由」，也不知道一個人如果「自由」了會怎樣？能做什麼？更不用說「自由」的動物會怎樣了。

因此，「動物天堂計畫」將能夠來回答這些問題：

真正快樂的動物會是什麼樣子？

自由的動物會是什麼樣子？

「動物天堂計畫」首先需要一個自然環境：

　　「動物天堂」需要人力協助種植作物，自給自足。

　　還記得先前提到過，現實世界的產業鏈帶給我們的食物，被人為加入了許多負面的材料嗎？

　　因此，自行種植的作物就可以避免受到各式各樣的汙染。（當然環境的能量場也很重要）

　　「動物天堂」可以使用先進的自然科技，因此需要自然／靈性科技研發人員、技術人員。

　　依據「動物天堂」環境大小、人力多寡，決定從世界上救回的動物數量，預計將會包含許多不同種類的動物。（規模由小而大慢慢進行）

　　在「動物天堂」中，人們和動物將生活在一起，互為朋友，參與的人員將實際感受到與動物和諧相處的快樂。

　　許多動物是需要人類陪伴的，所以「動物天堂」的成員將會長時間與動物相處在一起，時常一起玩耍。

　　「動物天堂」需要有療癒師，能對動物以自然療法進行療癒，也能對成員和能量場進行療癒。（維持在高頻的能量場，將不容易有傷害發生）

　　「動物天堂」將允許每次1～2位參觀者進來遊玩，當你進場參觀時，將會有動物帶你入場，將你引導至我們所在的大廳。（這些親近人類的動物將是自願去引導，而不是被人工訓練出來的，到時我們將能看出自由、快樂的動物是什麼樣子的。）

　　只要「動物天堂」第一個場域順利成功之後，將會再規劃複製到全世界，那時將能再救出更多的動物。

　　在「動物天堂」中，飲食是同步的，「我們吃什麼，動物就吃什麼」。

　　這並不代表我們會強迫動物吃，而是當人們和動物感情好、默契好的狀態下，動物們也都會想吃人們吃的食物。

　　舉例來說，我小時候曾經養九官鳥，自從餵他吃香蕉（也有芭樂）以後，他就不太愛吃飼料了：

網路文章：【意料之外】抗老化第一名的食物

　　「1. 香蕉在抗氧化食物排名中，是獲得冠軍的第一名！想要保持年輕，每天吃 1 根香蕉。

　　2. 南瓜和紅蘿蔔是一種強力的抗氧化劑，名列第二。」

可見動物的直覺能力是不是特別好！！？

我們甚至能跟隨動物的選擇，來判斷哪些食物是健康的。

　　那麼，除了鳥、猴子之外，還有沒有其他動物可以吃香蕉的？可能很多喔，例如：

網路影片：萌到融化！吃香蕉吃到「臉頰圓鼓鼓」的獲救狐蝠寶寶

　　「這是艾莉西亞小姐（Miss Alicia），牠是一隻從澳洲昆士蘭救回來的狐蝠。牠被車撞傷了，因此需要接受療養與復健，但看來艾莉西亞小姐真的超愛吃香蕉！」

網路影片：Funny Baby Bunny Rabbit Videos #2 - Cute Rabbits Compilation 2018

　　（從影片可以看到，兔子也可以吃香蕉）

「動物天堂計畫」的相關例子

在我高中時期，曾與超過5隻流浪狗有過良好的相處經驗，快樂的日子並不長久，但與動物像朋友一樣相處的經驗，一直伴隨著我至今。

目前「動物天堂」計畫還只是一個構想，但願能藉由「吸引力法則」的力量，幫助我實現願望，一旦資金、高頻能量場的環境到位，就可以開始進行了。

在此之前，我們可以先看看一些相關例子，使你對「動物天堂」計畫能有一些想像空間：

網路影片：一個住著700隻貓咪的大貓屋

（加州動物之家收容了許多失去主人的貓咪，那裡的貓咪都過著幸福快樂的日子，主人不但每天陪伴他們，還打算在將來給他們更多禮物）

網路影片：讓大象為你Morning Call！全球首間與大象同住的民宿

（這是位於泰國清邁的柴萊蘭酒店 (Chai Lai Orchid)，真正在叢林裡，並且是唯一人與大象共住的民宿。民宿主人租下了一些被虐待的大象，他們有「大象叫早」服務，象夫和大象會幫遊客把早餐送過去，遊客可以和大象一起食用早餐、和大象一起玩水。）

網路影片：Birds-of-Paradise Project Introduction

（「天堂鳥計畫」揭示了地球上39種最精美的稀有動物的驚人之美。這雖然不是「動物天堂」的計畫，但是仍然展示了自由、快樂的動物給人們非常不同的印象，天堂鳥在不受人類干擾時，會唱歌、跳芭蕾舞、把自己變形成完全不同的形狀等，令人大開眼界。）

最後，期待在不久的未來我們將能看到「動物天堂」的出現，或許你也在計畫之內，如果你喜歡動物、能善待動物，歡迎加入「動物天堂」的行列。

4. 沒有金錢的豐盛世界

在這篇，我們將會天馬行空一下，來談談未來可能的轉變。

未來會有一個比較明確的計畫將被實施，那就是先前介紹過的「無條件基本收入」(UBI)。

例如，每人每月會獲得1000美元（甚至更多）的收入，相當於大約30,000台幣，可供我們生活之用。（關於錢從哪來，只要了解一下我們被偷走了多少錢，那些錢目前被怎樣使用，就完全可以回答）

看起來這只是一個發錢的動作，似乎對整個社會沒有造成什麼影響？

但是，我們的社會中每個月收入少於30,000台幣的大有人在，他們受雇於各式各樣的低薪企業，這些行業幾乎遍布整個社會。（否則的話，你是不是隨便找一個工作做，都能得到高薪？）

　　如果無條件基本收入(UBI)實施了，那些每月收入低於30,000台幣的人，是否會考慮一下要不要繼續原本的工作？

　　那麼那些低薪的行業是否還能存在？

　　他們勢必要做巨大的調整，否則將會在地球上消失。

　　然而，那些低薪的企業是否善待員工、尊重員工、照顧員工？

　　如果他們對待員工的態度，就像他們給的薪水一樣，把員工當成廉價勞工來對待，那麼當轉變到來，這個態度有辦法在極短的時間180度的改變，變成善待員工嗎？我想這會是所有的企業將會面臨到的問題。

　　我認為，許多的企業將因為無法提高頻率到愛的層次，而面臨倒閉的命運。

　　從這個角度來看，無條件基本收入(UBI)對整個世界的影響如何？應該不是只是發錢而沒有實質意義的政策吧？

　　甚至整個世界、整個人類社會都會因此發生巨大的改變。（當然不只無條件基本收入(UBI)，GESARA還包含許多其他措施，因此世界的改變將更為巨大）

　　「用功念書，考上好學校，將來才能找到好工作」的邏輯也將不再成立！（這是否對整個教育體系也有著巨大影響？）

　　「因為我需要錢，所以我必須工作」的邏輯似乎也未必成立！

　　這代表我們每個人都需要重新思考「我到底為了什麼而工作」這個問題，審視一下自己目前在做的事，並思考未來想做什麼。

揭露黑暗行業

有許多行業充滿著對地球及人類的破壞與傷害，例如建築

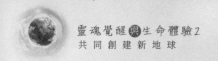

業、食品業、醫療業、交通、能源業……等。

　　相較於古代文明的建築（如金字塔），我們今日的建築業不斷的給地球鑽洞；食品業允許對人體有害、有毒的物質充斥在市面上，而揭露的聲音很少被人們聽到；醫療業認證的醫師、醫院提供給人們有副作用的藥物，並打壓自然療法，自然療法即使再有效，因為不被權威認證，也不會有合格證書，因此即使能救更多人都仍會被認為是非法的。

　　交通總是在上下班的尖峰時段大爆滿（未來因工作而須通勤的人數將大為減少），並且排放大量廢氣、製造大量的噪音等，對地球及人類都是傷害。

　　關於能源業，在〈2-2. 你是個有知覺的人嗎？你對你的處境了解多少？〉我們談論過「石油」，關於石油的來源及存量，我們學到的知識可能都是造假的訊息；同時假訊息也告訴我們金字塔是法老的陵墓：

網路影片：如果金字塔不是陵墓，裡面那個石棺究竟是什麼——老高與小茉

　　「在任何金字塔裡面都沒有發現法老的木乃伊，不說法老的木乃伊，就是連皇室的，跟法老有一點關係的人的木乃伊都沒有發現過」

　　如果金字塔是用來發電的，能夠在世界範圍內生產源源不絕的電能供全世界的人使用，也就是如果「自由能源」(Free Energy)存在的話，電費就將成為免費的。

　　所以，隱藏自由能源的知識、隱藏石油的真相，就會讓人們以為能源是有限的，並且一定要通過破壞大自然的方式才能取得、才能使用能源。

　　當然，除了這些之外，與金錢相關的行業也不遑多讓。

　　我們花所有的時間、精力工作，就是為了賺取少少的生活費。

　　然後，我們購買金融商品（股票、期貨、債券……），使錢又流回到有錢人手中。

　　同時，我們貸款買房子、買車等，不但需要多支付利息，還幫助維持整個「以負債為基礎」的金融體系存活下來。

　　另外還有在黑暗之中的詐騙行業、毒品、人口買賣、暗網……等巨大的收入來源，使得金錢和黑暗的商業行為綁定在一起。

　　所有這些都和金錢相關，因此如果無條件基本收入 (UBI)得以實施，這些負面行業及黑暗網路將能順利拆除，因為不再有人需要為了賺錢而去做那些事。

　　由以上討論可知，「為賺錢而工作」將會允許一些負面行業的存在，並對我們和地球造成影響。

　　例如，醫藥業為了賺錢，一些真正有療效的藥就不能賣了，因為它們不賺錢，甚至成本太過便宜，並且如果使用一次就完全康復，給這種藥不就代表醫院失去這位病人了嗎？

　　從很多現有的情況來看，「賺錢」和「真正服務大眾」是背道而馳的。

向新地球過渡的時期

　　一旦量子金融系統 (QFS)被正式使用，人民的錢就無法再被偷走（收利息、課稅、盜領…等），因為所有的交易都即時被記錄，並且無法修改。

　　那時，人民將會擁有真正屬於自己的財富，而「工作賺錢」將不再是人類文明的主要活動。

　　人們將會進行創作、分享，這些仍然可以獲得金錢回饋，但屬於紅利，而不是生活必須的部分，即使工作也不會有太大的壓力，可以輕鬆進行。

　　因此，人民整體的壓力數值將大為降低，想要活著、吃飯將不再是問題，民生物資將非常豐富，不需要囤積大量食物、生活用品（不用擔心會有人為製造的災難、戰爭等問題），土地及房屋也將可免費擁有。

網路文章：俄羅斯免費送地：只要你去遠東，已15萬人申請，40%想要中國邊境

　　（2016年，俄羅斯啟動了一項名為『遠東的一公頃』的計劃，如果你願意去俄羅斯遠東地區生活，俄羅斯政府會贈送免費土地給你，以鼓勵人口遷移。申請成功就送1公頃，相當於1萬平方米。你不必為土地支付任何費用，但有條件，那就是在五年內，你必須建造房屋、農莊或以其他方式開發土地，這樣你才能擁有土地的完全所有權。）

　　由於「工作賺錢」不再是未來生活的重心，因此學校教育也將有巨大的改變。

　　以往為訓練工作專長的「生產線」式教學方式將不再適用，學生將不再一排排整齊的坐在教室聽講，教育將會重視心靈、文化、藝術。

　　因為沒有工作壓力，每個人將視自己的喜好、興趣、個人夢想等因素，自行選擇想學的項目來學習，教育變成是幫助每個人實現夢想的工具，而不是用來衡量學生及不及格的標準。

　　如同《駭客任務1》的劇情，語言、知識、技術將不再是學習的主要重心，它們將能在很短的時間內獲得，並且由於不需要「工作賺錢」，人們也不再需要把自己訓練的那麼厲害了。

　　到時仍然會存在技術人員，但需求數量不會那麼多。不會再用專利來綁住對人類文明有重大貢獻的技術，那些技術將能很快複製給所有人類使用。

新地球行業誕生

在國際黃金時代團隊舉辦的「大轉變（事件）與未來職業大預測」研討會中，Jedi提出休閒／旅遊／文化／藝術／身心靈健康等能涵養心性的產業將會蔚為風潮；與自然及生態融合的建築及居住空間將會大量出現，居住品質、生活品質將是人們未來關注的焦點。

在〈3-7. 幻想世界是真實存在的〉提到「名偵探拳頭」解析阿瑟克拉克的作品《最後一個地球人》：

「在這個真正的大同世界裡，基本上沒有國家的邊界了，機器人工廠提供著源源不斷的產品，生活必需品完全免費，犯罪實際上已經消失了，因為沒有必要。人們要麼是為了奢求某種高檔享樂而工作，要麼就是什麼工作都不做，城市中的馬路上，到處都是可以飛行的汽車，隨著教育的興盛，宗教日漸衰微，同時科學也在衰退，雖然技術人才很多，但卻沒什麼人想成為前沿的創新者。人類無心顧及基礎科學的研究是因為，花上一輩子時間，破解那些超主早就解開的謎，實在沒什麼意思。」

一旦複製機普及之後，與物質相關的行業將會消失，因為每個人都可以用自己那一台複製機來獲得自己想要的許多生活用品、以及食物：

網路文章：外星科技──複製機

【柯博拉Cobra】2015年3月16日RobPotter訪談中，柯博拉談到複製機是一台把乙太物質轉化為有形物質的機器。Rob問到外星人的飛船如何用複製機做出義大利麵條和肉丸，柯博拉回答說：「就好像一個電腦程式，指定分子結構，原子結構，元素化學比值，物體的形狀，大小，紋理，物理性質，然後就能顯化在現實層面。」

網路文章：【新】【光之兄弟群體】2019年10月傳導《為無法使

305

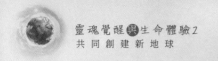

用手機、互聯網、金錢做好準備》

「將來有一天，不會再有社交軟體，世界將徹底發生改變！那時人們之間的交流會遇到問題，已經不會與他人交流的人得重新學習如何交流。請相信，那會比通過機器交流帶給他們更大的樂趣。會有那麼一天，人們無法再上網、用手機或使用金錢消費。這會暫時造成巨大的恐慌。所以請你們做好準備──準備好不再使用那些科技產品，不再使用目前社會上的運作方式。」

新地球與未來

過渡時期之後，人們將更少依賴金錢，每個人將會習慣每月固定的自動進帳，這是不需要靠工作換來的，並且它是足夠基本生活開銷的。

同時，因為人人都有自己的房子，根本無法用來做為獲利工具，因此房價將會爆跌。

另外，自由能源將使電費全免，交通工具也將更為方便，不需通勤，所以使用人數比現在少很多，也不需要付費。

人們不需忙著賺錢，壓力不見了，慢慢的金錢是否就不再受人們所關注了呢？

人們將會把視線從金錢上移開，並且更為豐盛，此時金錢就將可以退役了，它將會慢慢的從地球上消失。

人們會了解到，我們所習慣接觸的那些科技，相較於被隱藏的大量黑科技來說，太過複雜且功能有限。

人們會開始大量接觸新的自然、靈性科技，並將它們運用在日常生活中。

然後人們將會發現，原來做任何事都可以如此簡單、輕鬆，不用破壞大自然，也不需要使用暴力（手段／思想）。

人們將開始修復以前因為錯誤對待地球的方式而造成的損

傷，使身體回復到完全健康狀態，也不容易老化。

　　人們將開始開發自己的人體潛能、研究訪問阿卡西記錄的方法，喜歡科技的人則會去研究特斯拉留下來的論文、文獻等（到那時被列為國家機密的文件可能也已被公開），了解無線傳電、自由能源、星際通訊……等多項被隱藏已久的先進科技。

　　人們將會對飛碟的飛行原理產生興趣，嘗試去坐飛船，並探索如何不使用語言而用心電感應和外星人交流等。

　　你想去地心、太陽系的其他行星、銀河系或更遠的地方旅遊嗎？

　　世界的豐盛（物質、精神）將會顯現出來，選擇留在新地球並願意一起揚升的人們將會見識到那無限的可能性，並親眼看到許多奇妙、神奇、神聖的禮物提供給我們。

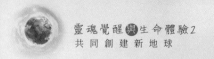
5. 亞特蘭提斯文明

　　亞特蘭提斯 (Atlantis)不只是傳說中古代文明的名稱，更是我們將要建立新地球的文明。

　　本篇要來談論的是歷史沒有告訴我們的古代文明，我們知道蘇格拉底、柏拉圖、以及亞里斯多德，他們被稱為「古希臘哲學家」，然而柏拉圖在書中提到過「亞特蘭提斯」古文明 (Atlantis)，卻沒有被我們當成歷史來看待。

　　到今天相信有很多人可能不知道柏拉圖有談論亞特蘭提斯，甚至對柏拉圖的印象就是哲學家，不可能談論歷史、科學等等。

　　然而，我們的科學卻有許多無法解釋的地方，許多的證據顯示我們的達爾文進化論經不起時間的考驗：

網路文章：人類曾經多次被毀滅，史前文明照片集錦

　　（從許多出土的遠古時代物品：腳印、花瓶、衛星地圖、古地圖、飛機模型、核反應堆、巴格達電池……都證明了遠古時代就已有人，並且科技比現代還發達）

　　我們可以發現到，有許多關於歷史的真相和資料，被系統性的刪除，或是隱藏起來，包括現在在網路上的資訊。

　　在這種情況下，關於「亞特蘭提斯」只是傳說、幻想故事？還是真實的歷史呢？

　　線索與真相將在你面前顯示！

<u>古代文明的遺跡、歷史是屬於全人類的巨大寶藏，並且將再次歸還給你、我、所有人類。</u>

如何理解關於古代文明的線索？

關於古代文明的知識，一直有少數的民族有流傳下來，以致於我們至少可以聽到一些傳說。

有好奇心的科學家也找到了不少線索，至少在科學界無法被否認，但只會被認為「無法解釋」。

而有些人則是把透過通靈得到的訊息記錄下來，並分享給大家。

首先，我一直很好奇的點是：為什麼大西洋的英文是Atlantic Ocean？亞特蘭提斯則是Atlantis，從英文單字的拼寫中，我們可以發現極高的相似度，難道亞特蘭提斯真的曾經存在？

《哆啦A夢電影版——海底鬼岩城》也出現大西洋的「亞特蘭提斯」及太平洋的「姆」。

如果你有興趣，也可以自己進行一些研究，來取得一些可信的資訊。

前面那篇文章談到：「在神州大地昆侖山這裡就流傳下來易經八卦，河圖洛書，太極陰陽等等這些仙道的文化，這些都是一種史前文明的繼承。現在，這就是我們這一次的人類文明，第五次太陽紀人類文明。」

關於一個文明毀滅，重新建立文明的過程，雖然我們無法看見，但是至少大家耳熟能詳的「冰河時期」恐龍滅絕、小行星或隕石撞擊地球等都能使大環境發生改變。

因此，我們處在多次重建後的文明，完全是可能的。（只是其中的原因和目的需要被揭示）

至於準確的年代，則因為放射性定年法或其他方法都只是

理論，並且無法得到驗證（無法詢問去過古代的人答案是否正確），因此恐龍到底是幾億年前？還是數百萬年前出現在地球？也無法得到證實。

人們喜歡用辯論的方式來確認真相，但其實辯贏了也不見得就是對的、就是真相，因為真相只能從心去尋找。

關於古代文明的非主流知識

接下來，我們要透過網路上的可靠資訊，來拼湊出古代文明的一些輪廓，了解當時各方面的情況。

雖然這些資訊，以我們所學的知識來推論，都無法確認其真實性，但如果你曾經生活在那些文明時期，也許會因為看到這些訊息而回想起一些舊記憶。

網路文章：地下城市的祕密 一

（談論到亞特蘭提斯和另一個更古老的文明「列穆里亞」(Lemuria)，列穆里亞簡稱為姆，也就是「姆大陸」。亞特蘭提斯在大西洋，列穆里亞在太平洋，兩個文明在25000年前因為理念不合而發動核戰爭，並且在15000年後，兩個大陸都沉到海底。）

網路影片：【震撼】亞特蘭提斯真的找到了，神，真的存在過——老高與小茉

影片中提到，撒哈拉沙漠－撒哈拉之眼可能是亞特蘭提斯遺址的幾個線索：

1. 柏拉圖（《提邁奧斯》對話錄）對亞特蘭提斯城直徑的描述是23.49公里，撒哈拉之眼的直徑是23.5公里
2. 柏拉圖描述亞特蘭提斯在直布羅陀海峽（分隔大西洋與地中海）對面一個島旁邊的一個島
3. 撒哈拉之眼所在的國家茅利塔尼亞，原住民的傳說中，

他們的第一代國王叫阿特拉斯 (Atlas)，與柏拉圖描述的亞特蘭提斯國王名字相同

4. 柏拉圖說亞特蘭提斯被巨浪打下去，成為了一個船永遠無法到達的地方

從這些資訊又可以看到大西洋 (Atlantic Ocean)和亞特蘭提斯 (Atlantis)關係密切。

巴夏通靈訊息也談到亞特蘭提斯，並告訴我們萬聖節的由來：

網路文章：巴夏——亞特蘭提斯最後的日子

「你們十月到十一月的過渡期是它毀滅的紀念日，這就是為什麼，雖然它變成了別的東西，變成了不同的翻譯，然而這就是為什麼你們有10月31日萬聖節前夜，還有11月2日萬靈節和11月1日的萬聖節的最初原因，即亞特蘭提斯毀滅的前一天，毀滅的當天，毀滅的後一天，這就是設立這些神聖日子的最初原因是為了紀念它。」

可見關於這段我們早已遺忘的歷史，對我們當今社會的潛在影響，可能比我們想像的還深遠。

網路文章：【推】【大天使麥達昶】《亞特蘭提斯：陷落的傳奇》

「亞特蘭提斯是一個很好的全息教材，對一些人來說，對亞特蘭提斯的回憶不僅僅是一種療癒。的確，對某些人來說，它是必需的療癒，必需的淨化，而對其他人來說它是一種仁慈的授權。它使你回憶起自己曾經生活在智慧和和諧之中。不論你在亞特蘭提斯時期是什麼樣的人，親愛的人們，地球上 70% 的人都經歷過那個時期。現在，亞特蘭提斯在呼喚你們。」

對於曾經在亞特蘭提斯時代生活過的人來說（依照大天使麥達昶 (Archangel Metatron)的說法，有70%的人），當時的文明及所發生的事，可能都深深的影響著我們的個性、我們所害怕的事

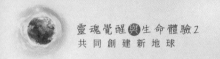

等（即使我們已經想不起來當時的情況）。

因此，如果能療癒我們在古代文明曾經留下的心理、能量層面的創傷，也就更有機會重新獲取亞特蘭提斯的舊記憶，並且讓自己的經驗更完整。

列穆里亞的文化與科技

列穆里亞（姆）是比亞特蘭提斯還要古老許多的文明，依據《銀河光之家族》對「列穆里亞」的描述，列穆里亞始於一個七百萬年前的生命實驗，當時人們的靈性與科技都遠超過現代的水準。

以下讓我們稍微感受一下列穆里亞文明的世界吧。

網路文章：【新】【昂宿星】20150511《列穆里亞的回歸》

（列穆里亞大師們在遠古時代以半物質／乙太的形式從獵戶座、昂宿星和天狼星的更高維度進入地球，建立了農耕文化、療癒祭司制度和促進團結和共同進步的宗教儀式，並在宇宙社會中使用心靈感應、心靈遙感、高級治療技術。列穆里亞人把宇宙乙太──單原子礦物從天堂帶到地球，幫助人們通往更高意識，古代文獻記錄有「白金粉」（White Gold)、賢者之石等，而單原子安達拉(Andara)水晶效果最強大。）

網路文章：【新】【列穆里亞光之委員會】20180412《天界的訊息》

「如果你允許，阿達瑪會帶你進入聯合神殿，在雪士達山的乙太神殿，我們在這個神殿裡舉行神聖的婚禮儀式。今天，我們把你帶到這個神殿裡，這樣，平衡和神聖聯合的頻率和能量就可以彙集在你內在的靈魂中，你將開始感受到來自你靈魂的召喚，你的意識將幫助你恢復平衡。如果你的生命中有一個不平衡的區域，那麼這個頻率將幫助你恢復平衡。」

和列穆里亞水晶合作：

網路文章：【新】【更高的自我和列穆里亞水晶集體】20180611
譯《我們是一》

「我們是列穆里亞晶種（seed crystal），我們在與你的原子、
與你的振動連接，正如你說的，淨化和清理著你的光環，允許我
們這麼做，我們希望你這麼做。我們很友好，渴望與人類再次合
作。因為在列穆里亞時期，在我們看來你是大師，熟知自己的工
作並毫不費力地做著。因為與我們、母親的王國共事，充滿她的
氣息對你來說很自然，所以這一切對你來說都很快樂，工作是喜
悅的。」

亞特蘭提斯的文化與科技

這裡讓我們稍微體驗一下亞特蘭提斯文明的世界吧。

上述巴夏談論亞特蘭提斯的文章，還描述到克里特島克諾索
斯神廟的亞特蘭提斯迷宮遺蹟：

「如果你看看克里特島上克諾索斯神廟的迷宮遺蹟，你會
看到，它實際上是一個來自亞特蘭提斯文化的迷宮啟蒙儀式，因
為當你沿著迷宮留下的，在地面挖出來的，與石頭一致的遺蹟，
你會發現在每一個轉彎的盡頭，一塊巨大的水晶埋在迷宮的岩石
下，這樣在每一站都有機會用那些水晶來冥想，與那些水晶共
振，靠你自己在迷宮中摸索前進，通過這種特殊的儀式會讓你在
最後，使你的頭腦打開對宇宙的新的理解。」

網路文章：巴夏——亞特蘭提斯的語言

與會者問到當今什麼語言與亞特蘭提斯語言或者列穆里亞
語言能量有聯繫，巴夏回答說：「就像我們說的，管道的詞彙量
沒有多少可以讓我們帶來完整的亞特蘭提斯對話，但我們知道遠
古的名字詞形讀作：Aztlan，那麼地球上有沒有什麼語言與遠古

亞特蘭提斯有能量上的聯繫？阿茲提克語言在某種程度上有，因為那是最顯著的遺蹟之一，在建築形式上還保留著比較相似的風格，與亞特蘭提斯後期的社會和建築風格類似，說來奇怪，一些古代的蘇美語言也有。」

網路文章：【新】【巴夏】《亞特蘭提斯的水晶使用》

巴夏：「他們製造水晶，或者，對一些天然水晶進行修改，其中一部分是石英，也有其他多種類型的水晶，以不同的方式，將不同的元素注入到水晶中，從而最終實現他們所需要的效果，這是一門科技，只是你們還沒真正學會。但是，很多你們的科學家，已經開始明白：這些元素的振動是如何在某些水晶上運作，從而產生電磁效應和照明效果的。」

在電影《奪寶奇兵》出現傳說中的水晶骷髏：（印第安納瓊斯：水晶骷髏王國 Indiana Jones and the Kingdom of the Crystal Skull）

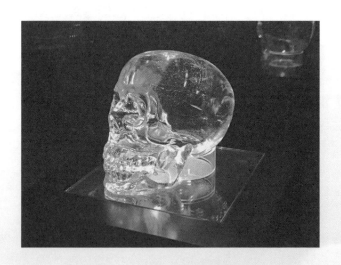

網路文章：【光之存有耶洛因集體】《中心水晶頭骨已被啟動！》

（自從列穆里亞時代以來，水晶頭骨部分隱藏在眾多的金字塔、廟宇和聖山之中，耶洛因 (ELOHIM)身體密度是由純淨如液態水晶般的矽形成的，叫作Laikoyona，13個頭骨（總共有42個）來自12個「部落」，即ELOHIM（耶洛因）「大隊」。它們有12項各不相同而又互補的使命，被放置在了12個特定的地點。）

全息記錄：波薩羅格斯圖書館

波薩羅格斯圖書館是一項給未來人類的巨大禮物，它與我們的圖書館不同，不需要花費大量時間從架上尋找你要的書，它是活的、智慧的全息圖書館，使用者能完全重新體驗所記錄的歷史。並且如同我早期的科幻小說作品〈附錄1. 科幻小說：奇緣〉中提到的腦波通訊的世界一樣，是和我們的意識相連的。

網路文章：來自地心世界的訊息—1 來自地心世界的訊息

「2000年時，通到地心世界的兩大入口（即南北極）也被關閉，因為地表政府在兩極引爆，試圖炸開入口通到地心去。地心眾生在兩極入口附近設置了磁力場，以進一步掩蔽入口。這麼一來，從地面上或空中都看不到了。過去地表上有幾個入口可以通到地心世界的波薩羅格斯圖書館 (Library of Porthologos)，其中之一就是亞歷山大圖書館 (Library of Alexandria)，於公元642年時被大火摧毀了。」

（可見亞歷山大圖書館和波薩拉格斯圖書館有著密切的關係）

網路文章：來自地心世界的訊息—2 波薩羅格斯圖書館

來自地球檔案記錄、太陽系和宇宙的檔案資料守護者的訊息：「它是我們浩瀚的行星系統中唯一的這種類型的圖書館。圖書館如此巨大，它覆蓋了456平方英哩的土地，擁有龐大的儲存庫存放著記錄在水晶片上的檔案資料，可以通過我們的水晶放映

機觀看。我們有讓您們的圖書館系統驚嘆的最先進的保存、儲存和修補方法，超出了您們所能夢想的一切。」

（這篇帶領我們進入波薩羅格斯圖書館，並讓我們看到圖書館內部，以及實際使用的方法和過程，讓使用者感覺到幾乎擁有整個宇宙）

這麼好的圖書館，由於目前在地心世界，似乎暫時無法進入。而亞歷山大圖書館則由於藏有如此重要的祕密，因此被刻意摧毀。

關於亞歷山大圖書館的線索：

網路文章：【亞歷山大圖書館的祕密】(一)

「你們得以取得所有的訊息，包括被焚燬的書藉，手稿和羊皮紙，和被放置在亞歷山大圖書館內一卷堆著一卷的訊息。畢竟，這訊息來自於我們人們，意味著它來自於你。所以，是的，你們已經取得它的全部。」

（也許，所謂的圖書館，其實早就與我們的內在相連，我們的DNA、阿卡西記錄其實就包含了豐富的寶藏。）

網路文章：【亞歷山大圖書館的祕密】(二)

「亞歷山大圖書館只是一個人類世界試著隱藏的一個例子，我的朋友，它並非意外燒燬，因為在圖書館裡的訊息，學者可以教授你們的是如何的無限，當亞歷山大圖書館被燒燬，學者們於是被限制了他們能教授你們的。那不會發生在你身上，簡單的練習這個我今晚帶領你們的冥想，你可以成功的超越人類罩紗的限制。」

（即使所有的文件、書面資料被燒毀，但只要我們懂得啟動內在圖書館，所有資訊都將能復原！）

網路文章：【亞歷山大圖書館的祕密】(三)

KIRAEL：「超過 200 個檔案保管的地窖在梵蒂岡內，一個資料庫，超過 20 萬份文件。我只談到主要的地窖，還沒說到那些

遠處的分館,有這麼多的文件。梵蒂岡包含教宗在內,沒有人知道儲存室內的知識。有太多要知道,你們必須瞭解,任何沒被燒掉的是副本,並放入那些特別的檔案館。有一部分的檔案在美國。」

　　(關於亞歷山大圖書館,有太多太多的內幕,有一些人知道消息,這與宗教有關,並且所有祕密－包含掩蓋真相的過程,都將被揭露。)

光明勢力描述亞特蘭提斯文明

網路文章:昂宿星亞特蘭提斯文明
　　「亞特蘭提斯起源於本星際地方標識區的重要光之星團昂宿星團,昂宿星團是本星際地方標識區核心光之文明並傳播亞特蘭提斯文明範本,曾經成功在許多光之星球上複製過亞特蘭提斯文明並幫助這些星球加速其揚升進程。」
　　根據《銀河光之家族》對亞特蘭提斯文明的介紹,概念如下:
　　第一代亞特蘭提斯:昂宿星團
　　第二代亞特蘭提斯:地球遠古時代的亞特蘭提斯文明
　　第三代亞特蘭提斯:不久的將來即將建立的新地球文明(又稱新亞特蘭提斯)

新亞特蘭提斯文明

　　新亞特蘭提斯(New Atlantis)一詞出自法蘭西斯‧培根(Francis Bacon,1561年1月22日－1626年4月9日)所著的小說名稱:
網路文章:New Atlantis - 維基百科

　　法蘭西斯・培根(Francis Bacon)是聖哲曼大師的一次轉世：

網路文章：【新亞特蘭提斯-Part9】（聖哲曼伯爵：梅林、羅
傑・培根和法蘭西斯・培根）

　　「聖哲曼伯爵在先前提到的人物、地點和事件中占了極大的
分量。有些人甚至認為聖哲曼伯爵是梅林的轉世。這種反覆出現
的人物關係足以說明為何本文探討的三個時代會出現非常雷同的
故事線。1.亞瑟王和梅林，2.伊麗莎白女王和法蘭西斯・培根爵
士，3.喬治・華盛頓和聖哲曼伯爵。這三個時代的重要人物反倒
像出自同一個歷史故事」

　　柯博拉(Cobra)也提到了「新亞特蘭提斯」：

網路影片：新亞特蘭提斯(NEW ATLANTIS)

　　（新亞特蘭提斯是兩個事物的代號，第一個是環繞在地表周
圍並輔助壓縮突破的能量網格，第二個是事件後的新社會。在舊
亞特蘭提斯，也就是75000年前尚未發生極移之前，地球赤道位
於不同的位置，因而整個地球能量網格的位置也不一樣。新亞特
蘭提斯計畫其實就是將舊亞特蘭提斯時代的能量漩渦點和即將完
成的新能量網格連結在一起。）

　　你所期待的美好世界是什麼樣子的呢？

　　有那麼多的大師在努力幫助我們達成心願，建立真正美好的
新地球。

　　很快，我們將一起慶祝，願我們一起在新地球的世界，體驗
天堂般美好的人生。

附錄

1. 科幻小說：奇緣

（寫於2009年9月1日）

「讓我們以熱烈的掌聲歡迎兩位受獎者。」眾人齊聲鼓掌，以意想不到的眼神看著這位二十幾歲的台灣年輕人──智祥。

智祥徐徐走向頒獎者。這是個似曾相識的場景，河邊的一座紅磚建築，文藝復興時代義大利王宮風格的市政廳，與藍天、白雲相搭配，形成一種清新的氣氛，眼前排列著半圓形的門，可以看到對岸的景色。在空曠的大廳中抬頭仰望，清楚可見一百公尺高的鐘樓，上方裝飾著三皇冠標誌。不錯，這正是一年一度的經典聚會，地點在瑞典斯德哥爾摩的市政廳，主辦單位繼承了一位發明黃色炸藥的著名研究者的遺產，成為科學界的最高獎項－「諾貝爾獎」。

「現在頒發生理醫學獎，得獎者為陳家維與王智祥，他們共同研發的『腦波通訊』技術，在醫學上具有相當大的貢獻，尤其是臨床醫學。藉由腦波通訊技術，可以解開大腦與人類思維方式等各項問題，並且縮短實驗時間，減少失敗的機率……」

智祥領過金質獎章，那代表著在科學界具有偉大貢獻的榮譽。對一位研究生來說，得到此項榮譽無疑能使這位年輕人從此飛黃騰達，平步青雲。其豐厚的獎金（相當於美金兩百萬元），更使得獎者成為一位大富翁。但此時此刻，智祥卻令人不解地流露出沉重的表情，眾人都在猜測，也許是他個性比較內向害羞；也許他腦中仍有解不完的方程式；更有人想的比較單純，認為他一定身體不舒服。

「請問現場有人認識陳家維嗎？請他過來領獎。」

由於現場並無人認識家維，主辦單位也沒法子，只好繼續其他頒獎項目。直到所有獎項都頒發完畢，家維依舊沒有出現。這

種情節如果出現在推理小說中，兇手也許就是智祥也說不定，動機是想獨自一人獲得諾貝爾獎。

此時，智祥忽然看到有一位相當面熟的人，她就是家維的女友思晴。

「妳有看到家維嗎？」智祥問。

「我一直找不到他，他的手機好像關機了，他有一個禮拜沒跟我聯絡了，你一直跟他在一起，到底發生什麼事了？」思晴問。

「不錯，之前我是跟他一起來到瑞典，不過他突然接到俄國的醫學研究中心的電話，說是邀請他去開個會，之後我們就分開了。他都沒打電話給你嗎？」智祥反問。

「那是什麼時候的事呢？」思晴反應很快的說。

「有點忘了，不過應該是一週前。」智祥邊想邊回答。

「這下糟了，該不會出了什麼事吧？」思晴擔心的說。

「啊，我想起來了，他當時為了趕飛機，結果手機就摔壞了，俄國那邊因為時程很趕，他可能來不及跟你聯絡吧。」智祥補充。

「是這樣嗎？」思晴懷疑的說。

「對了，我有東西忘了給主辦單位了，我去給一下。」智祥匆匆忙忙的離開了。

* * *

今天，智祥像平常一樣回到了電腦桌前，用網路交談系統與人對話。

「看起來，事情如我們預想的一樣順利。」

「哼，你居然一副事不關己的樣子，真服了你。你暫時先待一下吧，我會想辦法的。」智祥說。

321

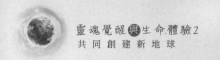

「說真的，我現在能好好享受心靈的平靜，也是以前忙碌生活無法達到的。」

「…」智祥無言以對。

「對了，有件事我想了很久，看來還是得交托給你了。」

「不行，這件事我辦不到。」

「可是沒別的辦法了。」

「好吧，我會考慮看看的。」

*　*　*

頒獎典禮後，思晴與智祥先後回到台灣。此後，家維仍無音訊，思晴擔心著家維，每日寢食不安。不久，由於日有所思，夜裡夢見了家維。他騎著機車，趕著送藥給一位腸胃炎的小朋友，不料在巷口被突如其來的車撞上，由於時間緊迫，一時未戴安全帽，而衝撞力道過於強烈，在地上摔了幾下，導致腦部出血，情況非常危急。經路人打119通報，緊急送醫之後，依然昏迷未醒。醫生做了斷層掃瞄，發現腦部嚴重受損，可能變成植物人。轉眼間，思晴醒過來了，她趁意識尚未完全清醒，趕緊把剛才的夢境整理一次。

「原來如此，這麼一想，似乎謎團都解開了。」為什麼家維沒有出現在頒獎典禮？為什麼都沒打電話？以家維重情重義的個性，就算工作到半夜也會用網路留訊息給她。如果一點訊息也沒有，代表他已經無法留訊息了。而智祥跟自己也是很熟的好朋友，手機摔壞的說法不過是個藉口，畢竟是這種重大打擊的真相，智祥一定也不希望自己知道。再加上智祥趁機溜走，他一定知道真相！

「我今天一定要找到家維。」思晴心想。但就算要去醫院找他，也不知道是哪家醫院，哪間病房。「這有如大海撈針一般，

到底該從何找起呢？」

　　思晴突然靈機一動，「剛剛不是想到智祥知道真相嗎？我來跟蹤他好了。」

　　於是，思晴躲在智祥家附近。一會兒，智祥果然一如往常出門了，搭了公車，到了一家醫學中心。思晴小心翼翼的跟著，並且保持安全距離。

　　「他到醫院來做什麼呢？難道我的夢境是真的嗎？」思晴愈想愈急，又看到智祥走進了一間病房，於是在門外守株待兔。

　　過了大約十五分鐘，智祥才從病房走出。

　　「嗨！思晴，你來醫院有事嗎？」智祥若無其事的說。

　　「智祥，我什麼都知道了。」思晴表情相當冷靜。

　　「什麼？到底發生什麼事？」智祥一臉茫然。

　　「家維車禍的事啊，我想來探望他。」思晴表現的很確定的樣子。

　　「咦，你怎麼知道？」智祥說完，馬上發現自己露出馬腳了，但似乎也裝不下去了，於是想了想，問說：「是家維的父母告訴妳的嗎？」

　　「是我自己夢到的。」

　　「難道是托夢？這種事有可能發生嗎？」

　　「先讓我跟他講講話吧。」

　　「他的情況很嚴重，沒辦法講話了。」智祥沉重的說。

　　「果然都是真的。」思晴想到連一點希望都沒有，頓時渾身無力。

　　「我還是想看看他。」思晴仍不死心。

　　「好吧。」智祥幫他開了門。思晴一時臉色相當凝重，心情非常不安，淚水卻無法自然流出，似乎見到面時，反而有種說不出的感傷。

　　就這樣持續了十分鐘，智祥不忍看她如此失望，決定把電腦

打開。「妳用我們發明的『腦波通訊』系統吧。」

「那是什麼系統呢？」

「裝上腦波接收器，就可以藉由腦波傳達訊息，讓妳可以跟家維在電腦中對話。」

「真的嗎？那我就可以跟家維說話了嗎？」思晴似乎看到一線曙光。

「這裡剛好有兩個腦波接收器，如果妳也進入潛意識狀態，甚至不用電腦都可以講話。」

「什麼是潛意識狀態？」

「就是像睡眠一樣的狀態。」

「那我也睡著好了，我想直接跟他講話。」

「好的，那我就裝上囉。」

* * *

「哇！好像做夢一樣。」思晴發現自己所在的病房不見了，取而代之的是一間如皇宮般的大廳，背景也變了，藍藍的天空，清楚可見幾隻海鷗飛過，周圍並無半點人影。

「這是電腦造出的影像還是真實的呢？」思晴分不清了。

「與其說是電腦用虛擬實境造出的場景，不如說是我的心靈世界吧。」突然間，有人回答思晴的話，遠遠望去，坐在大廳中央的小桌旁的正是家維。

「家維！你怎麼在這裡？」思晴終於見到家維，高興的流著眼淚。

「妳居然能找到我，真是不簡單，看來妳什麼都知道了。」家維出人意料的平靜。

「我夢到你了呀，這麼久都沒消息。」思晴抱怨的說。

「妳不用替我擔心，我在這裡很好，每天悠閒的欣賞風

景。」

思晴聽了，忽覺百感交集，又想哭了。

「這樣好了，我帶你去我最喜歡的天鵝湖看看。」

「天鵝湖？」

「那是我每天幾乎都會去的地方喔。在我的世界裡只有白天，沒有夜晚，常常跟著白雲走，不知不覺就到了天鵝湖。」家維仍不改笑容的說。

兩人走出大廳，廳外是個廣闊無際的草原，遠方有幾座小山，天鵝湖就在不遠處。他們坐在湖邊石子上，欣賞天鵝戲水的美景。

「想不到你在這邊可以欣賞到這麼漂亮的風景。」思晴鬆了一口氣的說。

「我就說這裡的生活不錯的吧，大廳後面還有樹林，每天都有不同的植物喔。」家維邊說邊拉著思晴走向樹林。

廳後的樹林，色彩繽紛，花草樹木樣樣皆有特色。

「從遠處看，感覺挺壯觀呢！」

「是呀，不過到了明天，可能就變成大草叢，或者千年老樹，總之景色是千變萬化的，都是難得一見的奇景啊。」家維開心的說。

思晴聽了之後，心情顯得比較輕鬆了，終於也放下心來欣賞風景。

不知不覺，過了幾個小時了。「我想你也該回去了。」家維語重心長的說。

「如果每天可以待在這裡也不錯。」

「不行啦，身體如果不動一下，會變植物人喔！」家維還在開玩笑。

「怎麼辦？你變成植物人了。」思晴又觸動傷心情緒。

「我一直很嚮往這樣悠閒自在的生活，現在我終於達成心願

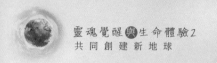

了。至於妳，我已經托付給智祥了，他以後會好好照顧妳的。」家維強言歡笑的說。

「那我了解了，我先回去了。」思晴強忍淚水離開了。

＊　＊　＊

思晴依依不捨的走出病房，智祥正開心的和護士聊天，一會兒，走了過來。

「家維心情滿平和的，我想三個月內應該都不會有問題吧。」

「三個月？你這話是什麼意思？」思晴擔心聽到壞消息。

「剛才那位護士李小姐是我朋友，我已經拜託她照顧家維的生活起居了。」

「可是你為什麼說三個月內不會有問題？」

「李小姐告訴我一個消息，聽說有一位外號千葉手的人，有人說他是神醫，有人說他是個危險人物，有人見到從他的實驗室出來的人斷手斷腳的，可能在進行相當可怕的實驗。」

「那她介紹這個恐怖分子給你，有什麼用意？」

「她只說如果能找到他，家維就有希望恢復意識。」

「如果是真的，那我們趕快來找千葉手吧。」思晴突然有精神了。

「不過，她說很少人認識千葉手，她是聽一位企業董事長講的，他曾經因為骨折想找醫生，他們公司的人居然介紹這麼危險的人給他。」

「看來我們得去問這位企業董事長。」思晴迫不及待的想出發了。

兩人來到目的地－安保公司，公司周圍設置了數台監視器，大門雖然可讓客戶進入，但設有全自動保全系統，牆壁上還有一

些電擊槍，如果發現攜帶武器的人，將會立刻警告，並發動攻擊。

　　「您好，我們想見董事長，有重要的事與他談，不知他何時方便講話呢？」智祥對一位公司員工說。

　　「請稍候，我去通報一聲。」

　　在等待的同時，兩人透過玻璃窗看到內部的工作環境，其中一個螢幕顯示目前是否有危險人物進出，以及此人的下一步行動是什麼。

　　「不好意思，我們董事長目前無法與您會面。」

　　「謝謝您，我們改日再來好了。」

　　然而事與願違的是，無論他們用什麼方法希望見董事長一面，都被拒絕了。

　　「這下糟了，見不到董事長，就打聽不到千葉手的下落了。」思晴開始緊張了。

　　「看來這位大老闆是個利益薰心的傢伙，他只在乎金錢，對自己的部下也不照顧，更何況是不認識的人呢。」

　　「對了，我一直有個疑問，他們的公司為什麼守衛那麼森嚴？」思晴問。

　　「他們是做犯罪管理的，利用監視器捕捉可疑人士的畫面，報告出他們攜帶的危險物品。目前的技術還能根據監視器的報告，推理出可疑人士的下一步行動，例如他的目標是保險箱，或者想搶銀行的現金，可疑的縱火犯和炸彈攻擊等犯罪都能事先被發現。」

　　「不過為什麼新聞還是常常聽到有犯罪發生呢？」思晴好奇的問。

　　「一般系統只能報告出嫌疑犯的裝備，推理下一步行動的系統非常昂貴，除非是大公司或政府機關才買的起。」

　　「原來如此。」

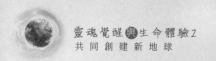

「不過話說回來，就算使用最貴的系統，道高一尺，魔高一丈，現在歹徒都使用隱形披風，讓監視器畫面偵測不到，或者偵測出錯誤的畫面。」

「了解是了解了，但是對於找出千葉手，好像沒什麼幫助。」思晴無奈的說。

「這倒不會，我們也使出絕招吧。」智祥胸有成竹。

＊　＊　＊

於是，智祥化名王大牛，開始進行布局。首先，利用諾貝爾獎的獎金，買下了一家小型軟體公司。接著，利用公司團隊在短時間內以「無線腦波通訊」技術開發一套新型犯罪管理系統。

「董事長，不好了！」安保公司一位經理慌張衝進董事長辦公室。

「有什麼大不了的事？沒事不要來吵我！」董事長不耐煩的說。

「有一家小公司開始跟我們競爭犯罪管理系統！」

「小公司？這種小事你也來跟我講？滾開！」董事長生氣了。

「可……可是，他們號稱可以偵測周圍人的思考內容，而且還不用監視器，成本比我們還低！」

「什麼？小公司怎麼可能做到這種事？他們老闆是誰？」董事長發現不對勁。

「叫什麼…王大牛的。」

「王大牛？聽都沒聽過，到底是何方神聖？」董事長一陣長考。

「總之，你負責去把他們的技術騙過來！不管用什麼手段都行。」董事長冷酷的說。

「這…來不及了，他們的技術已經申請了專利。」

「什麼？好啊！分明就是針對我而來的。喂！馬上叫顧問過來，我們把那家小公司買下來！」董事長不愧經驗老道且心狠手辣。

「買下來……？」經理還沒反應過來。

「還不懂嗎？買下來他就變成我的員工，不就沒有專利權的問題了？」董事長態度強硬的說。

董事長果然派人來收買智祥的小公司，智祥故意抬高兩次價格才同意，之後順利混進安保企業。

「哼！果然是小公司，還不是不敵我這老牌的，哈哈哈！」董事長沾沾自喜。

此後，智祥與思晴在安保企業上班，人緣相當好，很快便與其他員工混熟了。但由於大家整天被老闆操到沒時間休息，更不用說看新聞、報紙、雜誌了，因此，沒有人知道這位王大牛居然是諾貝爾獎得主。

「大牛啊，這麼久了你還是精神飽滿，真讓人羨慕。」一位員工說。

「哈哈！在這邊工作很愉快啊，更何況又有你們這群好朋友。」智祥爽快的回答。

「你現在還有利用價值，老闆是對你不錯啦，以後技術轉移給我們的時候你就知道，也許就被炒魷魚啦！」另一位員工說。

「老闆會這樣對員工嗎？」思晴也來湊一腳。

「這話不能大聲說，其實我們現在的技術是一位年輕人開發的，他本來創業成功很賺錢，不過後來被老闆買下來之後，被榨乾甩掉了。」員工小心翼翼的輕聲細語。

智祥逮到機會，趁機問了一句：「聽說之前老闆骨折想找醫生，有一位員工建議老闆去找千葉手，不知道那位員工後來怎麼了？」

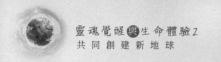

「喔，老張啊，自從那次之後他薪水一直沒漲過。」

「原來就是老張啊！」智祥、思晴兩人齊聲說。

「怎麼，你們也想聽這個八卦嗎？老張！快過來講故事吧！」

「咦？大牛啊，有什麼事呢？」老張轉過頭來。

「老張啊，我有個朋友受傷很嚴重，想打聽千葉手的消息，你能不能告訴我呢？」智祥對老張說了實話。

「沒問題呀。唉！我真後悔告訴了老闆，他聽了之後心情很差，從此把我打入冷宮，本來我可是快升主管了呢。」老張有感而發。

「我跟千葉手有過一面之緣，當時我去北京時腳骨折很嚴重，嚴重到幾乎無法醫治了，所有醫生都勸我截肢，幸好我遇到千葉手，他居然治好了我的腳！你看，完全不留痕跡。」老張說。

「他怎麼醫治你的？」思晴問。

「不清楚耶，我被麻醉了幾天，之後醒了就好了。對了，你朋友如果受傷很嚴重，一定要去找千葉手喔。」老張熱情的說。

「照你所說，千葉手應該在北京吧？有沒有更詳細的地址呢？」智祥問。

「在北京市某一間研究所，我也不大清楚，不過當地人都知道，你去問路人吧。」

問到消息之後，智祥馬上向公司請了病假，並將存有關鍵技術的電腦資料全部刪除，與思晴立刻飛奔大陸北京市。

＊　　＊　　＊

智祥與思晴在北京下了飛機之後，到處找人詢問千葉手的研究所地址，意外地很快就有了答案，於是兩人向研究所走去。

「有件事我一直想不通，植物人不是腦部受損太嚴重造成的嗎？為什麼家維還能用『腦波通訊』跟我講話呢？」思晴提出了關鍵問題。

「這點我也不是很清楚，人腦主要構造分為大腦、小腦與腦幹，其中大腦主要掌管意識的部分，又可分為幾個不同區域，如語言、聽覺、視覺、記憶、運動等區；而小腦主要和平衡功能有關；腦幹以延腦最重要，延腦和生理功能比較相關。當人處於睡眠狀態時，或者意識相對較弱時，潛意識可以發揮功能。潛意識的功能與直覺及本能有關，雖然不知道家維腦部受損的正確位置，但潛意識與大腦右半球有關，可能主要功能受損不致於太嚴重。」智祥邊說邊想。

「所以，你的意思是說，家維雖然大腦有些部位受損，也許有些部位還可以正常運作囉？」

「這只是我的猜測，萬一延腦受到嚴重損害，可能心跳、呼吸都有困難，人也就活不成了。另外，大腦受損主要結果是導致人無法與外界溝通，無法說話、全身肌肉活動無法由大腦控制，甚至視覺、聽覺訊息大腦都無法解讀。不過，通常要長期持續這樣的狀態，才能被認定成植物人。有的人可能短時間內就無法維持生命，也有人短期內自我恢復，這些就不能算。」

「那……家維會不會？」思晴又開始擔心了。

「放心吧，醫生有做詳細的檢查，生理功能是可以正常維持的。家維雖然失去了意識，但潛意識功能還算正常，本來醫生是擔心家維會不會有負面心理因素，影響生理功能的發展，不過看來他情緒還算穩定。」

「多虧你給他用『腦波通訊』，他的生活環境看起來還滿好的。」

「哈哈，看來我們的發明還滿有用的，自己先享用了。」智祥有點擔心的說。

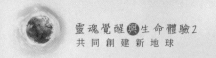

「對了，這位千葉手前輩，他到底是何方神聖？怎麼有些人一聽到他的名字，會突然嚇到呢？」思晴自己轉移話題。

「妳知道『再生醫學』嗎？依我看，這位前輩是再生醫學的研究者。」

「什麼是再生醫學呢？」

「有些動物，例如海星，我們把它的腳切下來之後，它能夠快速復原，這就是所謂的再生能力。一般來說，低等生物的再生能力較強，而高等生物再生能力較弱，像人類是屬於地球上最高等的生物，也就是體內構造的複雜性最高，所以人的再生能力相當弱。」

「我知道了，所以人的手腳如果被砍下來，可能一輩子都無法復原。」

「那再生醫學呢？該不會就是以人工的方式來達到再生的效果吧？」思晴舉一反三。

「Bingo！就是如此呀！像未分化的幹細胞經過人工培養就可以分化成人體所需的各種組織與器官。」

「我都沒聽過什麼再生醫學。」

「再生醫學在台灣和西方這些重視人權的國家是被嚴格管制的，和複製人的問題類似，再生醫學會用到胚胎幹細胞來進行培養，胚胎算不算人？破壞胚胎算不算殺人？由於有這類問題，雖然我們有這樣的技術，法律上卻不允許。但在大陸就沒有這樣的限制，所以大陸的再生醫學發展的很快。」

「原來如此。」

「所以說，這種研究爭議性很大，之所以有人聽到會嚇到，也是這個原因吧。畢竟要做這種研究，不知道要犧牲多少白老鼠來做實驗。」

「真的嗎？那好多動物都被抓去截肢啦？」

「也許，不只是動物，連人都可以做實驗。」

「那好可怕喔。」

說著說著，兩人已走到千葉手的研究室。

「請進。」千葉手已發現門外的不速之客。

「您好，請問您是千葉手先生嗎？」智祥說。

「哼！既然知道我的外號，就不用加『先生』了吧。咦？你就是有名的諾貝爾獎得主王智祥嘛，真是稀客，請坐！請坐！你們是來跟我談論研究呢？還是來找我救人呢？」千葉手說。

「哈哈，還真是瞞不過您啊，老實說，我有個朋友車禍重傷，聽說您能妙手醫治，所以特地來拜訪您的。」

「哼！什麼妙手，又不是小偷。既然這樣，還不快帶他進來？」

其實智祥早已聯絡認識的醫院人員，將家維運送過來了。於是智祥手機一撥，家維馬上被拖進研究室了。

「唉，我這不是研究室嗎，怎麼經常變成急診室了呢？」千葉手說。

「哈哈，真不好意思。」

「好吧，看在你的分上，就幫你醫治了，不過醫好以後，你要多跟我講講你的研究啊。」

「沒問題的啦。您真是經驗老道，一看就知道可以治好啦？」

「斷手斷腳還沒問題，幾小時就OK了。植物人的話比較麻煩，要知道它傷到什麼部位，要從哪個部位開始治療，可能需要幾個月。當然，雖然機率不高，也是有可能會失敗的，萬一延腦出狀況，就沒救了，這點必須先跟你說明一下。」

「有可能會失敗嗎？」思晴擔心了。

「所以整個過程要非常小心才行，你們過三個月之後再來吧。」

思晴擔心會有什麼意外，非常焦慮，看了一下智祥，突然靈

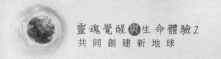

機一動：「智祥的『腦波通訊』能不能幫的上忙呢？」

「對喔，我還一直沒想到，腦波通訊可以用來輔助診斷，也比較容易找到優先治療的部位，你有帶腦波接收器嗎？」千葉手說。

「有的，一路上我們都有檢查家維的腦部功能，目前沒什麼變化。」智祥說。

「智祥，你跟我一起來做診斷工作吧。」

過了三小時，診斷工作仍未完成。

「依你所說，他還能跟你們對話，表示語言、記憶部分都還算可以。視覺、聽覺等感官功能大概都不行了，但是為什麼整體腦波頻率這麼低？比我先前的植物人病患低很多。」千葉手也遇到棘手的問題了。

「會不會跟他處在潛意識狀態有關？」智祥問。

「現在的頻率比其他人睡眠狀態還低，可能是能量不足造成的，你們平常有給他足夠的營養嗎？」

「平常都是護士在照顧的，我想應該不會有問題才對吧。」

「為保險起見，我也檢查一下他的延腦功能吧。」

經過詳細的檢查，發現家維的腦部養分消耗過高，導致腦部缺氧，原因是長期使用「腦波通訊」系統造成的。

「看來『腦波通訊』用在植物人身上，還是有些缺點，必須很小心才行。」千葉手說。

「是呀，還好您及早發現，不然後果不堪設想。」

「哼！你也不用一直拍馬屁。我們先讓他休息三天，等他腦波恢復之後，再來進行治療吧。」

「您已經找到優先治療的部位了嗎？」

「他除了能量不足之外，大致上沒什麼問題，不用擔心。」

「那麼治療時間大概需要幾個月呢？」智祥想確認一下。

「因為你也是專家，所以我才告訴你。以我們目前研發的

技術，再生一個腦部位需要大約一週左右，以他的情況大概要做三～四次再生治療，大約一個月時間。」

「我了解了，非常感謝您！」智祥高興的帶著思晴離開了。

* * *

一個月後，經過複雜的再生與移植程序，家維終於恢復了意識。

「家維，你終於醒了，你知道我是誰嗎？」思晴問。

「別傻了，我沒喪失記憶啦！」家維的回答讓眾人笑翻天。

「這位朋友，沒想到你居然是諾貝爾獎的陳家維，怎麼這麼不小心！要不是他們兩個把你送來我這裡，你今天不知道會怎樣呢！」千葉手幫家維加油打氣。

「是呀，不過還是最感謝您救了我一命。」

「你休息一陣子，等到完全康復了，還得跑一趟瑞典呢！真是辛苦啊。」

家維若有所思：「獎金我是不會去領了。」

「為什麼呢？」千葉手問。

家維沒有回答，只是望著思晴，終於等到自己醒過來，才展開笑容的臉。

然而，自己雖然幸運的從鬼門關逃出來了，但想到台灣每年有一千人因車禍而變成植物人，這些人又該何去何從呢？

突然，家維心生矛盾，自己過去也曾極力反對的再生醫學，居然救了自己一命。

於是，家維打了通電話到諾貝爾基金會：「我是諾貝爾獎得主陳家維，請您把我的獎金直接匯入以下帳戶：『台灣植物人協會』。」

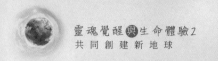
2. 資料庫計畫簡介

　　「資料庫計畫」是我從2016年12月開始，發現到的大量關於真相的各類訊息，到2020年初整理完畢。也就是說，「資料庫計畫」的內容包含2016年底～2020年初所收集超過6,000篇真相訊息的連結，經過分類整理之後分享給大家。（當然發現的文章也可能早於2016年，甚至2012年之前的都有）

「資料庫計畫」的內容

　　「資料庫計畫」提供許多不同類別的「訊息來源」、以及熱心的部落格網站整理的全套資訊（稱為「全線閱讀」）、以及我所整理的大量單篇文章，分成「靈性科技」、「宇宙知識」、「靈性訊息」、「大揭露相關」、「大轉變相關資訊」等大類別。

　　以下簡介各大類別的涵義，以方便你查詢：

- 靈性科技：造福人群的先進科技
- 宇宙知識：被隱藏的宇宙運行原理、真實歷史、外星文明等知識。
- 靈性訊息：心靈方面知識、擁有完美人生、揚升、高靈通靈訊息等。
- 大揭露相關：公開世界上各式各樣黑暗面的資訊，以及被黑暗力量隱藏的重要資訊。
- 大轉變相關資訊：公開地球大轉變的相關計畫、進展，讓大家可以提早做好準備。

　　除了「靈性科技」以外，其他類別由於數量龐大，又再細分成許多子類別：

- 宇宙知識：宇宙法則、宇宙歷史與轉變、星際家人、宇宙文明／地球歷史、綜合。

「宇宙法則」談論宇宙真正的運行原理。

「宇宙歷史與轉變」談論與大轉變相關的宇宙戰爭及歷史背景（我們為什麼此時此刻在地球？）、能夠改變行星振動頻率的祕法學知識等。

「星際家人」提供由多方訊息來源（通靈訊息、大師訊息）談論的宇宙知識。

「宇宙文明／地球歷史」提供課本沒提到的宇宙文明、以及地球歷史資訊，使我們找回對先進文明（我們本來所處的狀態）的記憶。

「綜合」包含許多不同的訊息來源，並且涵蓋許多其他子類別。

· 靈性訊息：揚升大師、靈性話題、心理學

「揚升大師」是已經從地球揚升並持續幫助地球人揚升的存有的通靈訊息。

（仍有許多類別，參考「全線閱讀」中的內容更為完整，因此這裡就不重覆列了）

「靈性話題」談論心靈、內在及提升方法；「心理學」偏向談論如何創造美好的人生

· 大揭露相關：假新聞＆騙局＆偽旗攻擊、黑暗計畫＆操控技術、地心／地外文明＆地球歷史、祕密社團、神祕訊息＆神祕現象、各種目擊事件、大衛·威爾科克＆科里·古德、伊德＆基南＆超影＆本傑明·富爾福德＆大揭露報告、Q＆喬治·斯坦科夫＆邁克·薩拉博士、綜合

「假新聞＆騙局＆偽旗攻擊」以及「黑暗計畫＆操控技術」都是關於黑暗力量在我們每個人的生活中普遍存在的操控方法，只是後者更為黑暗。

「祕密社團」談論隱藏的黑暗勢力及他們所具有的影響力。

「神祕訊息＆神祕現象」、「各種目擊事件」談論我們的

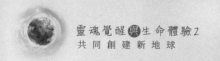

主流科學無法解釋，卻實際存在的事，並涉及更高的文明。

「大衛・威爾科克＆科里・古德」、「伊德＆基南＆超影＆本傑明・富爾福德＆大揭露報告」、「Q＆喬治・斯坦科夫＆邁克・薩拉博士」則是著名的揭露人士：

大衛・威爾科克 (David Wilcock)除了在蓋婭電視台主持訪談科里・古德 (Corey Goode)的「揭露宇宙」系列 (Cosmic Disclosure)以外（大衛於2018年向蓋婭辭職），他們還持續提供各式各樣的訊息，包括出版《源場》、《同步鍵》、《靈性揚升》等進行大量研究的書籍，並進行各式各樣的揭露。

伊德內幕報告、基南報告、以及超影幽靈部隊報告（Shadow Super Intel Report，提供地球聯盟情報、地下基地清除進展）等揭露文章均在近期突然消失，消失的原因也各異；本傑明・富爾福德是白龍會 (White Dragon Society)的成員，提供每週地緣政治新聞報導；大揭露報告 (Operation Disclosure)提供金融重置、以及政治相關報告。

Q、匿名者Q提供正義軍 (Positive Military)計畫及進展的某些線索；喬治・斯坦科夫 (Georgi Stankov)有一些關於宇宙知識的著作，並提供關於行星揚升團隊 (PAT, Planetary Ascension Team)及揭露黑暗本質等訊息；邁克・薩拉博士 (Michael E. Salla, Ph.D.)則揭露與祕密太空計畫相關的資訊。

「綜合」包含許多不同的訊息來源，並且涵蓋許多其他子類別。

・大轉變相關資訊：重要訊息、天象能量、世界局勢、宇宙轉變、光工指導、星際家人、國際黃金時代團隊、綜合。

「重要訊息」包含一些與大轉變相關的重要知識。

「天象能量」提供天象（天文）所展示的轉變資訊；「世界局勢」則顯示在世界各國所發生的轉變跡象；「宇宙轉變」則從宇宙的視角來看大轉變。

「光工指導」提供由多方訊息來源（通靈訊息、大師訊息）談論如何協助並順利渡過大轉變。

「星際家人」提供由多方訊息來源（通靈訊息、大師訊息）談論大轉變的相關資訊、進展等。

「國際黃金時代團隊」提供由Jedi領導的「事件準備團隊」中我所關注到的資訊、活動。

「綜合」包含許多不同的訊息來源，並且涵蓋許多其他子類別。

如何使用「資料庫計畫」？

「資料庫計畫」的內容包含一系列的網路連結，也就是記錄網路資訊的位置資訊加上文章標題，因此可以任意使用，可以閱讀、保存、轉貼都沒有問題。

如果你之前從未接觸過真相訊息，而希望透過本「資料庫計畫」獲得你所需的一切資訊，非常歡迎。不過以我的認知來說，想要一下子全部看完並吸收如此巨量的「爆炸性」資訊，這等於是要一個人放棄所有已知的世界、常識、價值觀等，會產生非常劇烈的情緒波動，因此不建議一下子看完全部內容、或者當做學習教材一篇一篇讀。

對於初次接觸真相訊息的人來說，很可能任何一篇文章（例如大揭露相關 → 假新聞 & 騙局 & 偽旗攻擊）都會對你產生巨大的衝擊。你可能會經歷懷疑、驗證、對世界感到失望等過程，一邊閱讀的同時，還需要一邊體驗，這些都需要時間。

而如果你已經熟悉真相訊息，想要從「資料庫計畫」中查詢你想找的文章或類別的話，除了可以透過分類類別進入觀看，還可以進入「全連結檢索」的頁面，使用關鍵字來查詢，例如：巴夏、美國、天狼星…等；而如果要查詢子類別的話，因為子類別

都包含在"<"（小於）、">"（大於）符號之中，因此在查詢時可以用"<歷史"、"轉變>"等來更準確的找到你要的子類別。

「資料庫計畫」的製作流程

「資料庫計畫」中的文章（影片）連結是我在2016年12月開始發現真相訊息之後，使用Google Chrome瀏覽器中的書籤功能保存下來的。

然而，到了2017年中，我所能取得的真相訊息數量開始爆增，於是開始用Evernote、Chrome書籤的分類功能，將文章分成不同類別，以免訊息量爆炸（當然結果還是爆炸了）。

到了2019年9月，準備撰寫本書時，優先整理了「資料庫計畫」的大量內容，至2020年3月才初步完成第一輪整理，並且在2020年10月進行第二輪的調整整理，成為目前的版本，未來仍可能持續更新（目前未包含2020年新增的書籤內容）。

在第一輪整理時，我將連結先貼到Word文件，並確認連結是否仍然可用。如果連結無法使用，且找不到其他替代來源，就將其標為「連結失效」。如果在Internet Archive: Wayback Machine中找到，就會標為「網路時光機」。（網路時光機提供一個有效保存網路資料的服務，只要使用者曾經使用它來保存連結的話，大家就可以透過網路時光機找到例如2018年的某篇－現已被刪除－文章的當時版本，是對民眾來說很方便的服務）

Word文件確認完後，再貼到Excel，對每個連結進行分類整理，使用Excel是因為它的表格可以同時處理多個類別、同時在畫面上看到多個類別，可以提高分類的效率。

在〈3-5. 幻象世界（母體）的邊界〉中談到：「當我用微軟的Excel整理每個連結時，有一些連結就會失效、有一些連結會連

到另外的頁面。而那些Excel『出錯』的頁面，竟然都是非常關鍵的真相訊息（揭露黑暗）」

而當我發現一個連結出錯時，有些例子是在Word文件的連結是正常的，貼到Excel就出錯了。（是不是很奇妙？）

在Excel完成分類後，再將Excel每行類別內容複製到Evernote顯示，完成本次整理。

而到了第二輪的調整整理時，前後才過不到一年的時間，當中的許多連結卻又被失效了。這次同樣的，找不到替代來源、網路時光機上也沒有的，就會標成「已消失」。

第二輪也新增「全連結檢索」頁面，讓你可以跳過類別的限制，隨意查詢你想找的文章（影片）。

消失的連結也是線索

在「資料庫計畫」中，每個連結的狀態如實呈現（即使它們已消失）。

《名偵探柯南》－TV版302集「惡意與聖者的行進（後篇）」提到，犯人偷走錄影帶的原因，不是因為拍到了什麼，反而是沒拍到（本來應該在某個時間出現的郵車沒有出現），成為犯罪的證據。

如果你喜歡推理，也許「資料庫計畫」中的「連結失效」（2020年3月前消失）和「已消失」（2020年11月前消失），以及消失的那些文章標題，可以讓你推理出是誰把對他不利的內容從網路上刪除了也不一定呢？(當然也包括原本應消失，但被熱心的網友轉貼，或者加到網路時光機中而仍然存在的文章、影片)

～～以上就是關於「資料庫計畫」的說明，那麼就請你慢慢享用吧！～～

國家圖書館出版品預行編目資料

靈魂覺醒與生命體驗2——共同創建新地球／龍大著. --
初版.--臺中市：白象文化事業有限公司，2021.8
　　面；　公分.
ISBN 978-626-7018-11-8（平裝）

1.靈修

192.1　　　　　　　　　　　　　110010826

靈魂覺醒與生命體驗2——共同創建新地球

作　　者	龍大
校　　對	龍大
專案主編	陳逸儒
出版編印	林榮威、陳逸儒、黃麗穎
設計創意	張禮南、何佳諠
經銷推廣	李莉吟、莊博亞、劉育姍、李如玉
經紀企劃	張輝潭、徐錦淳、黃姿虹
營運管理	林金郎、曾千熏
發 行 人	張輝潭
出版發行	白象文化事業有限公司

　　　　　412台中市大里區科技路1號8樓之2（台中軟體園區）
　　　　　出版專線：（04）2496-5995　　傳真：（04）2496-9901
　　　　　401台中市東區和平街228巷44號（經銷部）
　　　　　購書專線：（04）2220-8589　　傳真：（04）2220-8505

印　　刷	基盛印刷工場
初版一刷	2021年8月
定　　價	400元

白象文化　印書小舖　出版・經銷・宣傳・設計
www.ElephantWhite.com.tw　自費出版的領導者　購書 白象文化生活館